촘스키처럼 생각하는 법

A Short Course in Intellectual Self-Defense

Originally published in French under the title *Petit Cours D'Autodéfense Intellectuelle*
©LUX Éditeur 2005 and in English under the title *A Short Course in Intellectual Self-Defense*
©Seven Stories Press 2007.
Korean Translation Copyright ©2010 by Galapagos Publishing Co.

Korean edition is published by arrangement with Seven Stories Press through
Duran Kim Agency.

이 책의 한국어판 저작권은 듀란킴 에이전시를 통한 저작권사와의
독점계약으로 갈라파고스에 있습니다.
저작권법에 의해 한국 내에서 보호를 받는 저작물이므로 무단전재와 복제를 금합니다.

촘스키처럼
생각하는법

노르망 바야르종 지음 | 강주헌 옮김

말과 글을 단련하고 숫자, 언어, 미디어의
거짓으로부터 나를 지키는 기술

갈라파고스

일러두기

- 신문과 잡지는 《 》, 단행본은 『 』, 단편과 논문은 「 」으로 구분해서 표기했다.
- 원문 중에서 원 저작물의 지역적 특수성을 반영하는 부분 중 일부는 국내의 상황에 맞게 바꿨다. 예를 들어 '부록: 독립 매체'에서 캐나다 퀘백에 국한되는 일부 사례를 빼고 국내의 독립 매체를 몇 개 넣었다.

만물박사 마틴 가드너가 내게 가르쳐준 모든 것에 감사하며,
그에게 이 책을 바친다.
또 퀘벡의 회의주의자들에게도 이 책을 바친다.
그들이 하는 중요한 일을 널리 알리기 위해서라도.

들어가는 글

모든 것을 의심하는 태도나 모든 것을 쉽게 믿는 태도는 똑같이 편리한 해결책이지만, 우리에게서 깊이 생각할 기회를 빼앗아간다.
— 앙리 푸엥카레

이성이 잠들 때 괴물이 태어난다.
— 프란시스코 데 고야

첫째로는 우리 뇌를 세척해야 하고, 둘째로는 모든 세뇌 체제에서 벗어나야 한다. 그때서야 《로스엔젤레스 타임스》의 1면에서 거짓말과 왜곡된 얘기를 읽을 때 이상하다는 생각이 들기 시작한다. 기사 전체를 합리적인 틀에서 다시 읽기 때문에 왜곡된 부분을 찾아낼 수 있는 것이다. 이런 수준에 도달하기 위해서는 국가와 정부와 미디어가 우리를 적으로 생각한다는 사실을 깨달아야 한다. 따라서 우리 자신을 지키는 방법을 배워야 한다. 우리에게 참된 교육제도가 있다면 학교에서 당연히 지적인 자기방어법을 가르칠 것이다. 하지만 아쉽게도 현실은 그렇지 않다.
— 노엄 촘스키

    내가 고민하는 두 가지 관심사가 하나로 합쳐져서 이 책이 탄생했다. 물론 나만 염려하는 문제들은 결코 아니다. 그렇다고 두 문제의 중요성이 떨어지는 건 아니다. 하나의 문제만으로도 한 권의 책을 쓸 수 있겠지만, 여기에서는 그럴 필요도 없는 데다 두 문제가 정말로 문젯거리라는 걸 입증할 능력도 부족하기 때문에 나는 두 문제를 간단히 언급하는 걸로 만족하려고 한다.
    첫째 문제는 인식론적인 문제로 두 종류의 걱정거리로 나뉜다.
    우선 우리 사회에 초과학, 비교주의(秘敎主義), 뉴에이지 등 이런저런 이름으로 포장된 믿음들이 난무하는 현상이 걱정스럽다. 염력, 텔레파시, 전생(前生), 외계인의 납치, 수정구슬의 예지력, 기적의 치유, 별다른 노력도 없이 곧바로 효과를 본다는 운동 프로그램과 운동 기구 등과 같은 잡다한 것들부터 죽은 사람과의 대화, 다양한 형태로 응용된 동양의 신비주의, 추나요법과 동종요법, 점성술, 온갖 종류의 대체의학, 풍수, 심령술에 쓰이는 점판(占板), 생각만으로 숟가락을 구부리는 능력, 무당의 힘을 빌리는 경찰 수사, 타로점까지 그러한 것들을 얼마든지 나열할 수 있다.[1]

다음으로, 성찰과 판단력과 합리성이 개탄스러울 정도로 추락한 학계와 지식인의 세계도 내게는 걱정스럽다 못해 어안이 벙벙할 지경이다. 그래도 나는 흥분하지 않고 점잖게 말해볼 작정이다. 여하튼 요즘 대학의 일부에서 행동하고 떠벌리는 걸 보면 기가 막힌다. 교육은 없고 야바위꾼만 득실대는 듯하다. 나만 이렇게 생각하는 건 아니다.

둘째 문제는 정치적인 문제로, 민주 시민으로서 우리가 지금 살고 있는 세계를 얼마나 제대로 알고 있는가 하는 것과 관계가 있다. 과연 우리는 이 세계를 올바로 이해하고 그것에 적절하게 대응하는 데 필요한 정보를 충분하게, 또 다양한 방향에서 제공받고 있을까? 나는 이 점에 대해 아주 솔직하게 말해보려 한다. 많은 사람이 걱정하듯이, 나도 어느 한 방향으로 쏠린 언론의 실상이 걱정스럽다. 이처럼 언론이 시장 지향의 경향을 띠는 것도 걱정스럽지만, 어떻게든 우리를 자기편으로 끌어들이기 위해 정보 폭탄과 말 폭탄을 쏟아부으며 수행하고 있는 프로파간다적 역할도 무척 우려된다.

참여민주주의사회에서, 언론과 더불어 진정한 시민의식을 형성하는 특별한 의무를 짊어진 또 하나의 제도적 장치는 교육이다. 그러나 교육도 사정이 그다지 좋지는 않다. 최근의 상황을 보면 걱정해야 할 심각한 이유가 한두 가지가 아니다. 예컨대 오늘날 교육에서는 학생들의 인격 함양을 지향해야 한다는 이상의 추구를 포기한 듯하다. 인성 교육이 미래의 시민을 위해 오늘날 그 어느 때보다 필요하다는 사실을 고려할 때, 이런 현상에 나는 분노까지 치민다. 오늘날 많은 사람에게서, 특히 교육계의 의사결정자들에게서 확인되는 고객 중심의 사고방식과 경제 지상주의는 참여민주주의의 미래를 안심할 수 없게 만드는 심각한 요인들이다.

그러나 만약 비합리주의와 어리석은 행동, 프로파간다와 조작 등이 급속하게 퍼져가는 현상에 비판적 사고로 맞설 수 있다면, 우리는 비판적 사고를 확산시키는 데서 위안을 얻을 수 있다. 이런 관점에서 보면, 지적인 자기방어 능력을 키우는 것도 시민의 의무이다. 내가 비판적 사고의 입문서로 이 책을 쓰기 된 동기도 바로 여기에 있다.

이 책에서 다루는 내용은 새롭거나 새삼스런 것이 아니다. 특히 자연과학이나 사회과학 분야의 책, 즉 비판적이고 회의적인 사고를 다룬 글을 자주 접한 사람들에게는 이미 널리 알려진 내용이다. 하지만 나는 앞에서 언급한 두 문제를 통합시켜, 민주 시민이라면 비판적 사고를 키우기 위해 누구라도 습득해야 할 개념과 기법을 가능하면 간단하고 명쾌하게 소개하려고 애썼다.

그에 따라 이 책을 다음과 같이 구성했다.

1장에서는 언어의 중요한 속성들을 공부한 후에 논리적 사고에 유용한 몇몇 개념을 살펴보고, 부주의에서 생기는 대표적인 추론의 오류도 살펴볼 것이다. 2장에서는 시민을 위한 수학(citizen mathematics)을 간략하게 살펴보고, 수리적 사고에 능숙하지 못한 수맹(數盲, innumeracy)의 흔한 형태, 확률과 통계 및 자료의 제시 방법을 다룰 것이다.

3장에서는 경험이 진실을 보는 우리의 눈을 어떻게 가릴 수 있는지 살펴보고, 경험의 미로에 빠지지 않도록 돕는 몇 가지 팁을 제공할 것이다. 4장에서는 '과학'의 이름으로 우리에게 주어지는 다양한 정보들을 과학적이지 않게 왜곡하는 다양한 원인들을 분석하고, 진짜 과학과 사이비과학을 구분할 수 있는 지침들을 소개할 것이다. 마지막으로 5장에서는 촘스키의 미디어 이론을 빌려 현대 사회에서 미디어가 우리를 어떻게 속이고, 기만하고, 선동하는지 밝힌 후, 미디어에서 진실과 거짓을 가려내기 위해서 필요한 지적인 도구와 정보 들을 제공할 것이다.

비판적 사고를 공부해본 적이 없는 사람에게는 앞에서 언급한 말들이 생소하게만 들릴 것이다. 그들은 비판적 사고가 무엇이고, 지적인 자기방어가 정확히 무슨 뜻인지도 모를 것이다. 물론 이에 대해서는 뒤에서 자세히 설명한다. 그러나 그 전에, 또 서문을 마무리하기 위해서라도 독자의 호기심을 채워주고 어쩌면 그것을 자극할 수도 있는 지침들을 간단히 제시해보려 한다.

칼 세이건(1934~1996)이 생전에 마지막으로 출간한 책에서 일부를 발췌해 아래에 써두었다.[2] 저명한 천문학자로 과학의 대중화를 선도한 세이건은 비판적 사고의 중요성을 널리 알리고 비판적으로 사고하는 습관을 권장하기 위해서 무진 애썼다. 여기에서 인용한 구절들은 세이건이 '헛소리 탐지 장치'라는 이름으로 제시한, 비판적 사고를 위한 지침들을 정리한 것이다.

그 지침들을 주의 깊게 읽어보기 바란다.

몇몇 지침은 이해하기에 좀 어려울 것이다. 그러나 이 책을 끝까지 읽고 나면, 세이건이 무슨 의도로 그렇게 말했고, 특히 이 지침대로 실천하는 게 왜 중요한지를 완벽하게 이해하게 될 거라고 확신한다. 그렇게 된다면 우리 모두가 시간을 헛되게 낭비하지 않은 것이다.

들어가는 글 **9**

칼 세이건의 '헛소리 탐지 장치'

- 어디에서나 '사실'은 독자적으로 확인 가능해야 한다.
- 다른 관점을 지닌 전문가들에게 증거에 대한 충분한 토론을 권장해야 한다.
- 권위자의 주장을 무작정 믿어서는 안 된다. 권위자들도 과거에 실수를 저질렀고, 앞으로도 실수를 저지르기 마련이다. 달리 말하면, 과학에 권위자는 없다. 기껏해야 전문가만 있을 뿐이다.
- 하나 이상의 가정을 세우고, 머릿속에 처음 떠오른 생각에 집착하지 말라.
- 당신이 세운 가정이라고 해서 그 가정에만 지나치게 매달리지 말라. [……] 그 가정이 당신의 마음에 드는 이유를 곰곰이 따져보라. 그 가정을 다른 가정들과 공정한 입장에서 비교해보라. 그 가정을 포기해야 하는 이유들을 찾아보라. 당신이 그렇게 하지 않는다면 다른 사람들이 그 이유들을 지적할 것이다.
- 계량화하라. 당신이 설명하려는 것이 계량화된다면, 그래서 당신의 주장을 수치로 표현한다면, 경쟁관계에 있는 가정들과 효과적으로 차별화시킬 수 있다. 질적이고 막연한 문제는 여러 방식으로 설명될 수 있다. 물론 우리가 살면서 어쩔 수 없이 맞닥뜨릴 수밖에 없는 질적인 문제들에도 찾아내야 할 진실이 있다. 그러나 그런 경우에 진실을 찾아내기는 훨씬 어렵다.
- 논증의 사슬이 있다면, 사슬 고리 하나하나가 전제 등의 고유한 역할을 한다. 일부의 고리에만 고유한 역할이 있는 게 아니다.
- 오컴의 면도날(Ockham's Razor). 자료를 똑같이 훌륭하게 설명하는 두 가정이 있을 때, 더 단순한 쪽을 선택하면 된다.
- 가정이 적어도 원칙적으로는 틀렸다고 증명할 수 있는지 확인해보라. 검증되지 않고 오류의 가능성이 증명되지 않는 명제는 크게 중요하지 않다. 예컨대 우리 우주와 그 우주 안에 존재하는 모든 것이, 훨씬 거대한 우주에서는 하나의 소립자, 즉 전자라고 가정해보자. 우리가 우리 우주 밖에서 일어나는 현상에 대한 정보를 얻지 못하면 이 가정을 반박하는 게 불가능하지 않을까? 명제들은 검증될 수 있어야 한다. 습관적으로 의심하는

사람들에게는 당신의 추론 과정을 되짚어보고, 당신의 실험을 그대로 반복한 후에 똑같은 결과가 얻어지는지 확인할 기회를 주어야 한다.

신중하게 설계되고 세심하게 관리된 실험 과정이 무척 중요하다. [……] 추론만으로는 많은 것을 배우기 어렵다. [……] 예컨대 어떤 신약이 어떤 질병을 20퍼센트가량 치유한다고 주장한다면, 설탕 덩어리로 만든 위약을 신약인 줄 알고 복용한 대조군에서 동일한 질병이 20퍼센트가량 완화되는 결과가 나오지는 않는지 확인해야 한다.

변수들은 배제해야 한다. 가령 당신이 뱃멀미를 해서 지압 팔찌를 차고 50밀리그램의 메클리진을 복용했다고 해보자. 그 결과 당신은 뱃멀미를 하지 않았다. 지압 팔찌와 메클리진 중 어느 것의 효과였을까? 둘 중 하나만을 써서 뱃멀미를 하는 경우에만 그 답을 알 수 있다. [……]

때때로 실험이 이중맹검법으로 행해져야 한다. [……]

'헛소리 탐지 장치'는 참으로 주어지는 명제를 평가하기 위해서 우리에게 무엇을 해야 하는지 가르쳐주어야 하지만, 무엇을 해서는 안 되는지도 가르쳐주어야 한다. '헛소리 탐지 장치'는 논리 전개와 글쓰기에서 우리가 가장 흔히 범하는 오류와 가장 위험한 오류를 찾아내는 데 많은 도움을 준다.

출처: 칼 세이건, *The Demon-Haunted World: Science as a Candle in the Dark*, pp. 210-211(『악령이 출몰하는 세상』, pp. 239-240). 세이건은 이 책에서 잘못된 추론의 대표적인 예들을 소개한다(pp. 212-216, 번역본은 pp. 240-249.)

차례

들어가는 글 · 6

1장 언어: 말에 숨겨진 진짜 뜻을 생각한다 · 15
　　이런 말들에 당신은 넘어간다 · 22
　　말과 글의 진실을 캐내는 20가지 논리 도구 · 50

2장 숫자: 숫자로 생각하되 함정을 조심한다 · 89
　　숫자 공포증을 치유하는 10가지 비법 · 94
　　숫자에 약한 사람들을 위한 확률과 통계 강의 · 116

3장 경험: 기억은 사실과 다를 수 있음을 기억한다 · 175
　　내가 정말로 본 것은 무엇인가? · 179
　　나는 내가 지난여름에 한 일을 알고 있다? · 196
　　비판적 사고에 약이 되는 6가지 심리학 · 203

4장 과학: 과학을 과학적으로 의심하고 성찰한다 · 227
　　당신의 지갑을 지켜내는 3가지 과학 실험법 · 234
　　과학을 과학답게 만드는 과학적 생각법 · 248

5장 미디어: 누구를 위한 보도인지 꼼꼼하게 따진다 · 271
　　민주주의란 무엇인가? · 279
　　미디어는 우리를 어떻게 선동하는가? · 283
　　미디어에 비판적으로 접근하기 위한 31가지 전략 · 297

나오는 글 · 316
옮긴이의 글 · 318
부록: 독립 매체 · 321
주석 · 330
참고문헌 · 338
찾아보기 · 349

1장 언어

말에 숨겨진 진짜 뜻을 생각한다

반복해서 세뇌하고 또 상대의 심리 상태를 정확히 파악하면, 정사각형을 원이라고 믿게 만들 수 있다. '원'과 '사각형'이란 게 결국 무엇인가? 단어에 불과하다. 단어에 담긴 뜻을 인지하지 못할 정도까지 단어는 조작될 수 있다.
- 요제프 괴벨스(나치스 대중계몽 및 선전부 장관)

단어가 의미를 상실할 때 사람들은 자유를 잃는다.
- 공자

"돼지의 다리는 몇 개?"
"4개."
"우리가 돼지의 꼬리를 '다리'라 부른다면, 돼지의 다리는 몇 개일까?"
"5개."
"틀렸어, 우리가 꼬리를 다리라 부른다고 꼬리가 다리가 되는 건 아니야!"
- 어린애들의 수수께끼

크산토스(이솝의 주인)는 이솝에게 세상에서 가장 좋은 것을 사 오라고 명령했다. 이솝은 언어들만을 사 왔다. 전채요리, 주요리, 후식 등 모든 것이 언어에 불과했다. 크산토스가 "언어보다 좋은 건 없는가?"라고 묻자, 이솝은 "언어는 시민들의 삶을 이어주고 과학의 열쇠이며, 진리와 이성의 수단입니다."라고 대답했다. 크산토스는 "그럼 내일은 세상에서 가장 나쁜 것을 사 오너라."라고 말했다. 다음 날, 이솝은 똑같은 걸 사 오고는 언어가 세상에 존재하는 가장 나쁜 것이라며 "언어는 모든 토론의 어머니이고……분열과 전쟁의 원인입니다."라고 덧붙였다.
- 라 퐁텐, 「이솝의 생애」

여는 글

 플라톤은 감탄이 순전히 철학적인 감정의 폭발이라고 주장했다. 대체 무슨 뜻일까? 경이로움을 느끼는 감탄의 능력이 크게 보면 생각의 특별한 출발점이고, 좁게 보면 철학의 출발점인 것은 분명하다. 실제로 우리는 경이로움을 느낄 때 기존의 생각이나 선입견에서 벗어나고 생각의 관성이란 거대한 힘을 뿌리치고 나와, 그때까지 하찮고 시시하게 보이던 것에도 크게 놀라는 지경에 이를 수 있다. 따라서 경이로움을 느낄 때 생각의 문이 활짝 열린다.
 언어는 일상에서 매 순간 경험하는 것이기 때문에 언어에서 경이로움을 느끼는 경우는 무척 드물지만, 이는 전적으로 우리의 잘못이다. 조금만 깊이 생각해보면 거의 모든 사람이 언어가 얼마나 놀랍고 경이로운 것인지 깨달을 수 있다.

우리 얼굴의 아랫부분에는 우리 의지대로 열고 닫을 수 있는 구멍이 하나 있다. 그 구멍의 안쪽 깊은 곳에 성대라는 것이 있고, 여기에 공기를 통과시키면 우리는 거의 무한대의 소리를 만들어낼 수 있다. 이 소리들이 '입'이라는 구멍을 통해 나와 공기를 타고 이동해서 이른바 가청 범위 내의 사람들에게 전달되면, 그들은 복잡한 메커니즘의 도움을 받아 그 소리들을 듣는다.[1] 이런 소리들 덕분에, 우리는 엄청나게 많은 일을 해낼 수 있다. 예를 들면,

- 정보를 전달할 수 있다.
- 어떤 사실을 인정하거나 부인할 수 있다.
- 질문을 할 수 있다.
- 설명을 할 수 있다.
- 누군가에게 뭔가를 하라고 훈계할 수 있다.
- 명령을 내릴 수 있다.
- 약속을 할 수 있다.
- 결혼을 할 수 있다.
- 감동할 수 있다.
- 가정을 세울 수 있다.
- 사고실험을 제안할 수 있다.

그 밖에도 많은 예를 얼마든지 나열할 수 있다. 이 모든 것이 어떻게 가능할까? 언어가 어떻게 뭔가를 의미할 수 있을까? 예컨대 과거에 누구도 하지 않은 말을, 그것도 우리가 원하면 얼마든지 만들어낼 수 있다는 걸 어떻게 설명해야 할까? 게다가 그런 말들을 사람들이 처음 듣고도 완

벽하게 이해할 수 있는 이유는 무엇일까?

말을 한다는 것이 무슨 뜻인지 곰곰이 생각해보면, 재밌는 의문과 대답이 꼬리를 물고 이어진다. 따라서 언어학자와 철학자를 비롯해 많은 사상가들이 오래전부터 언어의 비밀을 파헤치려고 애써왔지만, 아직도 언어는 미스터리투성이이다.

언어에 대한 이런 의문들이 흥미롭기는 하지만 여기에서 이 문제를 깊이 파고들지는 않을 생각이다. 그러나 언어가 방금 언급한 결과들(설득, 감동, 훈계 등)을 낳기 때문에, 우리가 지적인 자기방어력을 확실히 보장받고 싶다면, 비록 언어에 대한 모든 의문이 풀리고 철학적으로 만족스런 대답을 얻지는 못하더라도 언어에 대해 잠시 살펴보는 편이 좋을 것 같다. 누구나 짐작하겠지만, 언어라는 강력한 도구는 가공할 무기로도 쓰일 수 있다! 언어의 힘을 잊었거나 모르는 사람이라면, 20세기에 언어가 정치에 대해 어떻게 말했는지 떠올려보라. 아마 충분히 이해할 수 있을 것이다. 기억을 되살리고 싶다면, "노예제도는 자유"라는 말에도 수긍하게 만드는 '뉴스피크'(newspeak)라는 개념을 만들어낸 조지 오웰을 읽어보기 바란다.

오웰, '언어와 정치에 대하여'

우리 시대에, 정치적 발언과 글은 주로 변명의 여지가 없는 현상들을 변명하느라 애쓴다. 지루하게 계속되는 영국의 인도 통치, 러시아에서 벌어지는 숙청과 추방, 일본에 떨어진 원자폭탄 등과 같은 사건들이 옹호되기는 하지만, 대부분의 사람이 받아들이기 힘든 비인도적인 주장들, 또 정당들이 대외적으로 천명한 목표와는 어울리지 않는 주장들로만 옹호될 뿐이다. 따라서 정치적 언어는 주로 에두른 표현과 논점을 피한 막연하고 불분명한 말들로 이루어진다. 무방비 상태의 마을이 공중폭격을 당하고, 주민들은 들판으로 쫓겨나며, 가축들은 기관총에 쓰러지고, 오두막은 소이탄의 화염에 휩

싸인다. 이런 것이 '평화의 회복'이라 불린다. 수백만의 농민이 밭을 빼앗기고, 괴나리봇짐만 짊어지고 길을 터벅터벅 걷는다. 이런 것이 '인구의 이동' 혹은 '국경의 조정'이라 불린다. 사람들이 재판도 받지 못한 채 몇 년을 감옥에 갇히거나 목덜미에 총을 맞고, 아니면 북극의 벌목장에 끌려가 괴혈병으로 죽어간다. 이런 것이 '불순분자의 제거'라 불린다.

출처: 조지 오웰, "Politics and the English Language"(1946), *The Orwell Reader: Fiction, Essays and Reportage*, p. 363(「정치와 영어」, 『나는 왜 쓰는가』, p. 270).

역사가 우리에게 가르쳐준 오래된 교훈에 따르면, 언어의 힘을 아는 사람들은 주저 없이 언어를 이용한다. 적어도 서구 세계에서는 언어의 힘을 이용한 사례가 기원전 5세기경 시칠리아에서 시작된 듯하다. 땅을 빼앗긴 사람들이 법률 소송을 제기해서 악인들로부터 땅을 되찾으려고 시도한 때였다.

그때부터 발달하기 시작한 웅변술이 훗날 수사학으로 발전했다. 곧이어 선생들이 도시에서 도시로 떠돌아다니며 '말하는 기술'로 밥벌이를 했고, 그런 기술을 잘 익혀두면 명성과 영광을 얻을 거라고 꼬드겼다. 그 선생들은 훗날 '소피스트'(sophist)로 불렸고, 이 단어에서 상대를 속일 의도의 타당하지 않은 추론을 뜻하는 '소피즘'(sophism, 궤변)이란 단어가 파생됐다.

역사는 그 선생들을 효율성에 집착하고 사회적 성공에 눈이 먼 사기꾼으로 평가하고 있어, 그들에게 무척 가혹한 듯하다. 어쨌든 유능한 수사학자가 언어를 다룰 때 언어가 전달할 수 있는 힘을 소피스트들이 분명히 알았던 것만은 확실하다. 고대 그리스의 대표적인 소피스트, 고르기아스는 언어의 힘에 대해서 다음과 같이 말했다.

[……] 말은 무척 강력한 폭군이다. [……] 말은 두려움을 씻어줄 수도 있고 슬픔을 잊게 해줄 수도 있다. 또 즐거움을 안겨주고 연민을 품게 할 수도 있다. 말을 듣고 청중은 두려움에 전율하거나, 동정심에 눈물을 흘리고, 회한에 사로잡혀 고통스러워한다. [……] 열정적인 말은 우리에게 즐거움을 안겨주고 슬픔을 몰아내는 효과를 낳는다. [……] 웅변가는 어떤 의견을 논파하고 대신에 다른 의견을 제시하며, 눈에 보이지 않고 믿기지 않는 것까지 사람들이 사실로 받아들이게끔 만든다. [……] 법을 옹호하는 사람들은 [……] 말로써 억제 효과를 낳기 때문에, 한 마디의 말로 많은 사람의 마음을 사로잡고 그들을 설득할 수 있다. 진실이 아닌 말도 교묘하게 재주껏 쓰이면 똑같은 효과를 낳는다. [……] 말이 영혼을 주무르는 힘은 마약의 그것에 비교된다 [……] 그래서 어떤 말은 청중을 비통에 빠뜨리고, 어떤 말은 청중에게 용기를 준다. 또 말에 담긴 설득력을 악의적으로 사용해 청중을 마약과 마법에 의존하게 만들기도 한다.[2]

이제부터 우리는 지적인 자기방어라는 관점에서 언어를 두 단계로 나누어 집중적으로 살펴보려 한다.
  먼저 단어와 단어의 선택, 특히 단어를 사용해서 상대를 기만하는 방법에 대해 다룰 것이다. 그런 수법에 넘어가지 않기 위해서라도 단어의 기만적인 사용법에 대해 알아두어야 한다.
  다음으로는 논리학, 즉 명제들을 결합시키는 기술, 특히 수사학이라는 기술에 대해 살펴볼 것이다. 수사학은 속임수와 조작의 기술로 여겨지기 때문에, 흔히 발견되는 추론의 오류에 대해서도 아울러 살펴볼 것이다.

이런 말들에 당신은 넘어간다

말, 말, 말.
- 윌리엄 셰익스피어

좋은 의도의 말은 분명하게 발음되고, 그런 말에 필요한 단어는 쉽게 생각난다.
- 니콜라 부알로, 「시학」 I

여기에서는 단어에도 신경을 곤두세워야 한다는 걸 입증해 보이려 한다. 요컨대 단어를 효과적으로 사용해서 상대를 설득하고 속이며 세뇌하는 방법을 아는 사람들이 선택하는 단어에 경계를 늦추어서는 안 된다고 말할 것이다. 먼저 '외연'(denotation)과 '내포'(connotation)의 뜻을 구분하는 것부터 시작해보자.

가면을 쓴 단어

우리는 일반적으로 언어에 대해 무척 순진하게 생각하는 편이다. 즉 단어라는 것을 세상에 존재하는 사물을 가리키는 개념쯤으로 생각한다. 따라서 우리가 그 사물을 다른 방식으로, 예컨대 손가락으로도 가리킬 수 있다고 생각한다. 그러나 조금만 깊이 생각해보면 언어가 그렇게 간단하지는 않다는 걸 금세 깨달을 수 있다. 많은 단어가 그런 사물, 즉 지시물(referent)을 갖지 않는다. 또한 추상적이고 부정확하며 애매하다. 게다가 맥락에 따라 뜻이 변하기도 한다. 심지어 감정을 표현하고 전달하는 단어도 있다.

따라서 단어가 외연적으로 가리키는 내용(사물과 사람과 사건, 그리고 그에 관련된 특성)과, 단어에 내포된 의미 즉 단어가 유발하는 정서적 반응을 구분할 필요가 있다. 두 단어가 외연적으로는 동일한 대상을 가리켜도 내포된 의미는 사뭇 달라, 하나는 긍정적인 뜻 다른 하나는 부정적인 뜻을 지닐 수 있기 때문이다. 이런 차이를 아는 것이 중요하다. 이를 바탕으로, 경우에 따라 단어의 선택만으로 말하려는 대상을 높일 수도 낮출 수도 있으며, 중립적으로 표현할 수도 있다. 예를 들어 자동차를 말할 때 '오토모빌'(automobile), '크루저'(cruiser, 순찰차), '비터'(beater, 고물 자동차) 중 어떤 단어를 선택하느냐에 따라 뜻이 달라진다. 세 단어 모두 외연적으로는 개인용 교통수단으로 설계된 자동차를 가리키지만, 내포된 의미가 달라 상대에게 불러일으키는 감정적 반응이 사뭇 다르다. 따라서 주변 현상을 표현할 때 단어의 선택에 신중을 기하는 편이 좋다.

특히 갑론을박하는 논쟁에서 뜨거운 사회 문제를 언급할 때는 단어의 선택에 각별히 신경 써야 한다. 예컨대 '낙태'에 대해 말할 때 사용되는 어휘를 생각해보자. 토론자는 자신을 '생명을 중시하는 사람'(pro-life)이나 '선택권을 중시하는 사람'(pro-choice)으로 말하지, '생명을 반대하는 사람'(anti-life)이나 '선택권을 반대하는 사람'(anti-choice)이라 말하지 않는다. 이런 표현의 선택은 결코 우연이 아니다. 사회운동가가 경우에 따라 '태아'나 '아기'라는 표현을 적절히 가려 사용하는 것도 마찬가지이다.

월마트의 직원들이 '동무들'(associate)이라고 불리는 이유를 생각해보라. 또 미국 희극배우 로잔느 바의 "아이들을 건강하게 먹이는 확실한 방법을 찾아냈어. 정말 확실한 건강식이야. M&M 초콜릿 한 스푼하고 스마티스 초콜릿 두 스푼을 섞는 거야. 아이들이 너무 좋아해. 그러니까 아이들한테도 좋을 거야. 이런 게 바로 건강식이라고!"라는 우스갯말도 생각해보라.

완곡어법(euphemism)은 어떻게 사용되는가? 완곡어법은 불쾌한 생각을 감추거나 최소화하기 위해 덜 부정적인 뜻을 내포한 단어를 사용하는 방법이다. 따라서 언어가 상대를 속이는 데 어떻게 사용될 수 있는가를 보여주는 좋은 예이다.

홍보 전문가 셸던 램튼과 작가이자 정치적 행동주의자인 존 스토버가 연구해서 고발한 다음의 사례를 생각해보자.[3] 이익단체들이 자기의 입맛에 맞게 언어를 어떻게 사용하는지 보여주는 대표적인 사례이다. 1992년 미국 국제식품정보협회(International Food Information Council, IFIC)는 식품생명공학에 대한 대중의 인식을 걱정하며, 식품생명공학의 홍보 방향을 결정하기 위해 대대적인 조사를 시작했다. 그 결과로 긍정적인 뜻을 전달하는 몇몇 단어를 찾아내서 그 단어들을 집중적으로 사용할 것을 강력하게 권고했다. 예컨대 아름다움, 풍요, 어린이, 선택, 다양성, 흙, 유기물, 유전, 교배종, 퇴비, 꽃, 열매, 미래 세대, 근면, 개선, 청결, 토양, 전통, 완전함 등과 같은 단어였다. 반면에 생명공학, DNA, 경제, 실험, 산업, 실험실, 기계 장치, 조작, 돈, 살충제, 이익, 방사능, 안전, 연구원 등은 절대적으로 사용이 금지된 단어였다.

2001년 봄 퀘벡 정상회담을 반대하는 시위들

토론토에서 아메리카 대륙 재무장관들의 회담이 열렸을 때 돌고래와 바다거북으로, 심지어 암소로 분장한 시민들이 거리로 뛰쳐나왔다. 거리의 악사들과 춤꾼들도 나섰다. 현수막과 포스터가 곳곳에 나붙었다. 고함소리와 노랫소리가 그치지 않았다. 1960년대 세계 전역에 퍼져 체 게바라의 사진 못지않은 아이콘이 됐던 사진에서처럼 한 시위자가 경찰에게 꽃 한 송이를 건넸다.

한 포스터에는 1970년대처럼 '피를 빨아먹는 자본주의!'라 쓰여 있었다.

곳곳에서 십대 청소년들과 청년들이 친구들과 함께 축제의 현장에 달려갔다. 현장에 있어야 한다는 이유만으로! 시애틀이나 퀘벡이나 다를 바가 없었다. 시위가 끝나고 저녁이 되자 청년들은 현수막을 정리했다. 잠시 후 음악과 마리화나, 사랑과 포도주가 현수막을 대신했다.

그들은 정부의 말뚝에 목줄로 매여 있을 뿐 실질적으로는 아무런 관심도 없는 '어용' 시민단체나, 대규모 노동조합에게서 대가를 받고 움직이는 직업적인 시위꾼들이 아니었다. 이런 경우에는 조무래기 건달들을 지칭하기 위해 사용하는 단어인 '훌리건'도 적절하지 않았다.

결코 아니었다.

그들은 호르몬과 열정으로 넘치고, 세계무역기구의 회담이나 아메리카 대륙 재무장관들의 회담이 열리는 곳이면 어디든 달려가는 무명의 젊은 청년들이었다. 30년 전, 우드스탁 록 페스티벌에 달려가고, '맥길 대학교 프랑스어 운동'에 참여했던 청년들, 또 1968년 5월의 대규모 시위를 위해 소르본 대학 앞에 모인 청년들의 정신과 다를 바가 없었다.

당연한 현상이었다. 건전한 정신의 표현이었다. 당신이 18세였던 시절이 기억나지 않는가?

출처: 마리오 로이, 《라 프레스》 2001년 4월 14일, A18면.

누구나 쉽게 짐작하겠지만, 전쟁도 아래의 비교표에서 보듯이 완곡어법을 사용하기에 적합한 영역이다.[4] 첫째 열에 제시한 단어들은 베트남 전쟁부터 지금까지 전쟁에 대해 언급할 때 흔히 쓰이는 완곡한 표현들이고, 둘째 열에서는 그 단어들을 직설적으로 번역해보았다.

완곡한 표현	직설적 표현
collateral damage(부수적 피해)	민간인 사망
pacification center(화해를 위한 시설)	강제수용소
Caribbean peacekeeping force (카리브해 평화유지군, 1983년 로널드 레이건)	그레나다를 침략한 육해공군
US Department of Defense(미 국방부)	외국 침략부?
Operation Desert Storm(사막의 폭풍 작전)	이라크 전쟁
Operation Restore Hope (희망 회복 작전, 빌 클린턴)	소말리아에 미군 파견
incursion(급습)	침략
surgical strike(국지 공격)	민간인이 인근에 있기 때문에 목표 지점에 정확히 폭격
defensive strike(방어를 위한 공격)	폭격
strategic withdrawal(전략적 후퇴)	아군의 후퇴
tactical redeployment(전술적 재배치)	적군의 후퇴
advisor(고문)	군 장교나 CIA 요원(미국이 베트남 참전을 인정하기 전에 사용)
terminate(끝내다)	살해하다
particular explosive(특별한 폭발물)	네이팜탄

모호한 표현의 효과

단어는 정확하고 명확한 생각을 표현하기 위해 사용하는 게 원칙이지만 모호하고 부정확할 수도 있다. 단어의 이런 속성이 때로는 무척 유용하게 쓰인다. 이런 속성 덕분에 우리는 뭔가를 막연하게 말할 수 있다. 예컨대 어떤 사실에 대한 해석이 우리의 분명한 견해는 아니라는 식으로 말하는 것이다. 또한 까다로운 질문에는 단정적인 표현을 피하면서 빤한 대답을 하는 식으로 곤란한 상황을 피해갈 수도 있다. 다음의 예를 보자.

기자: 장관님, 몬트리올에 당면한 문제를 해결하기 위해 어떤 조치를 취하실 생각입니까?
장관: 그 중대한 문제에 가장 효율적으로 대처하기 위해서 동원 가능한 모든 방법을 최적으로 활용하는 계획을 시행할 생각입니다.
기자: 하지만 아직?
장관: 문제의 모든 면을 빠짐없이 고려하고, 계량적인 면뿐 아니라 인간적인 면도 소홀히 하지 않는 전반적인 계획이 필요할 겁니다. 혁신적이기도 해야 하고요.

노스트라다무스의 예언

의사이자 점성가였으며 훗날 노스트라다무스란 이름으로 알려진 미셸 드 노트르담은 1503년 프랑스의 생레미드프로방스에서 태어났다.

1555년 노스트라다무스는 『세기들』이란 제목으로 수수께끼 같은 사행시들로 이루어진 첫 책을 발간했다. 그 책은 곧바로 널리 알려졌고, 요즘에도 추종자들 사이에서는 족집게 예언집으로 통한다. 『세기들』의 2판은 1558년에 출간됐다. 노스트라다무스는 그 책을 앙리 2세에게 헌정하며, 앙리 2세의 '행복한 삶'을 기원했다. 그러나 앙리 2세는 급사했다……다음 해 마상경기에서 당한 부상 때문에.

노스트라다무스의 예언력이 떨어진 것이었을까? 그의 추종자들은 "천만에!"라며, 오히려 앙리 2세의 죽음이 노스트라다무스가 가장 정확하게 예언한 사건 중 하나라고 주장한다. 참고로 앙리 2세는 파리 생앙투안 거리에서 벌어진 마상경기에서, 몽고메리 백작의 부러진 창 조각이 두개골에 박힌 탓에 죽음을 맞았다.

노스트라다무스는 그 사건을 다음과 같이 예언했다.

젊은 사자가 늙은이를 눕히리라,
싸움터에서 이상한 결투로.
황금 우리 속 그의 눈을 찌르리라,
두 집단의 하나 그리고 잔인한 죽음을 맞이하리라.

여기에서 우리가 주목해야 할 것은, 이런 예언들이 언제나 사후(事後)에야 명확히 해석된다는 점이다. 따라서 엄격하게 말하면, 예언이 아니다. 예컨대 2001년 9월 11일의 사건에 대한 예언도 노스트라다무스의 사행시에서 분명히 읽히지만, 그런 해석은 2001년 9월 12일 이후에야 가능했다.

내친김에 이 전형적인 예언집과 사후해석을 더 자세히 살펴보자. 제임스 랜디는 앙리 2세에 대한 사행시를 다음과 같이 분석했다.

1. '젊은 사자'와 '늙은이'로 말하고 있어 앙리 2세의 죽음을 예언한 사행시로 보기 어렵다. 앙리 2세와 몽고메리 백작은 나이 차이가 수년에 불과했기 때문이다.
2. '싸움터'는 전쟁터를 가리킨다. 일종의 운동경기였던 마상경기를 이렇게 표현하지는 않았을 것이다.
3. '황금 우리': 황금은 무른 금속이기 때문에 황금으로 창이나 투구를 만들지 않았다.
4. '그의 눈을 찌르리라': 당시 앙리 2세의 눈에 창이 박혔다는 기록은 어디에도 없다.
5. 사자는 당시 프랑스 왕의 문장(紋章)이 아니었다. 그 이전에도 이후에도 사자가 프랑스 왕의 문장으로 쓰인 예는 없다.

> 교훈: 막연한 단어들을 사용해서 아리송한 문장을 짜맞추라. 그럼 당신의 글을 그럴듯하게 읽어내며 당신의 예지력을 찬양하는 사람이 언제나 있을 테니까.
>
> 노스트라다무스에 대해 더 알고 싶으면 James Randy, *The Mask of Nostradamus: The Prophecies of the World's Most Famous Seer* (1993)를 읽어보라.

숨어 있는 성차별 의식

언어는 그 사회만의 고유한 이데올로기를 반영한다. 또한 사회의 변화상도 언어에 반영된다. 얼마 전부터 우리는 구어와 문어 모두에서 성차별적 흔적만이 아니라 계급과 연령과 문화의 차이에 따른 차별의 흔적에도 민감하게 반응하며, 그런 흔적을 없애려고 노력해왔다. 언어가 눈에 띄지 않게 혹은 노골적으로 배척과 차별의 뜻을 전달하는 수단이기 때문이다.

이와 관련해 널리 알려진 얘기가 하나 있다. 한 남자가 아들과 함께 승용차로 여행을 하고 있었다. 그러던 중 교통사고가 일어나 남자는 현장에서 즉사했고 아들은 병원 응급실로 옮겨졌다. 그런데 수술실에 들어간 의사는 "난 이 아이를 수술할 수 없어. 내 아들이야!"라고 소리쳤다. 이 말이 사실이라면, 이를 어떻게 설명해야 할까?

해답은 의외로 간단하다. 의사는 그 아이의 어머니였다!

온타리오 주정부가 추천하는 비성차별적 글쓰기를 예로 들어보자.[5]

예 1

⟨원본⟩ 번역가 모집

자격 조건: (여)번역가는 번역학 학위 소지자로 번역과 교정에 상당한 경험이 있어야 하며, 영어와 불어를 능숙하게 구사하고 대인관계가 원만해야 한다. 압박감을 이겨내며 일하는 능력과 팀의 일원으로 일하는 의지도 필요하다. 선발된 사람은 하루에 최소 800단어를 번역해야 하고, 다른 (여)번역가의 번역을 교정하는 일도 해야 한다.

⟨수정본⟩ 번역가 모집

자견 조건: 이상적인 사람은 번역학 학위 소지자로 번역과 교정에 상당한 경험이 있어야 하며, 영어와 불어를 능숙하게 구사하고 대인관계가 원만해야 한다. 압박감을 이겨내며 일하는 능력과 팀의 일원으로 일하는 의지도 필요하다. 선발된 사람은 하루에 최소 800단어를 번역해야 하고, 동료의 번역을 교정하는 일도 해야 한다.

예 2

⟨원본⟩ 자격증을 소지한 기술자에 대한 수요는 나날이 증가한다. 전기공, 자동차 정비공, 배선공, 인쇄공, 제철공, 기계공, 미장공 등과 같은 전문가는 넉넉한 보수를 받으며, 의욕적이고 만족스럽게 일을 한다. 또한 그들에게는 경영진으로 승진하거나, 창업해 자기 사업을 시작할 기회가 보장된다.

⟨수정본⟩ 자격증을 소지한 남녀 기술자에 대한 수요는 나날이 증가한다. 전기, 자동차 정비, 배선, 인쇄, 제철, 기계 조립, 미장 등의 업종에 종사하는 전문가는 넉넉한 보수를 받으며 의욕적이고 만족스럽게 일을 한다. 또한 경영진으로 승진할 기회를 보장받고, 창업해서 자기 사업을 할

수도 있다.

예 3

〈원본〉 이상적인 (여)대학생에 대해 젊은이들이 정의했다. 그들에 따르면 이상적인 (여)젊은이는 창의적이고 근면하며 배우는 데 힘쓰고, 학교와 공동체의 행사에 적극적으로 참여한다. (여)대학생은 독립심을 보여주고 계획적이며, 열린 정신의 소유자이다. 그(녀)들은 자신감이 충만하고 예절 바르며 비판적이다. 게다가 그(녀)들은 의욕적이고 세심하며 책임감이 있고 열정적이다. 그(녀)들은 영어와 불어를 능숙하게 구사하고 장기적인 목표가 뚜렷하다. 또 생각이 깊고 주변 사람들과 교감하며, 삶에 대해 긍정적으로 생각한다.

〈수정본〉 젊은이들이 이상적인 남녀 학생에 대해 정의했다. 학생들의 생각에 따르면, 이상적인 남녀 학생은 창의성이 있고, 공부하고 배우는 걸 좋아하며, 학교와 공동체에서 적극적으로 활동한다. 이상적인 남녀 학생은 독립심과 열린 정신을 보여주고 계획을 세워 행동한다. 예절과 자신감과 비판정신은 그런 남녀 학생들에게서 공통적으로 발견되는 자질들이다. 이런 남녀 학생은 의욕과 관심과 열정을 보여주고, 책임을 기꺼이 떠맡는다. 또 영어와 불어를 능숙하게 구사하고 장기적인 목표가 뚜렷하다. 그리고 신중하고 주변 사람들과 교감하며, 삶에 대해 긍정적으로 생각한다.

그러나 일부 작가는 이런 표현 방식이 우리를 지나친 '정치적 공정성'(political correctness)에 묶어둔다며, 짜증나고 귀찮고 심지어 해롭기까지 하다고 비난한다. 예컨대 다이앤 래비치[6]는 미국 대학 캠퍼스의 '언어

정책'을 비난하며, 그런 정책이 표현의 자유만이 아니라 어떤 의문과 어떤 논제라도 구애받지 않고 탐구할 자유까지 위협한다고 지적했다.

래비치가 지적한 두 경우는 다음과 같다.

하나, 맹인이면서도 어떤 산의 정상을 정복하는 데 성공한 남자의 실화를 다룬 글에 마뜩잖다는 평가가 내려진 경우이다. 산 얘기가 평평한 도시나 지방에 사는 사람을 차별하고, 그 실화가 맹인을 장애인으로 묘사한다는 이유였다.

둘, 고대 이집트에는 부자와 가난한 사람이 있었다고 재확인한 논문의 경우로, 여기에는 오늘날의 가난한 사람들 때문에 마뜩잖다는 평가가 내려졌다.

애매한 표현과 모호한 어법

어떤 언어에나 다의어, 즉 여러 뜻을 지닌 단어가 있다. 한 단어가 한 의미로만 사용되지 않고 미묘하게 변해서 여러 뜻으로 사용되는 경우이다.

단어의 이런 속성은 유머에서도 활용된다.

예를 들어보자.

- "눈이 어떻게 됐어?" "눈이 사라졌다는데." "그럼 다행이군."
- "아이고, 죽겠네."

두 경우 모두, 한 단어가 지닌 여러 뜻을 이용한 말장난이다. '눈'은 신체기관의 일부인 '눈'을 뜻하기도 하지만 '폭풍의 눈'처럼 '중심'을 뜻하기도 한다. 또 '죽다'는 '생명이 끊어지다'를 뜻하지만 '피곤에 지치다'를 뜻할 수도 있다.

그러나 다의성을 이용한 모호한 표현이 항상 쉽게 간파되는 건 아니다. 따라서 모호한 표현은 상대를 즐겁게 해주는 것이 아니라 상대를 헷갈리게 하려는 데 사용될 수도 있다. "당신은 과학의 기적을 어렵지 않게 받아들인다. 그런데 왜 성경의 기적에 대해서는 그토록 비판적인가?"라는 문장을 예로 들어보자. 조금만 깊이 생각해보면, '기적'이란 단어가 이 문장에서 서로 완전히 다른 뜻으로 사용됐다는 걸 알 수 있다. 이런 차이를 눈치 채지 못하면, 위의 질문에 반드시 대답해야 할 것만 같은 압박감에 시달릴 수 있다.

마지막으로 다른 예를 들어보자. 교육자들은 '관심'(interest)이란 개념을 교육에서 무척 중요시한다. 그러나 '관심'이란 단어는 애매한 표현이어서 적어도 두 방향으로 해석된다. 하나는 아이들의 흥미를 자극하는 것이란 뜻이고, 다른 하나는 아이들에게 도움이 되는 것이란 뜻이다. 그런데 아이들의 흥미를 자극하는 것이 아이들에게 도움이 되지 않을 수 있고, 반대로 아이들에게 도움이 되는 것이 아이들의 흥미를 자극하지 못할 수도 있다. 따라서 교육자가 말하는 '관심'이 무슨 뜻인지 명확히 하지 않으면 정확한 방향을 가늠하기 힘들어 분분한 해석을 낳기 쉽다. 교육계의 표어가 종종 빈소리처럼 들리는 이유도 여기에 있다.

여러 뜻으로 해석되는 문장을 만들어내는 수사학적 기법을 '모호한 어법'(amphibology)이라 한다. 이런 문장들은 때때로 무척 재밌으며, 발화 당사자도 의식하지 못한 채 탄생한다. 최소한의 단어로 작성되는 짤막한 광고가 대표적인 예이다.

- 개 분양. 무엇이든 잘 먹고, 아이들을 좋아함.

- 20미터짜리 호화 범선 빌려줌. 시설 완비, 마음 편한 선원 동행.
- 다리가 굽은 부인용 화장대.

신문의 헤드라인에서도 이런 표현을 심심찮게 볼 수 있다.

- 쿠키를 구울 때 자녀를 넣으세요(Include Your Children When Baking Cookies).
- 우주선 안에서 방귀를 뀐 우주비행사, 비난을 받다(Astronaut Takes Blame for Gas in Spacecraft).

사기꾼은 모호한 어법을 거의 완벽하게 구사한다. 모호한 어법이 사용된 예는 고대 그리스까지 거슬러 올라간다. 크로이소스 왕은 델포이 신전의 무녀를 찾아가 페르시아와의 전쟁에서 승리하겠느냐고 물었다. 당시 페르시아 왕국은 할리스 강을 사이에 두고 크로이소스의 왕국과 경계를 이루고 있었다. 무녀는 크로이소스 왕에게 "크로이소스가 할리스 강을 건너면 대제국을 파괴하리라."는 신탁을 전했다.

크로이소스는 자신이 전쟁에서 승리할 거라는 뜻으로 그 대답을 해석했다. 하지만 그 예언은 모호했다. 당신은 그 이유를 알겠는가?

크로이소스는 전쟁을 시작했다. 그러나 그는 예상과 달리 전쟁에서 패하고 말았다. 페르시아 왕의 포로가 된 크로이소스는 심부름꾼들을 무녀에게 보내 잘못된 예언을 한 데에 항의했다. 역사가 헤로도토스에 따르면, 신탁을 받은 무녀는 크로이소스에게 이렇게 대답했다.

크로이소스가 까닭 없이 비난한다. 록시아스는 크로이소스에게 페르시아를 상대로 전쟁을 하면 대제국을 파괴할 거라고 예언했다. 그 대답을 듣고 크로이소스는 신에게 어떤 대제국을 말하는 거냐고 물어야 했다. 그의 제국인지, 키루스의 제국인지 말이다. 크로이소스는 신의 말씀을 제대로 이해하지 못했고 다시 묻지도 않았다. 결국 크로이소스는 자신을 탓해야 한다![7]

따라서 신탁의 예언은 모호했다. 어느 쪽이 패자가 되더라도 대제국을 잃어야 했으니까.

보여주고 싶은 것만 보여주기

'강조법'(accentuation)이라는 수사학적 기법은 어떤 단어를 발음하는 억양의 변화만으로 문장의 뜻을 바꿀 수 있다는 사실에 근거한 것이다.

"자기 친구를 험담하지 말라."는 격언을 예로 들어보자. 이 격언은 뜻이 분명해서 해석하는 데 거의 문제가 없다. 그러나 말하는 방법을 약간 바꾸면, 즉 '친구'라는 단어를 강조하면, 친구가 아닌 사람에 대해서 나쁘게 말해도 된다는 뜻으로 해석될 수 있다. 또 '자기'라는 단어를 강조하면 다른 사람의 친구에 대해서 나쁘게 말해도 된다는 뜻이 된다. 또 어떤 상황에서 '말라'를 살짝 올려 발음하면, 친구를 험담하지 않아야 한다고 말하면서도 친구를 험담할 수도 있다는 뜻을 넌지시 전달할 수 있다.

글에도 구어의 이런 방법과 유사하게, 문장의 일부를 강조하는 방법이 있다. 광고가 이런 전략을 흔히 사용한다. "개인용 컴퓨터 300달러"라고 크게 써놓고 그 아래에 보일 듯 말 듯 한 작은 글씨로 "모니터는 별도"라고 달아놓는 게 그런 예이다.

비슷하지만 전혀 다른 방법도 있다. 어떤 글에서 일부 구절만 취해, 그 글의 원래 뜻과 완전히 반대의 의미까지는 아니더라도 최소한 전혀 다른 의미를 담고 있는 구절로 바꾸어 독자에게 완전히 다른 인상을 심어주는 방법이다. 이 방법을 '추출'(eduction)이라 해보자.[8]

마빈 밀러가 출연한 연극을 평가한 글에서 예를 들어보자.

마빈 밀러의 새 연극은 완벽한 실패작이다! 제작자들은 이 연극을 북극 탐험 과정에서 일어나는 온갖 우여곡절과 서스펜스로 가득한 모험극이라 선전하지만, 이 글을 쓰는 나는 마빈 밀러가 그 한심스런 연극의 1막이 끝날 때까지 살아남을까가 궁금했을 뿐이었다. 솔직히 말해서, 이 연극에서 유일하게 흥미로웠던 것은 피에르 투르니에가 작곡한 아름답고 황홀한 배경음악이었다.

이 글을 바탕으로 연극을 광고하는 글을 만들면 이렇게 될 것이다.

[……] 완벽하다! [……] 온갖 우여곡절과 서스펜스로 가득한 모험극 [……] 아름답고 황홀한 배경음악.

> **보이지 않는 살인자**
>
> 1988년에 처음 작성됐지만, 저자 중 하나인 에릭 레히너가 수년 후에 웹사이트에 올려 세상에 널리 알려진 글이다. 법원에 한 번 이상 청원됐고, 여러 공공장소에서 시민들의 서명을 받기도 했다. 그때마다 많은 사람이 서명에 참여했지만, 그것만으로 이 글의 과학성이 인정받는 건 아니다. 그래도 흥미롭게 읽을 만한 글이며, 이런 글을 주의 깊게 읽는 것만으로도 비판적 사고

를 훈련할 수 있다.

보이지 않는 살인자

디하이드로겐 모녹사이드(dihydrogen monoxide, DHMO)는 무색·무취·무미한 화학물질로 매년 수많은 사람의 목숨을 앗아간다. 사망자 중 대부분이 DHMO의 우연한 흡입으로 사망하지만, DHMO의 위험은 여기에서 그치지 않는다. 고체 형태의 DHMO에 지속적으로 노출되면 조직이 심각하게 손상될 수도 있다. DHMO를 흡입하면 땀과 소변이 지나치게 많아지고, 복부 팽만감과 구역질과 구토 및 전해질 불균형이 동반되기도 한다. 일단 중독된 후에, DHMO의 공급을 중단하면 죽음으로 이어진다.

디하이드로겐 모녹사이드는
- 수산산으로도 불리며, 산성비의 주요 성분이다.
- 온실 효과의 한 원인이기도 하다.
- 심각한 화상을 일으킬 수 있다.
- 자연환경의 침식을 촉진한다.
- 다양한 금속의 부식을 촉진한다.
- 전자 제품을 고장나게 하고 자동차 제동기의 성능을 저하시킨다.
- 말기 암 환자의 종양 조직에서도 발견된다.

DHMO는 현재 미국의 거의 모든 하천과 호수 및 저수지에서 다량 발견되지만, DHMO 오염은 세계적인 현상이어서 남극의 빙하에서도 관찰됐다. DHMO는 이미 여러 차례 수백만 달러의 재산 피해를 입혔고, 최근에는 캘리포니아 지역의 피해도 심각한 것으로 알려졌다.

이런 위험에도 불구하고, DHMO는 여전히 다음과 같은 경우에 자주 쓰인다.
- 공업용 냉매와 용매.
- 핵발전소.
- 스티로폼의 제작.

- 방화재.
- 온갖 잔인한 동물 실험.
- 살충제(살충제를 씻어낸 후에도 농산물에서 DHMO가 검출됨).
- 정크 푸드와 그 밖의 가공식품에 사용되는 첨가물.

기업들은 DHMO 폐기물을 하천이나 바다에 버린다. 그러나 이런 행위는 현재 합법적이기 때문에 막을 방법이 없다. 야생생물이 이로 인해 받는 피해가 엄청나다. 따라서 더 이상 이런 행위를 묵과해서는 안 된다!
이런 끔찍한 행위는 당장에 중단돼야 한다!
그러나 DHMO가 '국가 경제의 건전성에 크게 기여한다'는 이유로 미국 정부는 이 유해한 화학물질의 생산과 유통과 사용을 금지하는 걸 거부해왔다. 사실, 해군을 비롯해 여러 군 조직이 DHMO로 갖가지 실험을 하고, 수백만 달러를 투자해 전시에 DHMO를 통제하고 이용하는 무기를 개발 중이다. 또한 수백 곳의 군사연구소가 복잡한 지하 유통망을 통해 상당량의 DHMO를 공급받고 있으며, 몇몇 연구소는 많은 양의 DHMO를 비축해두고 있다.
[이 글을 올리는 짓궂은 장난은 지금도 DHMO의 금지를 주장하는 웹사이트에서 계속되고 있다. 천만다행으로 이런 장난은 아무런 결실도 거두지 못했다.]

출처: http://www.dhmo.org

족제비 말

영어로는 weasel words, 직역하면 '족제비 말'이다.

족제비는 무척 예쁘게 생긴 동물이며, 상당히 교묘한 방법으로 새 둥지에 감추어진 알들을 공격한다. 알에 구멍을 뚫어 내용물을 빨아먹고 껍데기를 그 자리에 그대로 두는 식이다. 따라서 어미 새는 알들이 안전하다고 생각하지만, 중요한 내용물은 쏙 빠진 껍데기일 뿐이다.

'족제비 말'도 마찬가지다. 대단한 내용이 담겼다고 여겨지는 말에 단어 하나를 슬쩍 끼워 넣어 알맹이를 쏙 빼버릴 수 있다.

광고에서 이런 수법을 흔히 사용한다. 글을 주의 깊게 읽은 사람이라면 그런 광고문을 숱하게 보았을 것이다. "당신도 100만 달러를 벌 수 있었다!"라고 말하는 전자메일을 받아보지 않은 사람이 있는가!

그 밖에 다른 예도 무수히 많다.

- 이러이러한 효과가 **있을 수** 있다는 제품.
- 이러이러한 수준**까지** 뭔가를 올리거나 내린다는 제품.
- ~에 **도움을 준다**는 제품.
- ~에 **기여한다**는 제품.
- ~의 **성분**이라는 제품.
- 우리를 ~**처럼** 느끼게 해준다는 제품.
- ~**와 비슷하다**는 제품.
- **여러 면에서** ~라는 제품.
- **여러** 연구자가 확인해주듯이…….
- 여러 연구자가 **권하듯이**…….
- 여러 연구자가 증명**하려** 하듯이…….
- **사람들이** 주장하듯이…….
- 이 제품은 **거의**…….

그러나 광고에서만 '족제비 말'이 사용되는 것은 아니다. 비판적으로 생각하는 사람이면 상대의 말을 잘못 해석하지 않기 위해서라도 '족제비 말'을 즉각 알아챌 수 있어야 한다. 하지만 어떤 경우에는 우리 생각을 두루뭉술하게 말하는 것도 중요하다는 사실을 기억해야 한다. 의식적으로 상대를 속이거나 현혹하려는 '족제비 말'과 이런 어법을 똑같이 취급해서는 안 된다.

화장발에 속지 말자

어떤 생각을 명확히 표현하기 위해서 때로는 특수 어휘를 사용할 필요가 있다. 예컨대 양자 물리학이나 칸트 철학을 진지하게 토론할 때 난해한 개념들을 주고받기 위해서는 전문용어와 정확한 어휘를 사용하지 않을 수 없다. 문외한은 그런 어휘를 이해하기 어렵지만, 문제를 제기하고 명확히 하기 위해서는 그런 어휘가 필요하다. 그러나 문외한이지만 해당 분야에 관심을 가진 사람에게는 그런 개념들의 의미와 그런 개념들에서 제기되는 문제점을 대강이라도 알려줘야 한다. 대략이라도 알아야 그가 관심을 놓지 않고 공부를 계속할 것인지 말지를 결정할 것 아닌가! 만약 그런 결정을 내린다면 그는 전문용어만이 아니라 그 용어에 관련된 지식까지 습득해야 한다.

그러나 어휘가, 논하고 있는 문제와 아무런 관계가 없어, 그 문제를 연구하겠다는 의욕을 자극하고 그 문제를 명확히 해주기는커녕 간단한 문제를 일부러 복잡하게 만들거나 얄팍한 생각을 감추는 데 쓰이는 경우가 있다. 물론 두 상반된 경우를 뚜렷이 구분하기가 항상 쉽지는 않다. 하지만 두 경우를 구분하는 경계는 분명히 존재한다. 일반적으로 후자의 경우를 '곁말'(jargon)이라 한다.

곁말에도 다양한 종류가 있다. 영어에는 분야별로 곁말을 뜻하는 단어가 따로 있다. 예컨대 법률가들의 곁말은 난해한 법률용어라는 뜻에서 '리걸리즈'(legalese)라 한다. 미국에는 사법계의 이런 반계몽주의에 반발하며 법률용어를 일상 어휘로 바꾸라고 요구하는 시민단체들이 적지 않다. 한편 교육학에 관련된 곁말은 '에듀칸도'(educando)라 한다. 내가 알기론, 교육학에 관련된 글을 누구나 이해할 수 있는 언어로 다시 풀어쓰는 힘겨운 일에 뛰어든 사람이 아직 한 명도 없다.

이번에는 학계의 곁말을 예로 들어보자. 다음에 인용한 글은 최근에 소르본 대학에서 통과된, 프랑스에서 꽤 유명한 점성가의 사회학 학위 논문에서 발췌한 것이다. 이 논문을 읽은 전문가들의 평가에 따르면,[9] 이 논문은 대학 교육 과정에 점성술을 포함시켜야 한다는, 공허하기 이를 데 없는 일방적인 주장에 불과했다.

우주의 심오한 단일성을 거울처럼 반영하는 점성술의 중심축과 핵심은 고대인들의 '우누스 문두스'(unus mundus, 하나의 세계)를 떠올리게 한다. 고대인들의 이런 세계관에서 우주는 분리되지 않는 거대한 전체로 여겨졌다. 합리주의와 계몽정신이 도래하면서 마음과 영혼과 정신이 나뉘었고, 이성과 감성이 분리됐다. 또 이원론과 더불어 사회·문화적인 분열이 뒤따랐다. 지난 수년 전부터 패러다임에서 큰 변화가 있었지만 서구 세계는 아직도 이원론에서 벗어나지 못하고 있는 실정이다. [······]

그러나 새로운 패러다임의 출현으로 별자리에 대한 관심이 점점 높아지고 있지만, 점성술을 투시력이나 타로점과 같은 미신과 혼동하며 동일시한 탓에 생긴 거부감이 아직 적지 않게 남아 있다. 광범위한 사회학의 틀에서 기본적인 요소인 우리의 경험, 특히 지난 20년간 프랑스 안팎에서 우리가 경험한 바에 따르면, 우리는 (베버주의자이든 지멜주의자이든 간에) 사회 현상의 반영인 미디어에 특별한 지위를 부여하고자 해왔다. [……] 우리는 점성술을 향한 이런 실질적인 애증관계를 분석해보았고, 점성술의 인식론적 상황이 오늘날 어떤지 사회조사를 통해 정의해보았다. [……]

[과학자와 점성가 간의] 그런 대화는 어떤 복잡한 생각, 즉 신과학정신과 점성술적 패러다임을 지배하는 생각을 중심으로만 이루어질 수 있다. 다채로운 방언에 대해 언급한 앙드레 브르통을 생각해보라. 우리는 경험적인 면을 이런 열린 자세와 유연한 사고방식으로 받아들이면서 어느새 편집광, 더 정확히 말하면 근본주의자가 되었다.[10]

위의 글은 곁말을 남발한 전형적인 예이며, 우리가 상상할 수 있는 최악의 경우를 몇 줄에 압축해놓은 듯하다. 요컨대 지식을 자랑하려는 듯 학문적 단어와 개념을 아무런 근거도 없이 사용한 데다, 권위 있는 개념과 이론 및 저자를 제멋대로 인용한다.

이런 곁말들이 여러 역할을 하는 것은 사실이다. 예컨대 곁말이 그 말을 사용하는 사람에게 권위를 더해주는 장치라 생각하는 사람도 적지 않다. 노엄 촘스키도 곁말을, 적어도 부분적으로는, 지식인이 자신의 얄팍한 행동을 감추기 위해 쓰는 수단으로 보았다.

지식인들에게는 하나의 당면 과제가 있습니다. 그들의 존재를 정당화해야 한다는 겁니다. 그런데 요즘 세상에는 쉽게 이해되는 것이 거의 없는 듯합니다. 그러나 물리학의 일부 분야를 제외하면, 지식의 대부분은 간단한 단어들과 짤막한 문장으로 얼마든지 표현될 수 있습니다. 하지만 그렇게 하면 당신은 유명해질 수도 일자리를 얻을 수도 없습니다. 사람들이 당신의 글을 존중하지도 않습니다. 여기에 지식인들의 고민이 있습니다. 단순한 것을 취해서 복잡하고 심오한 것처럼 꾸며야 하니까요. 지식인들은 그런 식으로 서로 얘기를 나눕니다. 그들끼리 그렇게 말하면 세상 사람들이 그들을 우러러보고 존중해주니까요. 하지만 그들의 말을 단순한 말로 풀어보면 진부한 말이거나 따분하기 이를 데 없는 말일 뿐입니다.[11]

위에서 언급한 대로 전문용어와 곁말을 구분해서 곁말을 알아내는 게 쉬운 일은 아니다. 충분한 지식과 정확한 논리력이 필요하고, 자신의 무지함을 인정하는 겸손한 자세와 새로운 사상에 대한 열린 자세로 꾸준히 노력해야 얻을 수 있는 결실이다.

나는 학문을 논하는 자리에서 곁말을 사용해 얻을 수 있는 효과를 증명한 재밌는 연구의 결과를 소개하는 걸로 결론을 대신하려 한다.[12] 독특한 연구인 데다 의미 있는 결론을 끌어내지는 못했지만, 이런 주제를 다룬 논문이 거의 없기 때문에 나는 여기에서 그 연구 결과를 인용한다.

1970년대 초, 폭스 박사는 '수학적 게임이론과 의료인 수련에의 응용'이란 제목으로 3번에 걸쳐 강연했다. 그에게 강연을 들은 사람은 사회복지사, 교육자, 병원 관리자, 심리학자, 정신과 의사 등 모두 55명으로 한결같이 고학력자였다. 폭스 박사는 1시간 동안 강연하고, 곧바로 30분의 토론 시간을 가졌다. 그 후 강연에 참석한 사람들에게 설문지를 나누어주고 강연에 대한 소감을 물었다. 모든 참석자가 폭스 박사의 강연을 명쾌하고 흥미진진했다고 평가했다. 한 사람도 그 강연이 근거 없는 주장들을 짜맞춘 것에 불과하다는 걸 눈치 채지 못했다.

사실 폭스 박사는 배우였다. 비록 근엄 있게 꾸미고, 권위 있고 확신에

찬 어조로 말했지만, 자신이 강단에서 말한 내용에 대해서는 아무 것도 몰랐다. 완전히 외워서 말한 것에 불과했다. 게다가 강연은 애매모호한 말과 모순, 엉터리 참고문헌, 강연 주제와는 아무런 관계도 없는 개념의 그럴듯한 언급, 무의미한 개념 등의 나열과 크게 다르지 않았다. 요컨대 실속 없는 얘기와 자가당착, 화려하게 치장된 허황된 주장에 불과했다.

1996년에 있었던 소칼 사건(Sokal affair)을 연상케 하는 이 짓궂은 장난을 주도한 사람들은,[13] 이 실험을 바탕으로 '폭스 가정'을 세웠다. 그 가정에 따르면, 이해가 되지 않는 말이라도 그럴듯한 근거가 주어지면 지적인 말로 받아들여지는 경향이 있다. 심오하고 지적인 뜻이 담겼다는 착각을 안겨주는 단어를 사용하면 말이나 글에 신뢰감을 더할 수 있다는 생각도 폭스 가정에서 비롯된 것이다.

이쯤에서, 커뮤니케이션을 효과적으로 끌어가려는 사람이면 반드시 알아야 할 단순하면서도 확실한 몇 가지 규칙을 정리해두는 것도 좋을 듯하다.

- 당신이 무슨 말을 하려는지 먼저 완벽하게 알아야 한다.
- 상대방의 어법으로 말하라.
- 가능하면 간단하고 쉽게 말하라.
- 평가와 비판을 부탁하라.

진짜 뜻은 사전 밖에도 있다

"너한테는 영광스럽겠다!"
앨리스가 말했다.

"영광이라니 무슨 말씀이세요?"
험프티 덤프티는 거만하게 웃었다.
"내가 가르쳐주지 않으면 물론 모르겠지. 너한테는 '납작하게 깨진 말싸움'이란 뜻이야!"
앨리스가 반박했다.
"하지만 '영광'이란 말이 '납작하게 깨진 말싸움'이란 뜻은 아니잖아요."
험프티 덤프티는 조금 깔보는 투로 말했다.
"내가 어떤 단어를 쓰면, 그 단어는 내가 선택한 뜻만 가져. 그 이상도 그 이하도 아니야."
앨리스가 말했다.
"문제는, 당신이 그렇게 여러 뜻을 단어에 줄 수 있느냐는 거지요."
험프티 덤프티가 말했다.
"문제는 누가 주인이냐는 거야. 그게 전부야."
— 루이스 캐럴, 「거울나라의 앨리스」

앨리스처럼 꼼짝없이 입씨름에 말려든 적이 있는 사람이라면, 이런 입씨름이 실제로는 단어의 의미가 명확하지 않은 데서 비롯된 다툼에 불과하다는 걸 잘 안다. 또 사용된 단어들 중 하나, 혹은 그 이상을 두 대화자가 서로 다르게 정의하기 때문에 입씨름은 계속될 수밖에 없다는 것도 잘 안다. 이런 경우에는 모두가 동의할 수 있는 정의부터 내려야 하지만, 그게 쉬운 일은 아니다.

가장 손쉬운 방법은 사전을 찾아보는 것이다. 때때로 이 방법이 가장 확실하기도 하다. 그러나 사전이 단어의 정의에 관한 사회적 관례, 즉 주로 동의어를 사용해서 뜻을 명확히 하는 관습에 불과하다는 사실을 잊어서는 안 된다. 그렇다고 사전이 무가치하다는 말은 결코 아니다. 예컨대 상대방이 quadruped(네발짐승)라 말했는데 당신이 무슨 뜻인지 모른다면, "발이 넷인 짐승, 특히 발이 넷인 포유동물"이라는 사전의 정의는 당신에게 대화를 계속 이어가기에 충분한 정보를 제공한다. 다른 예를 들어보자. 당신이 어떤 책을 읽다가 dearborn이란 단어에 맞닥뜨린다면, 19세기 영어사전의 도움을 받아야 그 시대 미국에서 서부 개척자들이 사용한 포장마차를 그렇게 불렀다는 걸 알 수 있다.

그러나 이런 식의 정의, 즉 언어학적 정의는 일반적으로 현실에서 요구되는 정의가 아니다. 가령 당신이 어떤 관습이 '지당한'(just) 것인지 결정하는 토론을 한다고 해보자. 사전을 찾아보면 '지당하다'는 '도덕이나 종교의 법칙을 존중하며 공정성을 지킨다'로 정의돼 있지만, 이런 사전적 정의는 당신에게 큰 도움이 되지 않는다. 당신은 '공정하다'의 뜻을 찾아보아야 하고, 또 공정성을 반드시 지켜야 한다면 그 이유가 뭔지에 대해서도 알아야 한다. 또 베를린에서는 라이히슈타크, 파리에서는 퐁뇌프, 뉴욕에서는 센트럴파크를 문자 그대로 '포장'한 크리스토(Christo)의 작품이 예술이냐 아니냐에 대해 누군가와 대화를 나눈다면 예술에 대한 언어학적 정의는 그 대화에서 큰 도움이 되지 않는다.

이런 문제는 순전히 이론으로만 존재하는 게 아니다. 오히려 모든 것에 연결되어 있는 중요하고 풀기 힘든 문제이다. 예를 들어 다음의 단어들은 정의하기가 무척 힘들다. 테러, 삶, 죽음, 낙태, 전쟁, 대량학살, 결혼, 가난, 절도, 마약 등등. 이런 단어들에서 한쪽의 정의만을 사용할 때 어떤 결과가 닥칠지 생각해보라.

이런 경우에는 '개념적 정의'(conceptual definition)가 필요하다. 서구 세계에서 철학이 탄생한 이유가 개념적 정의에 관련된 문제들, 즉 개념적 정의를 형식화하는 어려움을 해소하고 개념적 정의에 따른 결과를 분석하기 위한 것이라 주장하는 사람들이 적지 않다. 이 모든 것을 얘기할 때마다 아직도 소크라테스라는 이름이 거론된다. 소크라테스는 당시 사람들에게 귀납법으로, 즉 특정한 경우를 면밀하게 조사하는 방식으로, 문제가 되는 단어, 예컨대 용기, 연민, 정의 등과 같은 단어의 개념적 정의를 끌어내라고 충고했다. 이런 접근법은 오늘날에도 여전히 유효하다. 우리가 사용하는 개념을 이런 식으로 명확히 해야 할 때가 많다. 예를 들어 테러에 대해 정확히 말하기 위해 만족시켜야 할 필요충분조건은 무엇인가? 그 조건들이 현재 테러로 이해되는 모든 경우에서 발견되는가? 그렇지 않다면 이유가 무엇인가? 테러라는 단어를 사용하는 우리의 습관과, 테러의 정의 중 어느 쪽을 바꾸어야 하는가?

우리가 정의하려는 단어가 속한 일반적 유형(genus, 유개념)과 특별한 차이(differentia, 종차)를 찾아가는 방식은, 오래 되었지만 여전히 유효하다. 예컨대 '새'를 정의해보자. 유개념은 동물이고, 종차(種差)는 새를 다른 동물과 구별해주는 특징이다. 그런 특징의 하나로 새에는 깃털이 있다고 말할 수 있다. 이번에는 '마약'을 정의해보자. 이번에는 생각만큼 쉽지 않을 것이다. 이런 경우에는 과학이나 전문적인 지식이 적절한 정의를 구하는 데 도움을 줄 수 있다

사우디아라비아에서 사진이란?

사우디아라비아에서는 인위적인 형상의 제작이 금지된 탓에 오랫동안 사진도 금지됐다. 그러나 유정(油井)을 찾으려면 항공사진이 반드시 필요했다. 잡지 《하퍼스》(1978년 2월)에는 이 딜레마를 어떻게 해결했는지에 대한 얘기가 실려 있다. "이븐 사우드 왕은 울라마(무슬림에게 큰 영향력을 행사하는 무슬림 신학자들의 모임)를 소집해, 사진은 인위적으로 만든 형상이 아니라 알라의 창조물에 어떤 해도 끼치지 않는 빛과 그림자의 조합에 불과하다고 설득했다."

출처: H. Kahane, *Logic and Contemporary Rhetoric: The Use of Reason in Everyday Life*, p. 151.

이런 식으로 단어를 정의할 때 어원 연구, 즉 단어의 기원에 대한 연구에서 시작하는 사람도 적지 않다. 이때도 주의해야 하는데, 단어의 기원이 항상 명확하지는 않기 때문이다. 단어의 어원이 과거에 지녔던 의미가 현재 단어의 의미와 반드시 똑같지는 않다. 의미가 완전히 달라져 어원 연구가 우리에게 아무런 정보를 주지 못하는 경우가 많다. 예컨대 영어에서 role(역할)은 중세 라틴어에서 글을 쓰는 두루마리를 뜻한 *rotulus*에서 파생됐다. 이런 어원에서 role의 뜻을 제대로 찾을 수 있겠는가!

'어원 오류'(etymological fallacy) 현상은 때로 꽤 심각하기도 하다. education(교육)이란 단어가 대표적인 예이다. 이 단어가 *educere*에서 파생됐다면서, '교육'을 '교양을 넓히기 위한 행위'로 정의하는 사람들이 있다. 어원대로 해석하면 '교육'이 무지한 상태의 밖으로(ex) 인도하는(ducere) 행위가 되기 때문에 교육이 교양의 확대라는 정의에 딱 들어맞기는 하다. 그러나 교육을 키우는 행위, 달리 말하면 성장에 필요한 온갖 조건을 제공하는 행위로 해석하는 사람들도 있다. 따라서 그들은 education(교육)이 '키우다', '기르다'를 뜻하는 *educare*에서 파생된 단어라고 주장한다. 반면에 교육을 막연한 개념이라 생각하며, 그 이유를 어원의 불확실성에서 찾는 사람들도 있다. 결론적으로 말하면, 어원이 간혹 명확하기는 하지만 어떤 경우에도 어원만으로 개념적 정의라는 문제를 해결할 수는 없다.

규범적 정의, 즉 관례적 정의를 받아들여야 할 때도 있다. 예컨대 '과체중' 혹은 '비만'과 같은 개념은 초과 체중을 뜻한다. 정상 체중과 과체중 및 비만의 경계는 체질량지수(body mass index)로 정해지므로, 결국 체질량지수가 이 개념들의 규범적 정의가 된다.

과학은 대체로 두 방향에서 정의되며, 과학이란 단어가 쓰인 예를 정확히 파악하기 위해서는 두 정의를 모두 알아야 한다.

첫째는 조작적 정의(operational definition)이다. 조작적 정의는 연구 대상인 개념을 정확히 알기 위해 밟아야 하는 과정, 혹은 단계를 가리킨다. 예컨대 블랙 포리스트 케이크(버찌와 크림을 켜켜이 쌓은 일종의 초콜릿 케이크—옮긴이)를 만드는 법은 블랙 포리스트 케이크의 조작적 정의이다. 물론, 과학에서 사용되는 조작적 정의는 훨씬 더 복잡하다.

둘째는 지수(index)이다. 지수화는 여러 단계로 이루어진다.[14] X라는 개념이 있다고 해보자. 이 개념에서는 머릿속으로 표상(表象, representation)을 떠올리는 단계부터 시작된다. 요컨대 이 단계에서는 지식과 감성과 창의성이 작용한다. 다음 단계에서는 개념의 범위들을 명확히 하고, 그다음 단계에서는 그 범위들과 관련된 관찰 가능한 특징들을 선택한다. 마지막 단계에서는 가중치를 고려하며 그 범위들을 하나의 척도로 통합시켜 지수화한다. 우리는 구체적이고 독립적인 현실에 지수를 위험할 정도로 쉽게 부여하지만, 지수는 하나의 가능한 가정에 불과하다. 예컨대 지능지수도 이런 지수에 불과하지만, 우리 모두가 그것을 실질적이고 구체적인 것으로 생각한다.

말과 글의 진실을 캐내는 20가지 논리 도구

다음의 진술을 생각해보자.

인간은 모두 죽는다.
소크라테스는 인간이다.
따라서 소크라테스는 죽는다.

삼단논법이라 알려진 이런 추론을 모르는 사람은 없을 것이다. 이 삼단논법은 하도 자주 쓰이는지라, 시인 폴 발레리는 소크라테스를 죽인 건 독약이 아니라 이 삼단논법이었다고 우스갯소리를 하기도 했다.
이런 식의 추론 방법에 관심을 갖고 처음으로 체계적으로 연구하며 이 추론 방법에 이름까지 붙인 아리스토텔레스는 형식논리학의 창시자라 여겨진다. 아리스토텔레스가 개발한 이 논리학에는 경쟁자가 없었다. 하지만 20세기에 들어서서 고틀로프 프레게와 버트런드 러셀 등과 같은 수학자와 철학자의 노력으로 더욱 강력한 기호논리학이 탄생했다.

논리란 무엇일까? 이 질문에 답하기 위해서는 아리스토텔레스의 논리학 논문 『오르가논』까지 거슬러 올라가야 한다. 제목이 '도구'를 뜻하는 이 논문에서, 아리스토텔레스는 내용과는 상관없이 형식만을 따지는 추론 방법을 연구했다. 이런 이유에서 그의 논리학에 '형식'이란 수식어가 덧붙여졌다. 아리스토텔레스는 최초로 '사고법칙'(laws of thinking)을 체계화했다.

- 동일률: 동일성의 원리로 A는 A이다.
- 모순률: 모순의 원리로 어떤 것도 A인 동시에 A가 아닐 수 없다.[15]
- 배중률: 제삼자 배제의 원리로 어떤 것은 A이거나 A가 아니다. 이도 저도 아닌 제삼자일 가능성은 없다.

이런 원칙하에 아리스토텔레스는 삼단논법을 발전시켰다. 다음의 추론을 예로 들어보자.

퀘벡의 경찰은 모두 곤봉을 갖고 다닌다.
피에르는 퀘벡의 경찰이다.
따라서 피에르는 곤봉을 갖고 다닌다.

이 추론, 즉 아리스토텔레스의 삼단논법에는 퀘벡 경찰, 피에르, 곤봉이란 내용이 담겨 있고, 그 내용은 뭔가를 확인해준다. 이 삼단논법에는 하나의 형식이 있으며, 이 형식은 내용을 추상화함으로써 분명히 드러낼 수 있다. 물론, 이 삼단논법이 '소크라테스는 죽는다'라는 결론을 끌어낸 삼단논법과 똑같은 형식을 갖는다는 건 이미 눈치챘을 것이다. 이런 형식적 관계는 어떤 내용이든 대신할 수 있는 기호를 사용하면 훨씬 명확히 나타난다. 위의 추론을 기호로 추상화하면 퀘벡 경찰(A), 곤봉의 소유(B), 피에르라는 개인(x)이 된다. 따라서 위의 추론은 모든 A와 모든 B, 그리고 x에 대해 말하며 그 셋의 관계를 결정해준다. 이 구조를 형식화하면,

모든 A는 B이다.
x는 A이다.
따라서 x는 B이다.

추론의 내용은 차치하고 구조만을 고려하면, 이 구조는 언제나 타당하다. 실제로 모든 A가 B이고 x가 A라면, x는 반드시 B이어야 한다. 이런 관계는 영국의 논리학자 존 벤(1834~1923)이 제안한 벤 다이어그램이란 원을 그려서도 완벽하게 설명된다.

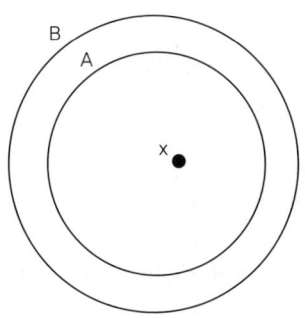

첫 번째 명제와 두 번째 명제(모든 A가 B이고 x가 A이다)를 아리스토텔레스는 전제라 칭했다. 두 전제에서부터 세 번째 명제(x는 B이다)인 결론을 확실하게 끌어낼 수 있다. 전제들은 결론을 뒷받침하기 위해 제시된 이유들이다. 이와 같은 추론에서 결론은 반드시 전제에서 비롯되며, 이런 추론은 '논리적으로 타당하다'라고 일컬어진다.

삼단논법이 타당할 때, 전제가 참이면 결론도 참이라 말할 수 있다. 여기에서부터 얘기가 차츰 복잡해진다. 아리스토텔레스는 14형식의 타당한 삼단논법을 제시했는데, 중세의 논리학자들은 그 형식들에 라틴어로 '바르바라'(Barbara), '켈레란트'(Celerant)와 같은 이름을 붙였다.

타당성과 진실은 다른 것이라고 당시부터 언급됐고, 지금은 완전히 구분된다. 앞에서도 보았지만 어떤 형식의 추론에서는 '타당한' 결론이 전제에서부터 유도되지만, 결론까지 '참'이라고 보장해주지는 못한다. 똑같은 형식이지만 새로운 내용으로 추론해보자.

    타조는 모두 코끼리이다.
    이 개구리는 타조이다.
    따라서 이 개구리는 코끼리이다.

이 삼단논법은 논리적으로 타당하지만 결론은 참이 아니다. 전제가 참이 아니기 때문이다.

타당성과 참(혹은 진실)이란 범주를 조금만 깊이 생각해보면 우리는 4가지 다른 가능성을 구분할 수 있다.

1. 추론도 타당하고 결론도 참인 삼단논법

    인간은 모두 죽는다.

    소크라테스는 인간이다.

    따라서 소크라테스는 죽는다.

2. 결론은 거짓이지만 추론은 타당한 삼단논법

    인간은 모두 푸른색이다.

    소크라테스는 인간이다.

    따라서 소크라테스는 푸른색이다.

3. 결론도 거짓이고 추론도 타당하지 않은 삼단논법

    몇몇 사람은 푸른색이다.

    소크라테스는 사람이다.

    따라서 소크라테스는 푸른색이다.

4. 결론은 참이지만 추론은 타당하지 않는 삼단논법

    몇몇 사람은 죽는다.

    소크라테스는 사람이다.

    따라서 소크라테스는 죽는다.

지적인 자기방어 능력을 지니기 위해서는 속임수와 조작을 간파하는 기술을 터득해서, 추론 과정이 타당하지 않아 엉뚱한 결론을 유도하는 논증의 오류를 찾아내는 능력을 키워야 한다. 이런 식의 추론은 흔히 궤변(sophism) 혹은 추론의 오류(paralogism)라 일컬어진다. 추론의 오류는 선의로 저질러지는 실수인 반면에 궤변은 상대를 속이기 위한 목적에서 행해진다는 차이가 있지만, 여기에서는 일반적으로 사용되는 용어를 그대로 취해 본래의 목적과 상관없이 타당하지 않은 모든 추론을 '추론의 오류'라 칭하기로 하자.

　형식적인 추론의 오류와 비형식적인 추론의 오류가 구분될 수도 있다. 추론이 타당하지 않아 결론이 전제들로부터 유도되지 않을 때 형식적인 추론의 오류가 발생한다. 이런 경우엔 전제부터 점검해야 한다. 그러나 비형식적인 추론의 오류도 무척 빈번하게 발생한다. 우리는 특히 이런 추론의 오류에 주의해야 한다. 이런 오류는 언어의 속성만이 아니라, 우리가 사실에 접근하는 방식에서도 비롯된다. 일반적으로 말하면, 제시되는 전제의 특징들이 오류의 원인이다. 비형식적 추론의 오류는 무척 흔히 범해지기 때문에, 이런 오류를 알아내는 것이 반드시 필요하다. 그러나 이 오류들을 유형별로 분류하기는 쉽지 않다. 여하튼 실수를 범하는 이유도 가지각색이고, 실수가 하나 이상의 유형에 속하기 때문에 다양한 분류법이 지금까지 제안됐다는 게 그다지 놀랍지는 않다. 이런 이유에서 나는 비형식적 추론의 오류에서는 가장 흔히 나타나는 오류만을 살펴보는 것으로 만족하려 한다.

형식적인 추론의 오류

　추론이 타당하지 않은 방향으로 진행되는 3가지 원인부터 살펴보자. 각각의 예에서 제시된 추론은 형식의 오류 때문에 전제의 참값이 그대로 유지되지 못한 경우이다.

모순

　타당한 논증에는 모순이 없어야 한다. 따라서 타당한 논증은 모순이 없는 논증이라 일컬어지기도 한다. 논증에서 모순이 눈에 띄면, 그 논증은 모순되기 때문에 타당하지 않다는 결론이 내려진다.

모순되는 추론의 예를 들어보자.

몬트리올은 생아폴리네르에서 60킬로미터 떨어진 곳에 있다.
퀘벡은 생아폴리네르에서 200킬로미터 떨어진 곳에 있다.
따라서 생아폴리네르는 몬트리올에서보다 퀘벡에서 더 가깝다.

위의 논증이 타당하지 않아서 결론이 거짓이라 말할 수는 없다는 점에 주목해야 한다. 결론의 진위 여부는 지리학자의 문제이지 논리학자의 관심사가 아니다. 논리학자는 추론의 형식에만 관심을 둔다. 추론의 내용은 별개의 문제이다.

예민한 사람은 사방에서 주장되는 추론에서 모순을 어렵지 않게 찾아낸다. 요즘 언론에서 흔히 들리는 모순된 주장의 대표적인 예를 아래에 소개했다.

누구에게도 사회적 지원을 제공해서는 안 된다.
시장경제가 모두에게 스스로 책임지기를 요구하기 때문이다.

항공기 제작회사 봄바디어에 보조금을 제공해야만 한다.
그렇지 않으면 그 회사가 파산할 것이기 때문이다.

후건(consequent)의 긍정
이 오류는 다음과 같은 형식을 띤다.

P이면, Q이다.
Q.
따라서 P이다.

여기에서 두 전제가 참이더라도 결론이 반드시 참은 아니다. 이런 결론은 '불합리한 추론'(*non sequitur*)이라 일컬어진다. 예를 들어보자.

당신이 경찰이라면 당신에게는 곤봉이 있다.
당신에게는 곤봉이 있다.
따라서 당신은 경찰이다.

조금만 생각해보면 알겠지만, 전제들이 결론을 보장해주지는 않는다. 경찰이 아니면서도 곤봉을 가진 사람이 있을 테고, 또 경찰이란 사실만으로 그 사람이 곤봉을 갖고 있어야 할 이유가 충족되지는 않기 때문이다.
다른 예를 들어보자.

비가 오면 도로가 젖는다.
도로가 젖는다.
따라서 비가 온다.

도로는 다른 이유로도 얼마든지 젖을 수 있다. 따라서 도로가 젖었다는 이유만으로 비가 온다고 단정할 수는 없다. 다음의 예를 생각해보자.

사회의 기본 구조가 정의롭다면 시민들이 저항하지 않는다.

우리 사회의 시민들은 저항하지 않는다.
따라서 우리 사회의 기본 구조는 정의롭다.

후건의 긍정에서 비롯되는 오류는 두 가지 주된 이유에서 눈치채기 어렵기 때문에 치명적일 수 있다. 첫째로, 위의 예에서 보듯이 오류가 명확히 눈에 띄게 드러나는 경우가 드물기 때문이다. 따라서 위의 추론은 다음과 같이 해석되기 십상이다.

공정한 관찰자나 믿을 만한 이론가는 사회 구조가 모두에게 공정할 때 시민들은 자발적으로 사회 구조에 순응한다고 주장한다. 따라서 우리 사회의 시민들이 저항하지 않는다는 사실은 우리 사회의 기본제도가 공정하다는 강력하고 확실한 증거이므로, 자칭 혁명가들은 이런 점을 주의 깊게 생각해야 할 것이다.

이런 오류를 눈치채기 힘든 두 번째 이유는 이런 추론이 '모두스 포넨스'(modus ponens, 긍정의 식)라 일컬어지는 완벽하게 타당한 추론과 겉으로 똑같은 형식을 띠기 때문이다. 모두스 포넨스는 다음과 같은 형식을 지닌다.

P이면, Q이다.
P.
따라서 Q이다.

예를 들면,

사회의 기본 구조가 정의롭다면 시민들은 저항하지 않는다.
우리 사회의 기본 구조는 정의롭다.
따라서 우리 사회의 시민들은 저항하지 않는다.

전건(antecedent)의 부정
이 오류는 다음과 같은 형식을 띤다.

P이면, Q이다.
P가 아니다.
따라서 Q도 아니다.

여기에서도 'P이면'이란 조건이 Q의 필요충분조건으로 잘못 여겨진다. 전건이 반드시 후건의 필요충분조건이 아닌 이유는 다음의 예를 보면 충분히 이해된다.

내가 런던에 있다면 나는 영국에 있는 것이다.
나는 런던에 있지 않다.
따라서 나는 영국에 있지 않다.

내가 영국에 있기 위해서 반드시 런던에 있어야만 하는 것은 아니다. 영국에는 런던 이외에 다른 도시가 얼마든지 있다.
이런 오류를 눈치채기 어려운 이유도 형식적인 구조가 '모두스 톨렌스' (*modus tollens*, 부정의 식)라 일컬어지는 완벽하게 타당한 형식과 겉모습이 똑같기 때문이다. 모두스 톨렌스의 형식은 다음과 같다.

1장 언어: 말에 숨겨진 진짜 뜻을 생각한다

P이면, Q이다.

Q가 아니다.

따라서 P도 아니다.

예를 들면,

내가 런던에 있다면 나는 영국에 있는 것이다.

나는 영국에 있지 않다.

따라서 나는 런던에 있지 않다.

비형식적 추론의 오류

거짓 딜레마

마술사의 연기 목록에서 가장 흥미진진한 재주 중 하나는 선택을 '강요'하는 방법이다. 예를 들어 설명해보자. 마술사는 우리에게 카드 한 벌에서 한 장의 카드를 선택하라고 한다. 이때 우리는 순전히 자유의지로 카드 한 장을 선택한다고 생각한다. 하지만 마술사가 정해놓은 조건하에서 카드를 선택하는 것이기 때문에, 마술사는 우리가 어떤 카드를 선택할지 미리 알고 있다. 이런 이유에서 선택이 강요됐다고 말하는 것이다. 사정이 이러하니 마술사에게는 우리가 어떤 카드를 선택했는지 알아내는 게 누워서 떡 먹기처럼 쉬운 일이다.

우리가 이제부터 살펴보려는 추론의 오류, 즉 '거짓 딜레마'(false dilemma)는 속임수라는 면에서 마술사의 강요된 선택과 근본적으로 다를 바 없다.

우리에게 하나의 대안만이 주어질 때, 달리 말하면 우리에게 단 두 가지 선택만이 주어질 때 우리는 진정한 딜레마에 부딪친다. 어느 쪽을 선택하더라도 유리해 보이기 때문에 선뜻 결정을 내리지 못한다. 반면 거짓 딜레마에서는 상호배타적인 둘 중 하나를 선택해야 한다. 하지만 실제로는 두 선택이 상호배타적인 관계에 있지 않다. 일반적으로 이런 수사학적 전략이 사용될 때, 조작자가 우리에게 택하기를 바라는 선택 방향은 이미 결정돼 있어 다른 하나는 용납되지 않는다. 따라서 이런 덫에 걸린 사람은 결국 강요된 선택, 따라서 별다른 가치가 없는 선택을 하는 셈이다. 비판적으로 생각하는 사람이라면 거짓 딜레마에 부딪쳤을 때, A와 Z 사이의 다른 선택 가능성, 예컨대 B, C, D 등도 존재한다는 걸 지적하는 식으로 반박할 수 있어야 한다.

우리가 흔히 부딪치는 거짓 딜레마들의 예를 보자.

- 의학은 아무개 부인이 어떻게 완치됐는지 설명할 수 있어야 하고, 설명할 수 없는 완치는 기적이다. 따라서 아무개 부인이 어떻게 완치됐는지 의학으로 설명할 수 없으면 기적이랄 수밖에 없다.
- 공공지출을 줄이지 않으면 우리 경제는 붕괴될 것이다.
- 미국을 사랑하라. 그렇지 않으면 미국을 떠나라.
- 우주는 무(無)에서 창조된 것이 아니다. 따라서 우주는 어떤 지적인 생명력에 의해 창조된 게 확실하다.

물론 셋 중 하나 혹은 넷 중 하나를 선택해야 하는 상황도 똑같은 방식으로 만들어낼 수 있다. 또 그때마다 나열된 선택 가능성 이외에 다른 가능성은 없으며 주어진 가능성 중에서 하나만을 선택해야 한다고 (거짓으로) 주장할 수도 있다.

　복잡하고 미묘한 분석보다 단순한 분석을 좋아하는 건 인간의 속성이다. 거짓 딜레마가 광범위하게 활용되며 효과를 거두는 이유도 부분적으로는 인간의 이런 속성에 있다. 어떤 경우에나 조작자는 거짓 딜레마에서 어떤 이득을 취할 수 있는지 귀신처럼 알아낸다. 예컨대 당면한 문제들을 신중하고 명쾌하게 분석하기 위해서 지루하고 복잡한 분석을 시도해보자고 요구하는 것보다, 테러와 전쟁을 벌이고 테러국을 폭격하겠느냐 아니면 서구 문명의 붕괴를 지켜보겠느냐고 선택을 강요당하는 편이 훨씬 쉽게 느껴진다. 하워드 카에인[16]의 주장에 따르면, 정치인들이 가장 흔히 사용하는 수법은 거짓 딜레마 전략에 '허수아비 논증의 오류'(fallacy of straw man)를 결합시킨 형태이다(허수아비 논증의 오류에 대해서는 뒤에서 다시 살펴보겠다). 그 둘을 결합시킨 논증에서, 상대 정치인의 제안은 희화화되고 괴기스럽게 표현되며 본인의 제안만이 유일한 선택인 양 그려진다. 따라서 자신이 제안한 정책만이 유일하게 합리적이라는 결론이 노골적으로 언명되거나 암묵적으로 제시된다.

　이상에서 어떤 교훈을 얻어야 할까? 우리가 어떤 딜레마에 부딪치면, 섣불리 결론을 내리기 전에(혹은 선택하기가 불가능하다는 결론을 내리기 전에) 그 딜레마가 진정한 딜레마인가부터 확인해야 한다는 것이다. 그렇게 하기 위해서는 흑과 백 사이에 수많은 회색이 있다는 사실을 기억해야 한다. 달리 말하면, 거짓 딜레마의 덫에서 벗어나는 최선의 방책은 상상력이다. 약간의 상상력만 있으면, 우리에게 제시된 선택 가능성 이외에도 다른 많은 가능성이 있다는 걸 어렵지 않게 깨달을 수 있다.

성급한 일반화

인종차별과 마찬가지로 성차별도 일반화, 즉 어리석은 짓에서 시작된다.
– 크리스티안 콜랑주

이름에서 짐작할 수 있듯이, '성급한 일반화'의 오류는 적은 수의 사례를 근거로 지나치게 성급하게 일반화시켜 결론을 끌어내는 데서 비롯되는 실수이다. 물론 사례가 결론과 밀접한 관계에 있을 수 있겠지만, 그런 경우가 드물다는 데 문제가 있다. 일상의 삶에서, 성급한 일반화의 오류는 일화적인 논증의 형태를 주로 띤다. 즉 개인의 경험을 추론의 근거로 제시한다. 예컨대 "사장들은 전부 부도덕해. 나는 그런 사장을 많이 알아!", "침은 효과가 대단해. 내 동생이 침을 맞고 담배를 끊었다니까." 등의 추론은 성급한 일반화의 전형적인 예이다.

하지만 어떤 부류에서 제한적인 사례만을 관찰한 결과를 근거로 그 부류에 대한 결론을 끌어내는 것이 때로는 필요하고 바람직하기도 하다. 모든 사례를 관찰하는 게 불가능할 뿐 아니라 가능한 많은 사례를 관찰하는 것조차 현실적으로 어렵기 때문에, 우리가 특정한 사례들에서 일반화된 결론을 끌어내고 싶어 하는 건 부인할 수 없는 사실이다.

적은 사례에서도 합리적으로 결론을 끌어내는 기술은 수학의 한 분야, 정확히 말하면 통계학에서 '표본이론', '통계적 추론이론'이라 일컬어진다(이 이론에 대해서는 2장에서 자세히 살펴보겠다). 이에 대한 연구는 성급한 일반화라는 덫에서 벗어날 수 있는 최선의 방법이다. 비판적으로 생각하는 사람이라면 어떤 경우에서나 일반화된 결론을 의심하며, 그런 결론을 받아들이기 전에 표본으로 선택된 사례들이 양적으로 충분하고 질적으로 대표성을 띠는가를 확인해야 한다.

훈제 청어

옛날 미국의 남부에서 탈옥한 죄수들은 개의 후각을 교란시켜 추적을 피하려고 냄새가 강한 훈제 청어(red herring)를 도주로 곳곳에 던져두곤 했다. 이와 똑같은 원리가 여기에서 살펴보려는 오류에도 적용되기 때문에, 이 오류에 '훈제 청어'라는 이름이 붙여졌다. 이 오류의 목표는 상대의 관심을 현재 논의되는 주제에서 딴 곳으로 돌리는 데 있다. 현재 논의하는 문제를 까맣게 잊고 아예 새로운 문제를 다루게 하는 것이다.

이 분야에서는 어린아이가 그야말로 챔피언이다.

"뾰족한 막대기를 갖고 놀지 말거라. 자칫하면 다친다."
"이건 막대기가 아니에요, 아빠. 이건 레이저 총이라고요."

훈제 청어를 유효적절하게 사용하는 법을 꿰뚫고 있는 사람들이 적지 않다. 예컨대 지구 온난화에 대해 논의하면서 그로 인한 현상을 두고 갑론을박하는 중에, 한 토론자가 "정말 걱정해야 할 문제는 경제에 대한 정부의 지나친 규제입니다. 관료들이 책상머리에 앉아, 우리가 좋은 일자리를 구해 가족을 먹여 살리는 걸 방해하는 법들을 끊임없이 만들어내는 게 정말 문제입니다."라고 말했다고 해보자. 훈제 청어처럼 고약한 썩은내가 진동하지 않는가?

'훈제 청어'는 상당히 까다로운 기술이어서, 누구나 이 수법을 능수능란하게 사용하지는 못한다. 더구나 이 수법이 효과를 거두려면, 자신에게 이익이 되는 청어를 신중하게 골라야 할 뿐 아니라, 주제에서 벗어난 얘기가 지금 다루고 있는 주제와 관계가 있다는 느낌을 상대에게 줄 수 있어야 한다. 이 두 조건을 만족시켜야 상대가 속고 있다는 걸 눈치채지 못하고 한참 동안 엉뚱한 곳에서 헤매게 할 수 있다.

이 수법을 적절하게 사용하면, 제한된 시간 동안 진행되기 때문에 더욱 소중한 토론을 효과적으로 방해할 수 있다. 예컨대 표현의 자유를 주제로 한 토론에서, 한 참석자가 나쁜 의도로 인터넷에 대한 얘기를 불쑥 던지고는 그 역사부터 시작해서 인터넷의 역할과 특징을 끝없이 나열하며 좀처럼 표현의 자유라는 문제와 연결시키지 않는다면 어떻게 될까? 결국 다른 참석자들이 그런 점을 지적하고 나서겠지만, 토론에 할애된 소중한 시간은 이미 많이 줄어든 뒤이거나 토론을 끝내야 할 시간이 됐을지도 모른다.

비판적으로 생각하는 사람이라면 '훈제 청어'의 악의적인 면에 항상 대비하며, 현재 논의하고 있는 문제나 쟁점에서 빗나가지 않도록 경계를 늦추지 않아야 한다.

대인논증

대인논증(이를 가리키는 라틴어 *argumentum ad hominem*는 직역하면 '사람에 대한 논증'이란 뜻)은 가장 흔히 사용되면서도 가장 효과적인 오류의 하나이다. 그래도 쉽게 알아낼 수 있는 오류여서 그나마 다행이다.

대인논증은 어떤 주장이나 논증 자체가 아니라 논증을 제시한 사람에게 가해지는 공격이다. 따라서 토론을 위해 제시된 제안에서, 그 제안을 제시한 사람의 고유한 특징으로 관심을 돌리려는 시도라 할 수 있다.

대인논증은 상대의 성격적인 특징과 그의 주장이나 논증 간에 관계가 있다는 식으로 교묘하게 말한다. 요컨대 그런 주장을 펼친 사람을 깎아내림으로써 그의 주장까지 깎아내리는 수법이다. 이 수법을 '우물에 독을 풀다'라고 빗대어 표현하는 데서 짐작할 수 있듯이, 대인논증은 먼저 공격 대상인 상대의 부정적인 면을 부각시켜 청중이 그를 독약처럼 부정적으로 생각하게 만든다. 그다음 그의 주장들과 논증들, 특히 현재 토론 중인 주제에 대한 주장과 논증도 독약처럼 해롭다고 결론짓는다.

대인논증은 상황을 적절하게 이용해야 하므로, 소피스트의 능력은 청중 앞에서 표적을 얼마나 잘 겨냥하느냐에 달려 있다. 예컨대 '공산주의자'라는 단어가 어떤 상황에서는 우물 전체에 독을 푸는 효과를 거두지만, 거꾸로 우물물의 순수함을 뜻하는 증거로 사용되는 상황도 있을 수 있다. 또 국적, 성적 성향, 성별의 구분, 종교 등에 관련된 단어들이 상황에 따라서 상대를 공격하는 데 사용될 수도 있지만 거꾸로 칭찬하는 데 사용될 수도 있다.

예를 들어 설명해보자. 좌파 인물들이 참석한 토론에서 누군가 화폐경제학자 밀턴 프리드먼의 이론이 토론과 밀접한 관계가 있고 받아들일 만하다고 주장했다고 해보자. 이때 반대자가 프리드먼의 이론을 분석해서 단점을 근거로 반박하지 않고 프리드먼은 우파 경제학자이므로 그의 이론은 재고할 가치조차 없다고 즉각적으로 반발한다면, 이는 대인논증의 전형적인 예가 된다.

어떤 주장을 의심하고, 그렇게 주장하는 사람의 평소 성향을 이유로 그 주장을 거짓말이라고 생각하는 태도가 합리적이고 적절한 때가 있기도 하다. 예컨대 석 달 동안 여덟 번이나 외계인에게 납치당했다는 글렌이란 사람의 불평을 경찰이 진지하게 받아들일 이유는 없다. 신뢰성과 관계가 있는 성향을 중요하게 고려하고 판단해야 하는 상황들에서도 마찬가지이다. 예컨대 법정 증언의 경우에는 자동차가 정지 신호를 무시하고 달리는 현장을 목격했다는 증인이 색맹인지 아닌지 확인해야 하고, 증거를 찾으려는 변호사가 성급히 대인논증의 덫에 빠지지 않았는지 확인해야 할 필요도 있다. 그러나 두 경우 모두에서 증인(혹은 변호사)이란 위치와 그의 주장 간에 밀접한 관계가 있으므로, 그 관계를 검증해야 할 필요가 있다. 이때 대인논증이 범해졌다면 증거는 유효하지 않다.

대인논증은 위선의 비판, 혹은 '피장파장 논증'(*tu quoque*, '너도 마찬가지야'라는 뜻)과 구분돼야 한다. 예를 들어 A가 어떤 주장을 했을 때 A의 성향을 이유로 그의 주장까지 무시해서는 안 된다는 뜻이다. A가 자신이 진실이라고 주장한 대로 행동하지 않는다면 그의 행동이 주장과 모순되는 경우이므로 A가 위선적으로 행동한다고 말할 수는 있지만, 그의 논증이 무효가 되는 것은 아니다.

대인논증을 알아내기 위해서는 냉정한 판단력을 발휘해야 한다. 일반적인 원칙에 따르면, 어떤 주장이나 논증도 그 자체의 가치를 지니기 때문이다. 어떤 주장이나 논증이든 그렇게 주장한 사람을 공격하는 식으로 반박해서는 안 된다.

권위에 호소하기

나폴레옹: 주세페, 저 병사를 어떻게 처리해야 하겠나? 터무니없는 소리만 해대는데.
주세페: 폐하, 저 병사를 장군으로 승진시키십시오. 그럼 그의 말이 흠잡을 데 없이 들리실 겁니다.

우리가 모든 분야에서 전문가가 될 수는 없다. 우리에게 허락된 짧은 시간 및 개인적인 취향과 능력을 고려하면 충분히 이해가 되는, 피할 수 없는 운명이다. 따라서 우리는 많은 문제에서 권위자에게 조언을 구하고, 그 조언을 믿고 의지하는 수밖에 없다. 다음과 같은 이유에서 우리가 권위자에게 조언을 구하는 게 합리적일 수 있다.

- 우리가 조언을 구하는 권위자는 결정을 내리는 데 필요한 전문적인 식

견을 지닌다.
- 권위자가 우리에게 진실을 말해주지 않을 거라고 생각할 어떤 이유도 없다.
- 우리에게는 전문가에게 기대할 수 있는 정보나 의견을 직접 찾아내고 또 그것을 이해할 만한 시간과 열정과 능력이 없다.

전문가의 의견을 믿는 게 합리적이기는 하지만, 일말의 의심까지 버리지는 말아야 한다. 전문가들의 의견도 때로는 서로 모순되거나 다르며, 그들도 실수를 해서 잘못 판단하는 경우가 적지 않기 때문이다.

따라서 '권위에 호소하기'(appeal to authority)를 진지하게 의심해야 할 세 가지 경우를 구분할 수 있어야 한다.

첫째는 전문가의 의견이 의심스럽고 설득력이 부족하다고 밝혀진 경우이다. 관련된 지식의 분야가 아예 존재하지 않거나 전문가의 의견이 확신을 주지 못하는 경우가 대표적인 예이다. 둘째는 전문가가 관련된 문제와 이해관계에 있는 경우이다. 이런 경우에는 이해관계가 전문가의 판단에 영향을 줄 거라고 충분히 짐작할 수 있다. 셋째는 전문가가 자신의 전공 분야가 아닌 문제에 대해 의견을 피력하는 경우이다.

세 경우 모두에서 '권위에 호소하기'는 오류이기 때문에, 의심을 품고 전문가의 의견이 사실인지 확인하는 절차가 필요하다. 하지만 이런 합리적인 경계심을 품기란 쉽지 않다. 전문가의 의견이 그다지 가치가 없을 때에도 전문가의 의견이라는 이유만으로 존경심을 갖기 십상이기 때문이다. 이런 이유에서 '권위에 호소하기'에서 비롯되는 오류가 무척 심각한 실정이다.

앞에서 언급한 첫째 경우, 즉 전문가가 뭐라고 자신 있게 말할 자격이 없는 지식의 분야에 대해 생각해보자. 전문가의 의견이 존재한다고 생각할 만한 근거가 없는 분야들이 대표적인 예이다. 소크라테스가 이런 경우를 가장 먼저 지적했다. 이런 경우에는 선의나 친절을 베풀겠다며 어떠한 의견을 제시하는 학자나 전문가를 경계해야 한다. 또한 전문가들이 일치된 의견을 찾지 못하는 경우도 생각해볼 수 있다. 이때 토론을 마무리하겠다는 생각에서 여러 의견 중 하나를 선택하는 것은 크나큰 오류일 수 있다. 예컨대 공리주의가 도덕적 딜레마에 대한 최종적인 해결책을 제시해주었다고 주장한다면 '권위에 호소하기'에서 비롯되는 오류가 된다.

특히 문제와 관련된 학문 분야가 존재함에도 그 문제에 대해 어떤 결론도 끌어내지 못하는 경우에는 더더욱 세심한 주의가 필요하다. 예를 들어, 미디어에서 활동하는 경제 평론가들을 바라볼 때 그렇다. 경제학이 불확실한 학문이고 경제정책이 필연적으로 가치에 기반을 둔 정치·사회적인 결정이란 점을 고려한다면, 경제 평론가들이 지금처럼 '권위에 호소하기'라는 오류를 시도 때도 없이 범하면서 무책임하게 말하는 걸 금지라도 해야 할 지경이다.

이번에는 둘째 경우에 대해 생각해보자. 전문가가 관련 문제와 이해관계에 있어 거의 언제나 금전적인 이득에 따라 의견을 조정하는 경우이다. 안타깝게도 이런 경우가 현실에서 비일비재하다. 예컨대 담배회사들이 금전적 보상을 약속하며 담배가 발암의 원인이 아니며 건강을 해치는 것도 아니라고 공개적으로 발표할 연구원들을 찾아 나서자, 헐값으로 자신들의 전문지식을 팔겠다는 연구원들이 나선 경우가 있었다. 홍보회사와 기업 및 그 밖의 이해집단도 이른바 연구소라는 걸 설립해서, 자신들의 생각을 과학의 신빙성과 객관성으로 포장해 널리 알려 이익을 확대하려고 애쓴다. 넓게 보면 권위에 호소하는 모든 방식이 이 경우에 포함되며, 지식 이외에도 많은 것이 동원된다. 그 핵심을 정확히 파악한 광고회사에서는 부자나 권력자 혹은 유명인사를 등장시켜 상품 판매를 촉진한다.

마지막 셋째 경우는, 전문가가 비록 선의의 행위이기는 하겠지만 자신의 전공 분야가 아닌 문제에 대해 의견을 피력하는 경우이다. 그 전문가는 순전히 선의로 말한 것에 불과하지만, 듣는 사람들은 그의 발언에 권위를 부여하는 경향을 띤다. 노벨 의학상을 수상한 학자가 윤리 문제를 언급하는 경우가 그렇다. 또한 아인슈타인이 뛰어난 물리학자인 건 틀림없지만, 정치에 대한 그의 의견이 일반인의 의견보다 반드시 훌륭하다는 보장은 없다.

대중적인 인물, 예컨대 영화배우와 부자와 저명인사에게 사회·정치·경제 문제에 대해 의견을 피력해달라고 요구하는 모든 경우도 넓게 보면 여기에 속한다. 그들이 그런 문제들에 특별히 많이 알거나 생각을 깊이 해보았다고 단정할 수 없기 때문이다.

속담 vs. 속담

대중의 지혜는 종종 속담이나 격언으로 표현되고, 우리는 그런 짤막한 촌철살인의 말을 어떤 결정이나 행동을 합리화하기 위해 곧잘 인용한다.

그러나 속담에 근거한 추론을 경계해야 한다. 그런 추론은 일반적인 가치를 지니지 못하기 때문이다. 우리가 흔히 사용하는 속담들이 서로 얼마나 모순되는지 추적해보는 것도 무척 흥미롭다. 실제로 정반대의 내용을 얘기하는 속담들을 찾아내는 게 그다지 어려운 일은 아니다. 예컨대 '나쁜 친구와 함께 지내느니 혼자 지내는 게 낫다'라는 속담이 있는가 하면, '백지장도 맞들면 낫다'라고 정반대로 말하는 속담도 있다. 또 '돌다리도 두드려 보고 건너라'라는 유명한 속담이 있는 반면에, '머뭇거리면 아무 것도 얻지 못한다'라는 속담도 그에 못지않게 유명하다. '끼리끼리 모인다'와 '반대의 것끼

> 리 끌린다'라는 속담도 있다. 요컨대 속담이 상황에 따라 정반대의 경우를 합리화하는 데 사용될 수 있다.

순환논증

이름에서도 짐작할 수 있듯이, 결론으로 제시하려는 내용을 전제에서 이미 암시하기 때문에 순환논법에 빠진 오류를 가리킨다. 순환논증(*petitio principii*)은 영어로 circular argument지만, 때때로 재밌게 '질문 구걸'(begging the question)이라 부르기도 한다.

아래의 대화는 단순하지만 널리 알려진 순환논증의 예이다.

"하느님은 존재해. 성경에서 그렇게 말하고 있잖아."
"그런데 왜 우리가 성경을 그대로 믿어야 하지?"
"왜냐고? 성경은 하느님의 말씀이니까!"

버트런드 러셀이 다른 맥락에서 사용한 예를 빌려 말하면, 이런 식으로 논증하면 힘들고 정직하게 일하는 것보다 도둑질하는 게 훨씬 낫다. 따라서 전제들과 그 전제들에서 끌어내는 결론을 정확히 파악해서 이런 오류의 덫에 걸려들지 않도록 조심해야 한다.

인과관계의 혼동

이 오류를 뜻하는 라틴어 *post hoc ergo propter hoc*를 직역하면 '이것 이후이므로, 이것 때문이다'라는 뜻이다. 이런 전후관계 혹은 인과관계를 혼동하는 오류도 무척 흔하다. 미신을 믿는 사람들이 이런 오류에 자주 빠진다. 예컨대 도박꾼은 "이 옷을 입었을 때 카지노에서 돈을 땄어. 그래서 그 후로는 카지노에 갈 때마다 이 옷을 입지."라고 말한다. 그 옷을 입은 행위가 있고 나서 카지노에서 돈을 땄다는 사실 때문에 그 옷이 돈을 딴 원인으로 둔갑한 셈이다.

이런 오류가 교묘하게 꾸며져서 쉽게 알아채기 힘든 경우도 있다. 과학이 인과관계를 중요하게 여기는 건 사실이지만, 과학에서는 어떤 사건이 다른 사건을 시간적으로 앞섰다는 이유만으로 그 사건의 원인이라 단정하지 않는다. 어떤 사건이 다른 사건보다 시간적으로 앞섰거나 상관관계가 있다는 이유만으로 앞선 사건이 뒤에 일어난 사건의 원인이 되지는 않는다는 사실을 기억해야 한다. 상관관계(correlation)와 인과관계(causality)를 혼동해서는 안 된다. 2장에서 자세히 공부하겠지만, 둘의 차이가 통계학에서 가장 먼저 배우는 것 중 하나이다. 병원에서 의사의 수는 환자의 수와 분명히 상관관계가 있다. 그렇다고 의사를 질병의 원인이라 할 수는 없잖은가!

정확한 인과관계를 찾아내는 것이 경험과학과 실험과학의 주된 목표 중 하나이기 때문에, 실험과학은 '인과관계의 혼동'에서 비롯되는 오류를 피하기 위해 여러 방법을 활용한다. 이 문제는 중요하면서도 까다로우므로 뒤에서 다시 자세히 살펴보기로 하자.

군중에 호소하기

모두가 그렇게 하니까, 그렇게 하라!
- CKAC 라디오의 슬로건, 1972년경

모두가 호수에 뛰어든다고 너도 그렇게 할 거니?
- 퀘벡의 부모들이 자식들에게

이 오류를 가리키는 라틴어 *ad populum*를 직역하면 '군중에게 (호소하다)'라는 뜻이다. 물론, 모두가 뭔가를 똑같이 생각하고 행동하며 믿는다는 사실만으로 그것이 옳고 확실하며 진실이라 결론지을 수는 없다. 그러나 '군중에 호소하기'는 여전히 광고업자들이 즐겨 사용하는 수법이다. 요컨대 모두가 그렇게 생각하기 때문에 어떤 물건이 좋고 아름다우며 매력 있는 것이라고 주장하는 식이다.

- X를 마셔보세요. 캐나다에서 가장 많이 팔리는 맥주니까!
- 자동차 Y. 설마 수백만의 운전자가 잘못 판단했겠습니까.
- 펩시 세대.

군중에 호소하는 수법을 약간 변형시켜 전통에 호소하며, 어떤 방법이 옛날부터 줄곧 행해졌기 때문에 지금도 여전히 올바른 방법이라고 (무리하게) 결론짓는 수법도 있다.

- 지금껏 동성의 결혼을 법률로 인정한 나라는 없었다. 따라서 우리나라도 동성결혼을 인정해서는 안 된다.
- 점성술은 거의 모든 사회에서 옛날부터 행해졌고, 사회계급의 고하를 막론하고 모두가 점성술을 믿었다.

모두가 틀렸을 가능성을 완전히 배제할 수는 없다. 전통도 마찬가지이다. 따라서 전통과 전통의 가르침을 시비곡직에 따라 평가하고, 현재의 지식과 가치를 기준으로 오늘날에도 여전히 유효하고 타당한 것인지 따져봐야 한다.

군중과 전통에 호소하는 수법은 무척 효과적이기 때문에, 조작자들이 즐겨 사용한다. 이 수법은 특히 체제순응적인 사람들, 즉 일반적인 사람들의 비위를 맞추며 그들을 안심시키는 데 효과적이다. 따라서 대부분의 상황에서 사용될 수 있다. 이 수법이 민중의 격렬한 감정에 호소하는 극단적인 형태로 발전하면 무척 위험하다. 자칫하면 증오와 광기를 불러일으킬 수도 있다.

구성의 오류와 분할의 오류

"왜 흰 양이 검은 양보다 더 많이 먹을까?"
"흰 양이 더 많으니까!"
— 수수께끼

구성의 오류(fallacy of composition)와 분할의 오류(fallacy of division)는 부분과 전체에 대한 잘못된 추론이기 때문에 일반적으로 동시에 다루어진다.

구성의 오류는 부분이 전체에 속한다는 근거만으로 부분이 옳으면 전체가 옳다고 주장하는 오류이다. 반면에 분할의 오류는 부분들이 모여 전체를 이룬다는 근거만으로 전체가 옳으면 부분도 옳다고 주장하는 오류이다. 두 오류 모두에서 문제는 근거로 제시한 이유가 충분하지 못하다는 것이다. 부분이 갖지 못하는 속성을 전체는 지니기 때문이다.

이런 오류도 그럴듯한 추론의 형태를 띠기 때문에, 달리 말하면 전체는 부분과 비슷하고 부분은 전체와 비슷하다는 결론이 얼핏 생각하면 그럴듯한 근거로 들리기 때문에 상대를 기만하는 속임수로 사용된다. 따라서 누군가 부분에서 전체를 추론하거나 전체에서 부분을 추론할 때는 각별한 주의를 기울여야 한다. 이런 형식을 띤 논증의 장점을 살펴봐야 하겠지만, 부분이 전체에 속한다는 이유만으로 부분이 옳다고 전체까지 옳다고 단정할 수는 없다.

예를 들어보자.

- 1과 3은 홀수이다. 따라서 1과 3을 덧셈한 결과는 홀수이어야 한다.
- 나트륨과 염화물은 인체에 해롭다. 따라서 염화나트륨도 해롭다.
- 말은 인간보다 매일 많은 물을 마신다. 따라서 말 전체가 마시는 물의 양이 인간 전체가 마시는 물의 양보다 많다.
- 이 꽃들은 한 송이 한 송이가 모두 예쁘다. 따라서 이 꽃들을 합하면 호화찬란한 꽃다발을 만들 수 있을 것이다.
- 이 장미는 붉은 색이다. 따라서 이 장미를 구성하는 원자들도 붉은 색이다.
- 원자는 색이 없다. 따라서 이 장미는 색이 없다고 말할 수 있다.
- 세계 최고의 아이스하키 선수 20명이 여기에 모였다. 그들이 한 팀을 이루면 세계 최고의 팀이 될 것이다.
- 세계 최고의 교향악단 제1바이올린 연주자가 세계 최고의 바이올린 연주자이다.
- 국민을 사랑하지 않으면서 어떻게 조국을 사랑할 수 있겠는가?(로널드 레이건)
- 세계화의 일반적인 틀에서 흔히 그렇듯이, 북미의 연대를 강화하기를 가장 원하는 나라는 NAFTA(북미자유무역협정)를 결정한 세 나라 중 가장 가난한 멕시코이다. 실제로 북미 대륙의 남쪽에 위치한 멕시코에서는 약 1억 명이 캐나다인보다 5배, 미국인보다 6배 정도 낮은 수준에서 살아가지만, 언젠가는 북쪽의 이웃처럼 풍요롭게 살게 될 거라는 꿈

을 버리지 않고 있다(《라 프레스》, 2001년 8월 1일, A13면).

무지에 호소하기

어떤 주장에 대해 판단하는 데 필요한 관련 사실들과 확실한 근거들을 수집하기 위해 노력했음에도 불구하고 그 목적을 이루지 못했을 때는 섣불리 결론을 내리지 않는 것이 가장 합리적이다. 이런 경우에는 조사하려는 주장이 참인지 거짓인지 모른다고 인정하는 수밖에 없다.

반면에 관련 사실과 확실한 근거가 없는데도 어떤 주장의 진위를 섣불리 결론지을 때, 우리는 '무지에 호소하기'(argumentum ad ignorantium)에서 비롯된 오류를 범하게 된다.

이 오류는 대체로 두 가지 형태를 띤다. 하나는 어떤 주장이 틀렸다고 증명할 수 없기 때문에 그 주장이 맞는다고 결론짓는 형태이고, 다른 하나는 거꾸로 어떤 주장이 맞는다고 증명할 수 없기 때문에 그 주장이 틀렸다고 결론짓는 형태이다.

중세의 전설 중에 재밌는 예가 있다.[17] 한 종파에게 괴상한 능력을 지닌 조각상이 있었다. 1년에 한 번, 특정한 날에 모든 구성원이 모여 조각상 앞에서 고개를 숙이고 기도를 했다. 그럼 조각상이 무릎을 꿇고 앉아 눈물을 흘렸다. 하지만 한 사람이라도 고개를 들고 조각상을 쳐다보면 조각상은 눈물을 그치고 꼼짝하지 않았다. 그래서 다른 종파 사람들이 조각상을 믿을 수 없다고 주장할 때마다 그 종파 사람들은 "사람들이 쳐다보면 조각상이 움직이지 않는다고 해서, 사람들이 쳐다보지 않을 때 조각상이 무릎을 꿇고 눈물을 흘리지 않는다는 게 증명되는 건 아니다."라고 반박했다. 그야말로 '무지에 호소하기'에서 비롯된 오류의 전형적인 예이다.

다른 예를 들어보자. 유대인 노예들이 이집트를 탈출한 사건이 글로 기록되어 대대로 전해졌더라면 파라오의 신성과 명예에 중대한 피해를 주었을 것이다. 이런 이유에서, 성서에서만 그 사건을 언급하고 고고학적으로나 역사학적으로는 그 사건에 대한 흔적을 찾아볼 수 없는 것이라고 주장한다면 이것도 '무지에 호소하기'에서 비롯된 오류이다.

그러나 이런 오류를 항상 쉽게 인지할 수 있는 것은 아니다. 우리 자신이 그런 오류를 범할 경우에 특히 더 그렇다. 우리는 스스로 믿는 것에 대해서 인식론적으로 무척 너그러운 태도를 취하는 경향을 띤다. 그 믿음이 틀렸다는 결론을 내릴 수 없는 것만으로도 믿기에 충분한 근거가 확보되었다고 말할 정도이다. 예컨대 외계인의 존재를 믿는 사람이라면 "외계인이 존재하지 않는다는 걸 누구도 입증하지 못했어. 따라서 외계인이 정말로 존재한다고 믿을 수밖에 없어!"라고 말할 것이다. 초심리학의 세계에서 이런 오류는 흔하디흔하다. "X가 투시력을 입증하면서 속임수를 썼다는 걸 누구도 증명하지 못했다. 따라서 X에게는 투시력이 있는 게 확실하다."라는 식이다. 악명 높던 매카시 상원의원 청문회에서도 FBI가 어떤 사람이 공산주의자가 아니라는 자료를 제시하지 않으면 그 사람은 공산주의자가 확실하다는 성급한 결론이 내려졌다.

무엇인가가 없다는 사실을 근거로 합리적인 결론을 내릴 수 있는 경우가 상당히 많기 때문에, '무지에 호소하기'에 따른 오류를 인지하기 어려운 것은 사실이다. 예컨대 믿을 만한 검사 결과에서 당신 혈액에 콜레스테롤이 없다고 밝혀지면 당신 혈액에 콜레스테롤이 없다고 결론지어도 무방하다. 이 경우에서는 콜레스테롤이 없다는 검사 결과가 그런 결론을 뒷받침해주는 충분한 근거를 제공한다는 점을 주목해야 한다.

미끄러운 비탈길

못 하나가 없어서 편자를 잃어버렸네.
편자가 없어서 말을 잃어버렸네.
말이 없어서 기수를 잃어버렸네.
기수가 없어서 전쟁에서 졌네.
전쟁에서 져서 왕국을 잃어버렸네.
편자에 박을 못 하나가 없어서 모든 걸 잃어버렸네.
- 자장가

통킹이 떨어지면 곧이어 수에즈까지 모든 방어선이 무너질 것이다.
- 장 드 라트르 드 타시니 장군, 1951년

'미끄러운 비탈길'(slippery slope)은 논의 중인 주제에서 관심을 돌려 다른 문제를 고려하게 만드는, 즉 우리의 관심을 딴 데로 돌리는 오류를 가리킨다. 이런 오류에서, 바람직하지 않은 결과는 대화 상대가 옹호하는 출발점이 원인이다. 우리가 A, 즉 대화 상대가 옹호하는 (바람직하지 않은) 출발점을 받아들이면 B라는 결과가 뒤따르고, 그 후에는 C, D라는 결과가 차례로 뒤따른다. 이렇게 바람직하지 않은 결과가 꼬리를 물고 이어지면서 결국에는 끔찍한 결론으로 치닫게 되는 것이다. 짐작했겠지만, '미끄러운 비탈길' 논증의 목적은 우리가 A를 받아들이지 말았어야 한다는 걸 입증하는 데 있다. 경우에 따라 이 논증은 바람직하지 않은 결과로 끝나는 식으로 표현되지 않고, 바람직하는 않은 결과로 시작하는 식으로 표현될 수도 있다. 그런 경우에는 대화 상대가 옹호하는 출발점까지 거슬러 올라가는 형식을 띠게 된다.

미국에는, 총기 휴대를 규제하는 법을 제정하면 또 다른 것을 규제하는 법이 제정될 것이고, 이런 식으로 뭔가를 규제하는 법이 끝없이 제정되면서 결국에는 미국이 전체주의국가로 전락할 거라고 주장하는 사람들이 적지 않다. '미끄러운 비탈길'의 오류를 보여주는 전형적인 예이다.

'미끄러운 비탈길' 논증이 그런대로 효과를 거두는 이유는, 그런 오류의 덫에 빠진 사람들이 사슬처럼 이어지는 연결 고리의 취약점을 인지하지 못하기 때문이다. 다시 말해 A에서 B가 유도될 수밖에 없다는 결론이 불합리하다는 사실을 깨닫지 못하는 것이다. 그런데 사실은 연쇄 사슬에서 어떤 연결 고리도 신빙성이 없기 때문에, 우리가 A를 받아들이면 나머지 모든 결과가 자동으로 뒤따른다는 주장을 뒷받침하는 근거도 없다. 요컨대 편자에 박을 못 하나가 없어서 왕국을 잃게 됐다는 자장가는 어불성설이다.

그러나 '미끄러운 비탈길' 오류의 한 형태인 도미노 효과(domino effect)는 20세기 후반기 동안 미국 대외정책의 근간이었다. 이에 따라 어떤 나라에서 좌파 정부가 정권을 잡으면 주변국 모두가 좌파에게 넘어갈 거라고 주장한 것이다.

연막 치기

철학자에게 대답을 듣고 나면 내가 무슨 질문을 했는지도 모르겠다!
– 피에르 데프로주

토론에서 패배할 것 같은가? 상대가 당신을 확실히 압도하고 있는가? 그가 제시하는 증거들이 적절하고 확실하며 확고부동한가? 그의 논증도 흠잡을 데가 없는가? 하지만 포기하지 마라. 아직 모든 것을 잃지는 않았다. 이쯤에서 사용할 만한 속임수가 아직 남아 있다. '연막'(smoke screen)을 전개하라. 연막을 적절하게 사용하면, 거북한 상대의 기막힌 논증이 순식간에 사라지고 그가 제시하는 증거들도 무용지물이 되면서 당신은 곤경에서 벗어날 수 있다.

연막으로는 앞에서 다룬 곁말만큼 효과적인 것이 없다. 거기에서 인용한 예들은 여기에서도 그대로 인용될 수 있다.

허수아비 논증의 오류

상대의 논증을 깨뜨릴 수 없다면 상대의 논증을 볼품없는 것이라고 해석해서 토론을 승리로 이끌 수 있다. 이때 상대의 논증을 재해석해서 허물어뜨릴 수 있다면 토론의 승리는 따놓은 당상이다. 이런 전략은 '허수아비 논증의 오류'(fallacy of straw man)라 일컬어진다. 밀짚으로 인형을 만들어 전투 훈련을 했던 옛 군인들의 관습에서 따온 명칭이다.

아래의 예는 두 번째 사람이 허수아비 논증으로 앞 사람에게 반박하는 예이다.

"낙태는 인간의 죽음을 뜻하기 때문에 도덕적으로 비난받아 마땅하다. 이미 태어난 유아에게 살 권리가 있듯이 태아에게도 살 권리가 있다. 아직 태어나지 않았지만 태아에서도 완전한 인간이 지닌 대부분의 속성이 그대로 확인된다. 심지어 어머니를 발로 차기도 한다."

"젖소도 발로 찬다. 그런 속성을 지녔다고 태아를 인간이라 단정할 수는 없다. 당신의 논증을 곧이곧대로 받아들이면 우리는 쇠고기도 먹지 말아야 한다. 젖소가 인간이 아니듯이 태아도 인간이라 할 수 없다. 낙태는 도덕적으로도 용납된다."

군사 훈련용 허수아비는 어렵지 않게 알아볼 수 있다. 그러나 우리가 논증 과정에 허수아비를 슬쩍 끼워 넣으면 상대는 대개 허수아비를 진짜적으로 착각하여 허수아비까지 공격하려 할 것이다. 따라서 허수아비 논증은 칼로 변해 우리에게 되돌아온다. 요컨대 토론에서는 상대가 허수아비로 공격할 만한 빌미를 주지 않기 위해서도 조심해야 하지만, 우리 자신이 허수아비 논증의 오류에 빠지지 않도록 조심하기도 해야 한다. 이를 위해서는 '자비의 원리'(principle of charity)를 항상 기억해야 한다. 달리 말하면, 상대의 의견을 가능하면 긍정적인 방향으로 해석하라는 뜻이다. 이런 기본적인 원리를 지키지 않는다면 토론에서 승리하더라도 승리의 가치와 중요성은 크게 떨어지기 마련이다.

동정에 호소하기

동정에 호소하기(argumentum ad misericordiam)는 어떤 원인이나 사람에 대해서 동정심을 유발하는 상황을 들먹이며, 그런 이유로 일반적인 평가 기준을 지나치게 엄격하게 적용해서는 안 된다고 상대를 현혹하는 수법이다.

- X에게 가해진 압력이 너무 심해서, X가 그렇게 행동할 수밖에 없었다는 걸 누구나 이해할 수 있을 것이다.
- 수상을 비난하기 전에 수상이 얼마나 많은 짐을 지고 있는지 생각해 봐야 한다.
- 선생님이 이번 시험에서 저를 낙제시켜도 저는 여름에 다시 도전할 겁니다. 하지만 지금도 열심히 공부하고 있습니다.

물론 정정당당하게 특수한 상황에 호소할 수 있는 경우가 있고, 그런 호소가 동정심을 유발하기도 한다. 그러나 동정심을 개입시키지 않고 뭔가를 판단해야 할 경우에도 동정심을 유발하는 상황을 들먹인다면 동정에 호소하는 오류에 빠진 것이다.

공포에 호소하기

어떤 주장을 관철하기 위해 위협이나 그 밖의 수단을 동원해서 공포를 조장하는 수법이다. 토론 주제에 대한 자신의 의견을 피력하거나 제시된 의견들을 비교해 평가하지 않고 어떤 의견을 채택할 경우에 닥칠 결과에 초점을 맞추어, 그 결과가 어떤 이유로든 파국적일 거라고 상대에게 겁을 주는 수법이다.

위협이 반드시 노골적일 필요는 없다. 눈앞의 상대만 위협을 의식할 수 있으면 충분하다. 따라서 공포에 호소하는 논증은 알아내기가 상당히 힘들다. 두려움이 없는 사람은 없다. 우리 안에 깊이 뿌리내려 좀처럼 떨쳐내기 힘든 두려움도 있다. 선동가들은 인간의 이런 속성을 잘 알고 있어, 공포에 호소하는 수법으로 이득을 취한다.

아래의 사례는 공포에 호소하는 논증의 오류를 보여준다.

- 예수를 믿지 않는 자들! 결국 지옥에 떨어질 것이니!
- 정치적 행동주의자들이 우리의 생활 방식, 우리의 가치관, 우리의 안전을 위협한다.
- 너는 사형제도에 반대한다. 하지만 네가 전기의자에서 구해낸 범죄자에게 너 자신이나 네 자식이 희생당하면 생각이 바뀔 거다.
- 교수님이 이번 시험에서 저를 낙제시키셔도 저야 여름에 다시 시험을 보면 됩니다. 하지만 학장이신 제 아버지는 별로 좋아하지 않을 것 같군요.
- 사람들 앞에서 그렇게 말해서는 안 되네. 그 말이 학장 귀에 들어가면

호된 질책을 받을 거네.

- 국장님, 타이어 결함으로 몇 사람이 죽었다는 이번 기사를 계속해서 다룰 수는 없다는 걸 국장님의 기자들도 잘 알 거라고 생각합니다. 말이 난 김에 덧붙이면, 조만간 연간 광고 계획 때문에 우리는 또 만나야 합니다. 우리 회사가 국장님의 신문에 많은 광고를 싣지 않습니까.
- 당신은 합리적인 사람입니다. 당신에게 지루한 소송을 계속할 만한 돈이 없다는 걸 압니다.

잘못된 유추

우리는 널리 알려진 것과 그렇지 못한 것을 비교하는 유추(analogy)를 통해 생각하고 추론한다. 이런 식의 추론은 무엇인가를 설명하는 데 상당히 유용한 때가 많다. 예컨대 물리학에서 원자가 처음 발견된 초기에 원자는 작은 태양계에 비교됐다. 불완전한 유추이기는 했지만, 일반인들은 널리 알려진 것(태양계)을 통해 덜 알려진 것(원자)의 속성을 조금이나마 이해할 수 있었다.

그러나 잘못된 유추로 인해, 우리가 더 정확히 알고 싶어 하는 것을 엉뚱하게 이해하는 경우도 적지 않다. 유추를 통해 생각하는 법은 유용한 만큼 흔히 사용되기 때문에, 잘못된 유추를 찾아내기가 때로는 무척 어렵다. 하지만 비교되는 두 대상 간의 유사점과 차이점이 중요한 것인가 아니면 무의미한 것인가를 조사해보면 유추의 오류 여부가 한눈에 들어오기 때문에 잘못된 유추를 쉽게 찾아낼 수 있다. 아래에 주어진 예에서 제시된 유추들이 타당한가 그렇지 않은가를 직접 판단해보라.

- 가격 결정이 기업의 몫이면 범죄이지만 정부의 몫이면 공익(公益)이라

고 주장할 수 있는 근거가 무엇인가?
- 자연은 강한 것만이 살아남는다고 우리에게 가르쳐준다. 따라서 우리는 안락사를 법적으로 인정하고 체계적으로 시행해야 한다.
- 비와 침식은 높은 산봉우리마저 결국 깎아낸다. 따라서 인내와 시간이 우리의 모든 문제를 결국 해결해줄 것이다.
- 학교는 조그만 기업이다. 학생들에게 점수를 주며 월급을 받는 조그만 기업이다.
- 다자간 투자협정을 반대하는 것은 날씨를 탓하는 것과 같다.
- 자유당은 중요한 개혁을 시도했다. 자유당을 다시 선택하자! 달리는 도중에 말을 바꿔 탈 수는 없지 않은가!
- 말에게 억지로 물을 마시게 할 수 없듯이 아이들에게 공부하라고 강요할 수는 없다. 우리는 아이들에게 공부할 수 있는 환경을 조성해줄 수 있을 뿐이다.
- 우리 사회의 암 덩어리와 결별할 때가 됐다.

관련 자료 숨기기

어떤 문제에 대해 자신의 입장만을 아는 사람은 그 문제에 대해 거의 모르는 것과 같다. 그가 제시하는 이유들이 한결같이 옳아서 누구도 그 이유들에 반박하지 못할 수도 있다. 그러나 그가 반대편의 논증을 반박할 수 없다면, 또 상대편의 입장이 무엇인지도 모른다면, 그가 한쪽의 입장을 특별히 선택해야 할 근거는 없다.
- 존 스튜어트 밀

이 오류는 논증에서 옹호되는 결론에 관련된 자료를 은폐하는 행위이기 때문에 적발해내기가 가장 어렵다. 관련된 자료들을 빠짐없이 고려해야 논증이 탄탄해지기 마련이다. 그러나 관련된 자료들이 의도적으로나 무의식적으로 잊히는 경우가 적지 않다.

이 오류는 의도적인 경우가 많다. 예컨대 광고는 어떤 제품도 자신의 제품보다 더 효과적이지 않다고 말할지언정 경쟁 제품들도 자신의 제품만큼 효과적이라고 말하지는 않는다. 그러나 자료의 은폐에 따른 오류는 의도적이지 않을 수도 있다. 달리 말하면, 우리에게 유리한 가정(hypothesis)을 뒷받침하는 사례들만 찾아보고 취하려는 인간의 성향에서 비롯되는 오류라는 것이다. 이런 선택적인 사고(selective thinking)는 모든 종류의 믿음, 특히 초과학적인 현상에 대한 믿음에서 두드러지게 나타나며, 관련된 자료를 자기 자신에게도 감추는 경향을 띤다.

이 문제에 대해서는 3장에서 다시 살펴보기로 하자.

논증에서 지켜야 할 10가지 규칙

네덜란드 학자 판 에이메런과 호로텐도르스트는 논증 과정에서 지켜야 할 10가지 규칙을 정리했다. 규칙을 어길 때마다 '실수'라는 오류가 범해진다.

규칙 1: 토론자들은 토론에서 제시된 주장에 대한 지지와 반박을 서로에게 자유롭게 허용해야 한다.
오류: 어떤 주장이든 막무가내로 거부하거나 무작정 신성시하는 행위. 상대방에게 압박을 가하거나 인신공격을 하는 행위.

규칙 2: 어떤 주장에 동의한다면, 그에 관련된 질문을 받을 때 증거를 제시하며 동의하는 이유를 밝혀야 한다.
오류: 증거 제시라는 부담을 무시하거나 딴 사람에게 돌리는 행위.

규칙 3: 어떤 주장을 비판할 때는 실제로 제시된 주장에 대해 비판해야 한다.
오류: 지나치게 단순화하거나 과장함으로써 상대의 주장을 변질시키고 왜곡하는 행위.

규칙 4: 어떤 주장이든 그 주장과 관련된 논증을 통해서만 옹호될 수 있다.
오류: 토론되는 주장과 관계없는 논증 행위. 군중에 호소하기나 권위에 호소하기 등과 같은 수사학적 속임수로 옹호되는 주장.

규칙 5: 토론자는 자신의 논증에 내재된 전제들의 타당성을 입증할 수 있어야 한다.
오류: 겉으로 표현되지 않는다고 전제를 과장한 경우는 허수아비 논증의 오류에 빠진 전형적인 예이다.

규칙 6: 공통된 출발점에서 시작된 논증으로 어떤 주장을 옹호했다면 그 주장을 확정적으로 옹호한 것으로 본다.
오류: 단순한 진술을 공통된 출발점으로 잘못 사용하거나, 공통된 출발점을 부적절하게 부인하는 행위.

규칙 7: 일반적으로 인정된 논증의 틀을 따라 제시된 논증으로 어떤 주장을 옹호했다면 그 주장을 확정적으로 옹호한 것으로 본다.
오류: 논증의 틀을 부적절하게 적용하거나 부적절한 논증의 틀을 사용한 경우. 예: "미국의 의료체제는 지금 환자가 어떤 처지에 있는지 관심이 없다. 병원에서 쫓겨난 후에 죽은 사람을 나도 알고 있을 정도이다." "너한테는 아직 컴퓨터가 필요 없다. 네 아버지와 나는 어렸을 때 컴퓨터가 없어도 잘 지냈다."

규칙 8: 추론하는 글에서 사용된 논증은 암묵적인 전제들을 명확히 표현할 때도 논리적으로 타당해야만 한다.
오류: 필요조건과 충분조건의 혼동. 부분과 전체의 혼동.

규칙 9: 토론자가 자신의 주장을 옹호하는 데 실패하면 당연히 자신의 주장을 철회해야 한다. 반면에 토론자가 자신의 주장을 적절하게 옹호해내면 상대는 그 주장에 대한 의혹을 거두어들여야 한다.

규칙 10: 막연하고 모호하게, 또 중구난방으로 두서없이 말해서는 안 된다. 가능한 한 정확히 해석되도록 말해야 한다.

출처: Frans H. van Eemeren and Rob Grotendorst, *L'Argumentation*, p. 174 이후.

2장 숫자

숫자로 생각하되 함정을 조심한다

수학을 못한다고 크게 걱정할 것은 없다.
분명히 말하지만, 내 수학 실력은 당신보다 훨씬 못하다.
- 알베르트 아인슈타인

수학의 본질은 자유이다.
- 게오르그 칸토어

폐하, 왕도는 없습니다.
- 유클리드
(제자이던 프톨레마이오스 왕이 공부가 너무 어렵다며 쉽게 공부하는 법이 없느냐고 물었을 때)

여는 글

18세기의 어느 날, 한 선생이 다른 일로 수업을 할 수 없게 되자 열일곱 살 학생들에게 따분하기 그지없는 문제를 내며 풀라고 했다. 오늘날에도 일부 선생만이 해법을 아는 것으로 짐작되는 문제로, 1부터 100까지 모든 수를 더하라는 것이었다. 1+2+3……이런 식으로.

선생은 학생들이 그 문제를 풀려면 상당한 시간이 걸릴 거라고 생각했다. 그러나 1분도 지나지 않아 한 학생이 손을 번쩍 들었다. 선생이 학생에게 왜 문제를 풀지 않느냐고 묻자, 학생은 문제를 벌써 풀었다고 대답했다. 사실이었다. 학생은 5050이란 정확한 답을 제시하며 과제를 완벽하게 해낸 것을 증명해 보였다.

그 학생이 바로 요한 카를 프리드리히 가우스(1777~1855)였고, 훗날 수학의 역사에서 가장 많은 업적을 남긴 수학자가 됐다. 가우스는 그 문제를 어떻게 풀었을까? 가우스는 고개를 처박고 1부터 100까지 하나씩 더하지 않았다. 그에게 주어진 문제를 골똘히 생각하며, 그 문제에 깊이 숨어 있을 것으로 짐작되는 패턴을 찾아내려 애썼다. 그 순간, 기막힌 영감이 떠올랐고, 곧 어디에서나 일반적으로 적용되는 놀라운 속성을 찾아냈다. 처음의 수(1)와 마지막 수(100)를 더하면 101이었고, 앞에서 두 번째 수(2)와 끝에서 두 번째 수(99)를 더해도 101이었다. 또 앞에서 세 번째 수(3)와 끝에서 세 번째 수(98)를 더해도 101이었다. 따라서 1부터 100까지 더한 값을 구하려면, 이런 덧셈을 50번 하면 그만이었다(마지막 연산은 50+51이다). 따라서 결과는 50×101, 즉 5050이었다.

어린 가우스의 추론을 이해하기 위해서 고등수학까지 알아야 할 필요는 없었다. 아름답고 정확하며 신속하기도 한 추론이었다. 누구도 반박할 수 없는 추론이기도 했다. 이런 특징을 띠기 때문에 수학은 지적인 자기방어를 위해 반드시 필요한 강력한 도구이다. 하지만 안타깝게도 많은 사람이 수학을 두려워하는 까닭에, 수학을 기피하며 무서워하는 사람을 가리키는 단어(mathophobe)까지 생겼을 정도이다.

그러나 우리가 숫자로 표시된 자료들을 끊임없이 만나고 그런 자료들을 이해하고 평가해야 한다는 이유만으로도 우리는 수학을 완전히 무시하고 살아갈 수는 없다. 게다가 뒤에서 다시 언급하겠지만, 수학을 멀리하면 파국적인 결과에 이르기 십상이다. 한 현대 수학자가 말했듯이, 많은 사람이 숫자에 무지한 수맹(數盲)으로 고통받고 있다는 사실은 비극이 아닐 수 없다. 하지만 수학을 싫어하고 무서워하는 사람들의 귀를 솔깃하게 해줄 반가운 소식이 있다. 수학의 기본 개념은 그다지 복잡하고 까다롭지 않다는 것이다!

분명히 말하지만, 약간의 유머감각을 발휘하면서 끈기 있게 조금만 노력하면 누구라도 수학 공포증에서 벗어날 수 있다. 2장에서, 모두가 알아야 할 수학 개념을 전부 다룰 생각은 전혀 없다. 알아야 할 개념이 부지기수로 많기도 하고, 나 자신도 그런 개념들을 완전히 알지 못하기 때문이다. 따라서 우리는 '시민을 위한 수학'의 전반을 개략적으로만 살펴보려 한다. 더구나 우리는 초등학교와 중·고등학교에서 수학의 기본 개념을 배운 덕분에, 비판정신을 발휘해 제대로 활용하면 무척 효과적인 지적인 자기방어 도구를 이미 상당히 많이 보유하고 있는 셈이다. 여하튼 이런 기본적인 개념들을 먼저 살펴보며, 속임수에 넘어가지 않기 위해서 수학 지식을 어떻게 활용할 수 있는지 증명해 보일 것이다.

다음 단계에서는 약간 까다롭지만, 수학을 지적인 자기방어 도구로 활용하기 위해서 반드시 필요한 확률과 통계에 대해 살펴볼 것이다. 확률과 통계가 까다롭기는 하지만 혼신을 다해 공부한다면 여기에서 제시하는 기본 개념들을 이해하는 데는 큰 어려움이 없을 거라고 자신 있게 말할 수 있다. 따라서 2장까지 읽어낸 후에는 수학을 이해하기 위해 투자한 노력만큼의 보상을 거둘 수 있을 것이다.

숫자 공포증을 치유하는 10가지 비법

세 종류의 사람이 있다. 셈을 할 줄 아는 사람과 셈을 할 줄 모르는 사람.
— 벵자맹 드르카

숫자가 세상을 지배한다.
— 피타고라스

고민: 막연히 제시된 수를 보면 무슨 뜻인지 이해가 되지 않아 괴롭다.
해법: 수를 무작정 받아들이지 말고 신중하게 계산해보라.

어떤 수가 주어지면 그 수가 납득할 만한 것인지 계산해보는 과정이 반드시 필요하다. 그렇게 하려면, 주어진 수와 관련된 주제에 대해 알아야 한다. 때로는 전문 지식이 요구되기도 한다. 그런 지식을 갖추고 있지 못하면 숫자로 주어진 주장을 올바로 평가할 수 없다. 예컨대 물리학에서 요구하는 지식이 없다면 소리의 속도와 관련해서 숫자로 주어지는 주장(마하 1, 즉 섭씨 0도에서 초속 331.4미터)을 평가할 수 없다. 일반적으로, 주어진 수가 납득할 수 있는 것인지 아닌지 판단하는 데는 기본적인 사칙연산으로 충분하다. 따라서 숫자로 주어진 자료를 비판적인 눈으로 분석하는 경계심을 늦추어서는 안 된다. "내가 계산을 하는 동안 잠깐 기다려라!"라는 지적인 자기방어를 위한 원칙을 적용할 때 기대할 수 있는 커다란 이점을 증명해주는 두 사례를 예로 들어보자.

어느 날 한 대학생이 나를 비롯해 강당에 모인 지식인들 앞에서, 미국과 영국이 손잡고 이란에 가한 제재 때문에 10년 전부터 1시간에 2000명의 이란 아이가 죽어간다고 주장했다. 이런 주장은 여러 곳에서 반복해 인용됐기 때문에 당신도 이미 알고 있을지 모르겠다. 여하튼 그 제재가 정당한 제재였는가에 대한 문제는 일단 제쳐두고, 그 학생의 주장에 대해서만 분석해보자. 간단한 계산만으로 충분히 분석이 가능하다. 1시간에 2000명이 죽는다면 1년이면 1752만 명이 죽는다. 그렇게 10년이 흘렀다면……. 인구가 고작 2000만 명에 불과한 나라에서 그런 비극이 일어날 수 있겠는가?

이런 식의 엉터리 자료는 어떤 대의명분으로도 도움이 되지 못한다.

다른 사례를 보자. 1995년에 총기 사고로 사망하거나 부상당한 젊은 미국인의 수에 관련된 문제이다. 조엘 베스트는 '통계의 거짓말'을 다룬 뛰어난 저서에서 다음의 일화를 소개했다.[1] 1995년 베스트는 박사학위 논문 심사에 참석했다. 발표자는 1950년 이후로 미국에서 총기 사고로 사망하거나 부상당한 젊은이의 수가 매년 두 배씩 증가했다고 주장했고, 저명한 학술지를 인용해 그런 주장을 뒷받침했다.

누구나 알고 있듯이, 총기가 미국에서 무척 민감한 문제인 것은 사실이다. 여하튼 이번에도 뜨거운 감자와도 같은 이 문제는 덮어두고, 산술적 계산이란 도구만으로 논문 발표자의 주장을 따져보자.

인심을 써서, 1950년에 총기 사고로 한 사람만 죽었다고 해보자. 그럼 1951년에는 총기 사고로 사망한 사람은 2명, 1952년에는 4명, 1953년에는 8명······, 이런 식으로 계산을 계속하면 1965년에는 3만 2768명이 총기 사고로 죽어야 한다. 이 숫자만으로도 1965년에 미국에서 살인 사건으로 사망한 피해자의 수를 훨씬 넘어선다. 같은 계산을 반복하면 1980년에는 무려 10억 명이 넘는 사람이 총기 사고로 사망하게 된다. 미국 인구의 3배가 넘는 수치이다. 또 1987년에는 미국에서 총기 사고로 사망한 젊은이의 수가, 인간이 이 땅에 등장한 이후로 그때까지 살았던 총 인구수를 넘어서게 된다. 1995년쯤에는 그 숫자가 어마어마하게 커져서 천문학이나 경제학에서나 만날 수 있는 수가 된다.

총기 사고 사망자의 예는 수가 기하급수적으로 불어난 경우이다. 달리 말하면, '항'(term)이라 일컬어지는 각 결과가 앞 항에 상수를 곱한 결과와 같은 수열이다. 위의 예는 상수가 2인 기하급수(2, 4, 8, 16······)이다. 만약 수가 3, 15, 75, 375, 1875, 9375, 46875······로 증가하면 상수가 5인 기하급수이다.

간단한 공식으로 기하급수에서 어떤 항이든 신속하게 계산해낼 수 있다. 수열을 U라 하고, 첫 번째 항을 U_1, 값을 구하려는 n번째 항을 U_n이라 해보자. 상수를 R이라 할 때, n번째 항의 값을 구하려면 첫 번째 항(U_1)에 상수 R의 $n-1$승을 곱하면 된다. 따라서 다음과 같은 공식이 완성된다.

$$U_n = U_1 \times R^{(n-1)}$$

고민: 나는 '수학 테러'의 피해자이다.

해법: 수학을 공부하라. 셈을 하고 비판적으로 생각하며, 궁금한 것은 겁내지 말고 설명해달라고 요구하라.

다음에 소개하는 얘기는 황당무계하지만, 그것의 진실 여부는 여기에서 그다지 중요하지 않다.

18세기에 많은 사람이 인류 역사상 가장 위대한 수학자의 하나로 알려진 레온하르트 오일러(1707~1783)와 프랑스 백과전서파의 우두머리이던 드니 디드로(1713~1783)의 만남을 주선하려고 애썼다. 그런데 오일러가 독실한 기독교인이었는 데 반해, 디드로는 유물론적인 입장으로 명성을 떨친 무신론자로 유명했다.

마침내 오일러가 디드로와 만나기로 결심했고, 당시 디드로가 머물던 러시아 황제의 궁전에서 그들의 만남이 이루어졌다. 사람들은 두 거물의 만남이 어떻게 진행될까 궁금하기도 했지만, 최악의 상황이 벌어질까 두려워하기도 했다. 전해지는 소문에 따르면, 러시아 황제의 궁전에 도착하자마자 오일러는 디드로에게 찾아가 "선생, $(a+bn)/n = x$요. 따라서 하느님은 존재합니다. 어떻게 생각하십니까?"라고 물었다고 한다.

그때까지 디드로는 하느님의 존재를 옹호하는 철학적이고 신학적인 주장을 무참하게 짓밟아놓았지만, 이번에는 어떻게 대답해야 할지 몰라 허둥거렸다. 오일러가 무슨 말을 했는지 이해할 수조차 없었지만, 그렇다고 창피하게 그런 사실을 솔직히 털어놓을 수도 없었기 때문이었.

이런 사건이 정말 있었는지 의심스럽지만, 이 얘기는 내가 '수학 테러'라 일컫는 상황을 완벽하게 보여준다. 수학 테러는 상대를 혼란에 빠뜨리거나 속이려는 목적에서 난해한 수학을 동원하는 경우를 가리킨다.

글쓴이가 수학을 제대로 모르면서 수학을 인용한다거나, 어떤 생각을 표현한 수학 공식이 수학만으로 표현할 수 있는 특별한 의미를 더해주지 못하고 기껏해야 상징적으로 쓰였을 때 수학 테러를 의심해봄 직하다.

이런 현상에 대해 잠시 생각해볼 필요가 있다. 사실 수학 테러는 개탄스런 현상이다. 학술 서적과 대학 출판물처럼 수학이 전혀 언급될 필요가 없는 곳에서도 수학 테러가 빈번하게 자행되는 게 현실이다. 사회학자 안드레스키는 사회과학을 다룬 서적에서 상당한 부분을 할애해 이런 학문적 속임수가 어떻게 이루어지는지 보여주었다. 거꾸로 말하면, 얄궂게 우리에게 그런 비법을 알려준 셈이다.

이런 시도에서 기존 작가의 수준에 도달하는 비결은 간단하기도 하지만 보상도 크다. 수학 교과서를 집어 들고, 가장 덜 까다로운 부분을 베껴 쓴 후에 사회과학을 다룬 문헌에서 몇몇 구절을 인용해 덧붙인다. 이때 당신이 고른 수학 공식이 인간의 실제 행위와 어떤 관계가 있는지 심각하게 고민할 필요는 없다. 그리고 인간의 집단 행동을 정밀과학으로 풀어낼 실마리를 찾아냈다는 걸 암시하는 그럴듯한 제목을 붙이면 멋진 논문 하나가 완성된다.[2]

이런 논문의 예는 직접 찾아보기 바란다. 안타까운 일이지만 그다지 어려운 일도 아니다. 끝으로, 나는 괴델의 '불완전성 정리'(incompleteness theorem)가 언젠가부터 수학 테러리스트들이 즐겨 사용하는 말이 됐다는 말을 덧붙이고 싶을 뿐이다.

고민: 큰 수를 보면 얼마나 큰 수인지 짐작하기 힘들다.
해법: 과학적 표기법을 사용해 실생활에 응용해보라.

경제학과 천문학 및 그 밖의 다른 분야에서 우리는 종종 엄청나게 큰 수를 만난다. 2004년 미국 국방부에 배정된 예산을 예로 들어보자. 연합통신의 2004년 3월 15일자 보도에 따르면, 미국의 총국방예산은 4020억 달러였다.

이라크 전쟁에 쏟아 부은 비용도 엄청나다. 여기에서 자세히 다룰 수는 없지만 믿을 만한 소식통에 따르면, 2004년 10월 기준으로 이라크 전쟁 비용은 1130억 달러였다.[3] 이런 비용이 정치적으로 혹은 다른 차원에서 어떤 의미를 갖는지 이해하고, 실제로 어떻게 쓰이는지 확인하는 노력이 절실히 필요하다. 하지만 여기에서는 일단 숫자만 다루기로 하자.

놀랍게도 많은 사람이 이처럼 큰 수에 담긴 뜻을 제대로 이해하지 못하는 듯하다. 4020억 달러나 1130억 달러가 실제로 무엇을 뜻하겠는가? 숫자를 정확히 파악하지 않으면, 큰 수가 언급될 때마다 그대로 받아들여 앵무새처럼 의미 없이 따라 하기 십상이다. 따라서 숫자를 정확히 파악하는 게 중요하다.

그렇게 하려면, 큰 수에서 비롯되는 개념적 혼란을 극복해야 한다. 1000단위를 넘어서면 수의 크기를 짐작하는 데 힘겨워하는 사람이 의외로 많다. 따라서 이런 수맹을 극복하기 위한 방법으로, 수학자 존 앨런 파울로스가 제시한 세 가지 간단한 비법을 여기에서 소개한다.[4]

하나, 우리가 실생활에서 만날 가능성이 높은 큰 수들을 우리에게 익숙한 것에 비교해서 이해하는 방법이다. 예컨대 1000은 우리가 즐겨 찾는 체육관 좌석의 수일 수 있고, 10000은 우리가 잘 아는 건물의 전면을 쌓는 데 들어간 벽돌의 수일 수 있다. 100만과 10억은 어디에 비교할 수 있을까? 이런 상상이 도움이 될 것이다. 누군가의 도움으로 당신이 원하는 기간만큼 호화 관광을 할 수 있게 됐다고 해보자. 다만 하루에 1000달러를 써야만 하는 조건이 더해졌다. 호텔비, 식당비 등을 고려하면 하루에 1000달러를 쓰는 건 그다지 어려운 일도 아니다. 그렇게 1000일, 즉 3년(정확히 말하면 2년 9개월)을 보내면 당신은 100만 달러를 쓰게 된다. 하지만 10억 달러를 쓰려면 당신은 무려 2700년 이상을 여행으로 밖에서 보내야 한다!

자, 이번에는 당신 차례이다. 당신이라면 큰 수를 무엇에 비교하겠는가? 내친김에 10조까지 비교해보라.

둘, 과학적 표기법으로 큰 수를 표기하는 방법도 권할 만하다. 과학적 표기법은 단순하기도 하지만, 익숙해지면 훨씬 명확하게 이해되는 장점도 있다. 또 쉽기도 하다. 예컨대 10^n은 1 다음에 0이 n개만큼 있는 수이다. 따라서 10^4는 10000이다.

셋, 큰 수를 사용할 수밖에 없다면 그것을 계산하는 걸 즐겨라. 파울로스가 제시한 계산을 예로 들어 우리 직관이 얼마나 보잘것없는지 확인해보자. 미국에서 1년에 피워 없애는 담배가 몇 개비나 되겠는가? 답은 5×10^{11}이다. 그럼 매일 이 땅에서 죽어가는 사람은 몇 명이나 되겠는가? 답은 2.5×10^5이다. 반대로 어마어마하게 작은 수를 만나도 겁먹지 마라. 예컨대 우리 머리카락이 시속 몇 킬로미터로 자라겠는가? 답은 1.6×10^{-8}이다. 이번에는 직접 풀어보라. 1세제곱인치의 공간에 모래알이 15×10^3개 들어간다고 가정해보자. 그럼 당신의 침실을 모래로 가득 채우려면 몇 개의 모래알이 필요할까?

이런 훈련에 익숙해지면 자신감이 생겨서 엄청나게 큰 수를 맞닥뜨려도 그 수를 정확히 가늠할 수 있으며, 어떤 경우에는 제시된 수가 터무니없다는 걸 금세 알아차릴 수도 있다.

이라크 전쟁으로 돌아가보자. 전쟁 비용을 계산한 사람들은 이해하기 쉽게 다양한 방법으로 전쟁 비용에 담긴 뜻을 알려주려고 애썼다. 1130억 달러의 전쟁 비용으로 해낼 수 있는 일을 생각해보면, 그 돈으로 가난한 아이들을 위한 교육 프로그램인 '헤드 스타드' 프로그램에 1609만 9088명의 아이들을 등록시킬 수 있다. 또 공립학교에 216만 8932명의 교사를 1년 동안 고용할 수 있는 액수이며, 4880만 7933명의 아이들에게 1년 동안 건강보험을 보장해줄 수 있는 액수이기도 하다. 또한 그 돈이면 288만 8245명의 대학생에게 4년 동안 장학금을 제공할 수 있고, 162만 6701채의 공공주택을 지을 수도 있다. 다른 각도에서 말하면, 이라크 전쟁 비용으로 미국에서 한 가구가 1600달러, 일인당 404달러를 부담한 셈이다.

고민: 중복계산 때문에 숫자가 부풀려진다.
해법: 계산을 중요한 부분들로 제한하라.

하나 이상의 단위를 중복으로 계산해서 합계가 실제보다 부풀려질 때 이런 현상이 일어난다. 계산하려는 것에 대해서 정확히 모를 때, 또 어디까지만 계산해야 할지 모를 때 이런 현상이 일어날 가능성이 크다.

예컨대 재난이 닥칠 때 언론이나 공공기관이 병원, 경찰, 시체공시장, 응급구호단체 등 많은 곳에서 자료를 제공받아 피해자 수를 중복해서 계산하는 경우가 많다. 중복계산(multiple counting)으로 피해자 수가 부풀려지는 전형적인 예이다.

실제로 1989년 샌프란시스코에 닥친 지진의 피해자가 처음에는 255명으로 발표됐지만, 나중에는 점점 줄어 결국에는 64명으로 밝혀졌다.

고민: 수의 우연한 일치에 대한 근거 없는 착각.
해법: 큰 수의 속성을 정확히 이해하라.

수비학(numerology)은 다양한 뜻을 내포하고 여러 분야에서 활용되지만, '수에 담겼다고 추정된 신비로운 힘과, 수가 인간에게 끼치는 영향과 의미에 대한 연구'라고 대략적으로 정의할 수 있다.

수비학은 사람의 이름과 의미에 해당하는 수를 결정할 수 있다고 주장한다. 이런 식이다. 이름을 구성하는 문자들 하나하나에 수를 부여하고 그 수들을 모두 더한다. 그렇게 얻은 수를 다시 한자리 수(1부터 9까지)로 분해해서 더한다. 최종적으로 한자리 수를 얻을 때까지 그 과정을 반복한다. 이렇게 해서 얻은 수가 이름의 주인공에게 있을 거라고 추정되는 성격과 관계가 있다는 것이다. 수비학을 옹호하는 사람들은 수비학은 과학이며 갈릴레오가 하던 연구와 다를 바가 없다고 말한다. 이런 말을 들을 때마다 웃지 않으려 하지만 웃음이 절로 흘러나온다.

'의미 있는 우연의 일치'(meaningful coincidence)라는 현상을 연구할 때도 수비학의 한 형태가 사용된다. 그런 일치를 거의 미친 듯이 연구하는 수비학자들은 어떤 사건과 관련된 사실들에서 숫자로 된 자료들을 추적해 부각시키고, 때로는 여러 사건들을 그런 식으로 추적해 비교하기도 한다. 여기에서 그친다면 수비학을 재미있게 받아들일 수도 있다. 그러나 수비학자들이 그런 기막힌 일치를 우연만으로는 설명할 수 없다면서 음모나 운명, 혹은 신비로운 힘이 개입하는 거라고 주장하는 데는 문제가 있다.

이해를 돕기 위해서 두 가지 예를 들어보자.

수비학자들은 2001년 9월 11일에 일어난 끔찍한 사건에 대해서 한마디씩 늘어놓았다. 바로 다음 날, 1970년대에 몇몇 눈속임 재주를 선보이고는 그런 능력을 초과학적인 힘이라 떠벌리며 유명해진 유리 겔러는 9·11사건을 11이란 수와 관련지어 이해하고 해석해야 한다고 주장했다.[5] 유리 겔러의 주장에 따르면, "11이란 수는 우주 너머 세계의 미스터리와 우리를 연결해주는 관문이다."[6]

이런 '이론'을 뒷받침하기 위해서 그는 다음과 같은 사실들을 인용했다.

- 공격이 있었던 날이 9월 11일이었다: 9+1+1=11.
- 9월 11일은 1년 중 254번째 날이다: 2+5+4=11.
- 2001년에는 9월 11일 이후로 111일이 남았다.
- 이라크와 이란의 전화 국제 번호는 119이다: 1+1+9=11.
- 쌍둥이 건물을 공격한 첫 항공기는 아메리칸 항공(American Airlines, AA) 소속 11편기였다. A는 알파벳의 첫 문자이기 때문에 AA도 11로 쓰일 수 있다.
- 뉴욕 주는 북부 연합에 11번째로 가입했다.
- 뉴욕 시(New York City)는 11개의 문자로 이루어진다.
- 9·11사태 당시 걸프 만에 주둔해 있던 항공모함 엔터프라이즈호의 식별 번호는 65N이다: 6+5=11.
- 아프가니스탄(Afghanistan)은 11개의 문자로 이루어진다.

- 미국 국방부를 일컫는 펜타곤(The Pentagon)은 11개의 문자로 이루어진다.
- 1993년에 세계무역센터의 공격 계획을 주도한 람지 유세프(Ramzi Yousef)의 이름도 11개의 문자로 이루어진다.
- 11편기에는 92명의 승객이 탑승했다: 9+2=11.
- 다른 항공기, 77편기에는 65명의 승객이 탑승했다: 6+5=11.
- 0은 수가 아니다. 따라서 0을 무시하면 쌍둥이 건물은 11층이다.
- 항공기를 납치해 항로를 바꾼 테러리스트들이 합숙했던 집의 주소는 10001번지였다. 여기에서도 0을 제외하면 11이 된다.
- 조지 W. 부시(George W. Bush), 빌 클린턴(Bill Clinton), 사우디아라비아(Saudi Arabia), ww terrorism(범세계적인 테러), 콜린 파월(Colin Powell, 당시 미 국무장관), 모하메드 아타(Mohamed Atta, 국제무역센터에 충돌한 항공기의 납치범) 등의 이름도 모두 11개의 문자로 되어 있다.

유리 겔러는 이런 '발견들'을 나열한 글을 끝맺으며, 세상 사람들에게 기도하라고 당부했다. 어떻게 기도하라고 했겠는가? 그랬다. 11분마다!

이번에는 에이브러햄 링컨(Abraham Lincoln)과 존 F. 케네디(John F. Kennedy)에 관련된 수의 비슷한 점을 예로 들어보자.

- 링컨은 1846년에 하원의원에 당선됐고, 케네디는 1946년에 당선됐다.
- 링컨은 1860년에 대통령에 당선됐고, 케네디는 1960년에 당선됐다.
- 그들의 성(姓)은 모두 7개의 문자로 이루어진다.
- 링컨을 암살한 존 윌크스 부스(John Wilkes Booth)와 케네디를 암살한 리 하비 오스왈드(Lee Harvey Oswald)는 모두 중간 이름을 지니며,

- 이름 전체가 15개의 문자로 이루어진다.
- 링컨과 케네디는 1주일에서 5번째 날에 암살당했다.
- 링컨의 후임 앤드루 존슨은 1808년에 태어났고, 케네디의 후임 린든 B. 존슨은 1908년에 태어났다.
- 존 윌크스 부스는 1839년에 태어났고, 리 하비 오스왈드는 1939년에 태어났다.

이런 일치는 무척 단순해서 쉽게 설명된다. 게다가 이런 일치는 관련된 사건들을 막연하게 규정하는 데서 비롯된다. 여기에서 거론된 사건들과 숫자를 매개로 관련지을 수 있는 것들은 실제로 무수히 많다. 따라서 똑같은 수를 지닌 것을 찾아내겠다고 마음만 먹으면서 얼마든지 찾아낼 수 있다. 또 이런 일치 현상은 확률 계산을 이용하면 수학적으로 정확히 설명하고 공식화할 수도 있다. 뒤에서 다시 보겠지만, '큰 수의 법칙'(Law of large numbers)을 고려하면, 우연히 일치하는 것처럼 보이는 현상들이 실제로는 얼마든지 일어날 수 있는 지극히 평범한 현상이란 것이 확률 계산으로 증명된다. 특별한 의미도 없이 반복해서 등장하는 수를 임의적으로 선택해서, 그런 반복에 의미를 부여하는 것은 어리석은 짓이다.

끝으로, 그런 우연한 일치를 연구하는 사람들이 제시하는 해석만이 아니라 그들이 사실이라고 주장하는 사실까지도 의심하라고 덧붙이고 싶다. 예컨대 앞에서 나열한 사실들에서, 이라크의 국제전화 국가 번호는 119가 아니라 964이다. 부스가 태어난 해도 1839년이 아니라 1838년이다.

고민: 오차 없이 정확하다는 환상.

해법: 그 정확성을 어떻게 얻었는지 되짚어보라.

한동안 인간의 정상적인 체온은 화씨 98.6도(섭씨 37도)로 여겨졌지만, 그 후에 수백만 명의 체온을 재조사한 끝에 화씨 98.2도(섭씨 36.8도)로 수정됐다. 따라서 화씨 98.2도는 무척 정확하고 믿을 만한 자료이다. 그런데 비교적 정확하지만 신뢰할 수 없었던 첫 번째 측정 결과는 어떻게 구한 것일까? 답이 무척 재밌다. 정상적인 체온은 처음에 섭씨 단위로 기록되었는데, 반올림해서 대략 37도로 정해졌다. 그 후에 섭씨를 화씨로 전환시켜 화씨 98.6도가 된 것이었다.

이 짤막한 일화에 소중한 교훈이 담겨 있다. 우리가 연구하는 자료가 근사치이면 정밀한 계산 자체가 어불성설이고, 계산해서 얻은 결과의 정확성도 착각에 불과하다는 것이다.

가령 내가 기르는 고양이 6마리를 코끝에서 꼬리 끝까지 측정한다고 해보자. 내가 얻은 결과는 근사치에 불과하다. 여하튼 내가 얻은 결과가 98센티미터, 101센티미터, 87센티미터, 89센티미터, 76센티미터, 또 76센티미터라고 해보자.

이런 결과를 근거로 고양이의 평균 길이가 87.8333센티미터라고 주장한다면, 이런 주장은 정확한 것이 아니다. 소수점까지 표현하는 것으로 내 작업이 과학적이고 엄격하게 진행되었다고 포장했지만, 실제로는 그렇지 못하다.

고민: 이해관계에 따라 상황이 자의적으로 해석된다.

해법: 무엇이 중요한 것이었는지 살펴보고, 그 중요한 것을 어떻게 정했는지도 살펴 보라.

여기에서는 약간의 회계 연습이 필요하다. 숫자로 된 자료를 볼 때마다, 누가 어떤 목적에서 어떤 방법으로 어떤 범위에서 그런 자료를 만들었는지 의문을 가져야 한다는 걸 깨닫는 데 회계 연습만큼 확실한 것이 없다. 우리에게 주어지는 자료들이 현실의 일부를 감추는 경우가 비일비재하다. 따라서 숫자를 의문의 여지가 없는 확실한 것이라 생각할 필요가 없다. 오히려 숫자를, 때로는 자의적으로 선택되고 결정된 결과라고 생각하는 편이 낫다.

회계 전문가들 사이에서 떠도는 재밌는 우스갯소리가 있다.

한 회사가 회계사를 고용하려고 구인 광고를 냈다. 사장은 첫 번째 지원자에게 2+2는 몇이냐고 물었고, 지원자는 당연히 4라고 대답했다. 사장은 두 번째 지원자에게도 똑같은 질문을 던졌고, 똑같은 대답을 들었다. 마침내 세 번째 지원자가 들어왔다. 그에게도 똑같은 질문이 주어졌다. 그러자 그는 벌떡 일어나 커튼을 꼼꼼하게 치더니 나지막한 목소리로 되물었다. "사장님은 얼마이기를 바라십니까?" 그가 채용됐다.

대럴 허프의 오래된 책에서 인용한 다음의 예는 회계 방법을 다룬 것이다.[7]

두 회사의 회계 자료를 비교해보자.

회사 A

직원의 평균 급여: 2만 2000달러

소유자의 평균 급여와 수익: 26만 달러

회사 B

평균 급여: 2만 8065달러

소유자의 평균 수익: 5만 달러

당신이라면 두 회사 중 어느 회사에서 일하겠는가? 또 두 회사 중 어느 회사의 소유자가 되겠는가?

사실 당신의 대답은 그다지 중요하지 않다. 동일한 회사의 회계 상황을 다른 식으로 표현한 것에 불과하기 때문이다.

어떻게 이런 일이 가능할 수 있을까? 따지고 보면 무척 간단하다.

3명의 소유자가 90명의 직원을 둔 기업을 운영한다고 해보자. 매년 소유자들은 직원들에게 198만 달러를 급여로 지급하고, 3명의 소유자는 각각 11만 달러의 급여를 받는다. 그리고 회계연도가 끝날 때 45만 달러의 순이익이 남아, 3명의 소유자에게 똑같이 분배된다.

이런 회계 상황은 회사 A의 경우처럼 표현될 수 있다. 직원들의 평균 연봉은 198만÷90=2만 2000달러이다. 반면에 소유자들의 수입은 11만 달러의 급여에 각자에게 돌아가는 수익금을 더해야 한다. 따라서 11만+(45만÷3)=26만 달러가 된다. 사업 실적이 상당히 괜찮아 보인다. 당신이 이 회사의 소유주라면 어떤 상황에서는 이런 수치를 자랑하는 게 당신에게 유리할 수 있다.

이번에는 소유자들이 정의감과 휴머니즘을 부각시키고 싶어 한다고 해보자.

앞의 분배 방법은 이런 목적에 합당하지 않다. 따라서 순이익에서 30

만 달러를 3명의 소유자가 특별 수당으로 나눠 갖는다고 해보자. 따라서 이번에는 3명의 소유자의 급여와 특별 수당까지 포함해서 평균 급여를 계산하게 된다. 그럼 평균 급여는 (198만+33만+30만)÷93≒2만 8065달러가 된다. 그리고 소유자의 수익은 각각 15만÷3=5만 달러(순익 45만 달러에서 30만 달러의 특별 수당을 제외한 15만 달러를 셋이 나누는 셈)가 된다. 회사 B의 경우이다.

물론 위의 예는 극단적으로 단순화한 경우이다. 하지만 어떤 회계사라도 현실 세계에서는 소유자의 뜻에 따라 이보다 훨씬 교묘하게 꾸며질 수 있다고 말할 것이다.

고민: 자료가 근거도 없이 막연하게 제시된다.

해법: 자료에 대한 근거를 찾아라.

자료가 어떤 근거도 제시하지 않을 때, 혹은 관련 대상을 얼버무려 정확히 무엇에 대해 말하는 것인지 알 수 없을 때 막연한 자료라 일컬어진다. 숫자가 무엇을 계량화한 것인지 알지 못하면, 그 숫자가 무엇에 대해 말하고 무엇을 주장하는 것인지 정확히 알 수 없다.

예를 들어 설명해보자. "실험대상의 80퍼센트가 탈루 초콜릿을 더 좋아했다."라는 주장에서 우리가 어떤 결론을 끌어낼 수 있겠는가? 탈루 초콜릿을 만드는 회사라면, 우리가 그 초콜릿을 안심하고 선택해도 괜찮을 거라고 결론짓기를 바랄 것이다. 그러나 이 자료는 막연한 데다, 그들의 주장에서 그런 결론을 내릴 만한 뚜렷한 근거도 없으므로 우리가 그런 유혹에 넘어갈 이유는 없다. 물론 가장 중요한 것은 우리의 '입맛'이지 80

퍼센트에 해당되는 사람들의 입맛이 아니다.

다음으로는 얼마나 많은 사람을 조사했느냐는 것이다. 또 어떤 표본을 사용했을까? 몇 번이나 조사한 끝에 그런 결과를 얻어냈을까? 80퍼센트는 1000명 중 800명을 뜻할까, 100명 중 80명을 뜻할까, 혹시 10명 중 8명이나 5명 중 4명을 뜻하는 건 아닐까? 또 그 사람들은 무엇보다 탈루 초콜릿이 더 좋았던 것일까? 맛이라곤 없는 다른 초콜릿 하나와 비교했을까? 시중에서 판매되는 모든 초콜릿과 비교했을까? 일부하고만 비교했다면 어떤 초콜릿이었을까? 이처럼 의문이 꼬리를 물고 이어진다. 따라서 여기에서 80퍼센트라는 수치는 막연한 자료일 뿐이다.

식빵 광고는 "탄수화물을 절반으로" 줄였다며 당뇨환자들을 유혹한다. 듣기 좋은 말이지만 그 식빵을 즐기기 전에 따져봐야 할 것이 있다. 무엇에서부터 절반으로 줄였단 말인가. 그 기준을 명확히 밝히지 않았다면 이런 정보도 모호하고 막연해서, 사기꾼이 "나를 사, 너한테 꼭 필요한 거니까!"라고 꼬드기는 감언이설에 불과하다. 비교의 기준점이 무엇이었는가? 탄수화물 덩어리인 식빵이었다면 절반으로 줄인 식빵에서도 당(糖)의 함유량이 무척 높을 수 있다. 탄수화물 함유량이 평균치인 식빵이었다면 어떤 식빵을 선택해서 표본으로 삼았을까? 식빵의 기준을 만족시킨 것이었을까? 비교할 수 있는 것들을 비교했을까? 이 글을 쓰고 있는 내 눈앞에 식빵 하나가 있다. 똑같은 상표인데도 전에는 15그램의 탄수화물을 함유했지만 이제는 7그램만을 함유한다고 자랑한다. 하지만 관찰력이 있는 사람의 눈에는 지금 식빵이 옛날의 식빵에 비해 훨씬 작고 얇아진 것이 보인다. 빵의 크기가 거의 절반으로 줄어든 것을 눈으로도 짐작할 수 있을 정도이다.

고민: 사람들이 무엇에 대해 말하는 건지 모르겠다. 나도 모르는 사이에 정의(定義)가 바뀐 것 같다.

해법: 무엇에 대해 말하는 건지 끊임없이 물어라. 정의가 부당하게 바뀌지 않았는지 확인하고 또 확인하라.

특히 인간사에서 우리가 뭔가에 대해 말할 때 사용하는 정의는 일종의 관습이다. 따라서 정의가 바뀌면 그에 해당하는 것이 정말로 바뀐 것처럼 생각된다. 이런 이유에서 경제·정치·사회적인 자료는 면밀하게 검토해서, 다루는 문제의 정의가 분명하고 적절하며 일관된 것인지 확인해야 한다. 그렇지 않다면 그런 이유를 반드시 물어야 한다.

《샌프란시스코 크로니클》의 한 칼럼니스트가 1996년에 기고한 글에 따르면, 수백만의 미국인이 1킬로그램도 늘지 않았는데 갑자기 비만자가 됐다. 어떻게 그런 일이 일어났을까? 비만도는 체질량지수로 정의한다.[8] 알고 보니, 체질량지수 27.6 이상을 비만으로 판단하던 미국에 세계보건기구의 기준(체질량지수 25 이상이면 비만)을 적용했기 때문에 이런 일이 일어난 것이었다.

다른 예를 들어보자. 1998년 영국의 실업률이 급격히 증가했다. 단숨에 실업자가 50만 명이나 증가하면서 실업률이 5퍼센트에서 7퍼센트로 급증했다. 영국에 어떤 재앙이라도 닥쳤던 것일까? 별다른 사건은 없었다. 단지 '실업자'의 정의를 바꾸었을 뿐이었다. 하기야 영국은 18년 동안 실업자의 정의를 32번이나 바꾼 나라이기는 하다. 일자리가 없이 빈둥대는 사람의 수를 줄이기 위한 목적인 경우가 대부분이었지만, 1998년에는 실업자의 수를 늘리기 위한 목적이었다는 게 다르다.

비판적으로 생각하는 사람이라면, 훌륭한 정의도 관습에 불과하다는 사실을 항상 기억해야 한다. 자의적인 면을 전혀 띠지 않은 정의도 마찬가지이다. 일반적으로 인정되는 전통적인 정의에도 얽매이지 않을 때 간혹 놀랍고 흥미롭기까지 한 결과를 끌어낼 수 있다. 이반 일리치의 저서들에서 이런 예들이 확인된다. 일리치는 성장과 발전이란 개념에 초점을 맞추고 선진 산업사회를 줄기차게 비판하며, 독점적 관료정치가 생산제일주의를 위해 시민을 소비자로 전락시킨다고 역설했다.

일리치는 의료, 노동과 실업, 교육, 교통과 에너지 등 다양한 분야를 분석했지만, 여기에서는 에너지를 예로 들어보자. 일리치의 주장에 따르면, 개인용 승용차가 우리 문명에서 이동 문제를 효과적으로 해결해주는 수단인 것은 분명하다. 자동차라는 해결책에는 이처럼 즉각적으로 인식되는 이점이 있지만 많은 단점도 있다. 환경과 건강을 해치는 위험한 수단이기도 한 것이다. 그러나 이런 단점은 곧바로 눈에 띄지도 않고, 자동차가 갖는 속도의 매력과 효율성 때문에 무시되기도 한다. 자동차라는 도구는 조금씩 역효과를 낳고, 이런저런 문제를 유발한다. 하지만 관료적이고 이데올로기적인 제도가 그 사이에 자리를 잡고 '근본적인 독점'(radical monopoly)을 누리기 때문에, 공급을 확대하는 방법 이외에 문제를 해결할 다른 방법이 없는 지경에 이른다. 이런 상황이 계속되면서, 문제의 원인이 해소되기는커녕 점점 더 곪고 곪아간다. 자동차는 우리를 A지점에서 B지점까지 신속하게 이동시켜주는 수단이지만, 모두가 자동차를 보유하게 되면 교통체증이 빈번하게 일어나고, 결국에는 이동 속도가 현저하게 느려진다. 그렇게 되면 고속도로와 다리 등을 계속 건설해서 대응하는 수밖에 없다. 이렇게 계속 하다보면 일리치가 주장하듯이, 우리는 생산주의의 덫에 빠져 도구의 역효과라는 현상에서 벗어나기 어렵다.

일리치의 주장에 따르면, 우리는 문제를 완전히 새로운 관점에서 접근해야 한다. 이런 관점에서 일리치는 자동차의 사회적 비용을 고려해 속도 개념을 새롭게 정의하자고 제안했다. 속도를 새롭게 정의하기 위해서는 자동차 자체의 가격과 연료비, 유지비와 보험료 등과 같이 우리 모두가 어쩔 수 없이 받아들여야 하는 비용과 관련된 시간들만이 아니라, 자동차를 이용하기 위해서 건설해야 하는 일반 도로와 고속도로 및 병원 등과 같은 집단 비용을 치르기 위해 필요한 시간까지 고려해야 할 것이다.

일리치는 이런 식으로 계산해서, 자동차의 실질적인 사회적 속도가 마차보다 크게 낫지는 않다는 사실을 밝혀냈다.

고민: 백분율로 언급되거나, 일인당으로 계산된 자료가 정확히 이해되지 않는다.
해법: 가벼운 연습이 필요하다.

작년에 포르키스벵지와 방리외도로에서 각각 50건의 살인 사건이 있었다.[9] 두 도시 중에서 범죄가 적은 도시에서 살려는 사람이면 어떻게 해야 하겠는가?

과거 상황에 비추어, 적어도 5년 전의 상황과 비교해서 위의 수치가 어떤 뜻인지 살펴봐야 할 것이다. 그래야 시간이 지나면서 두 도시에서 범죄가 어떻게 변해왔는지 추정할 수 있기 때문이다.

5년 전에 포르키스벵지에서는 42건의 살인 사건이 있었고, 방리외도 도에서는 29건밖에 있지 않았다. 이런 수치의 의미를 파악하기 위해서는 작년의 살인 사건 수(두 도시 모두에서 50건)에서 과거의 살인 사건 수를 뺀 값을 과거의 살인 사건 수로 나눈다. 이렇게 얻은 값에 100을 곱하면, 두 도시의 살인 사건 증가율이 백분율로 구해진다. 이 과정을 수식으로

표현해보면,

포르키스벵지

(50 - 42) ÷ 42 ≒ 0.19

0.19 × 100 = 19%

방리외도도

(50 - 29) ÷ 29 ≒ 0.72

0.72 × 100 = 72%

이게 전부일까? 그렇지 않다. 여기에서 끝내서는 안 된다. 위의 백분율이 모호하기 때문이다. 무엇의 19퍼센트이고, 72퍼센트인가? 이에 대한 답을 알기 전에는 섣불리 비교해서 결론을 내려서는 안 된다. 요컨대 두 도시의 인구를 고려해야 한다.

작년에 포르키스벵지의 인구가 60만이었고 5년 전에는 55만이었다고 해보자. 또 방리외도도의 인구는 작년에 80만이었고 5년 전에는 45만이었다고 해보자. 도시의 인구 증가 속도가 달랐기 때문에, 살인사건 증가율을 계산할 때도 이런 차이를 고려해야 한다. 일인당, 즉 인구 비례로 살인 사건 발생률을 표현할 수 있다. 어떻게 해야 할까? 살인 사건의 수를 전체 인구로 나누면 된다. 이렇게 얻은 수는 너무 작아 우리에게 익숙하지 않기 때문에 10만을 곱해, 10만 명 단위로 유효한 자료를 만든다. 10만 명 단위로 작년의 살인 사건 발생률을 구해보면,

포르키스벵지

$50 \div 600{,}000 \fallingdotseq 8.33 \times 10^{-5}$

$8.33 \times 10^{-5} \times 100{,}000 = 8.33$

10만 명당 8.33명

방리외도도

$50 \div 800{,}000 = 6.25 \times 10^{-5}$

$6.25 \times 10^{-5} \times 100{,}000 = 6.25$

10만 명당 6.25명

5년 전, 두 도시의 살인 사건 발생률을 계산하면,

포르키스벵지

$42 \div 550{,}000 \fallingdotseq 7.64 \times 10^{-5}$

따라서 10만 명당 7.64명

방리외도도

$29 \div 450{,}000 \fallingdotseq 6.44 \times 10^{-5}$

따라서 10만 명당 6.44명

백분율로 표시하면 살인 사건이 방리외도도에서는 72퍼센트 증가했고, 포르키스벵지에서는 19퍼센트 증가했다. 그러나 두 도시의 인구를 고려하면 살인 사건 발생률이 어떻게 되는가? 살인 사건 발생률이 포르키스벵지에서는 증가한 반면, 방리외도도에서는 약간이지만 떨어졌다.

숫자에 약한 사람들을 위한
확률과 통계 강의

모든 일반화는 위험하다. 이 말까지!
— 알렉상드르 뒤마 2세

일어나지 않을 법한 일이 일어날 가능성은 얼마든지 있다.
— 아리스토텔레스

세 종류의 거짓말이 있다. 평범한 거짓말, 종교의 거짓말, 그리고 통계이다.
— 벤저민 디즈레일리

통계학자와는 자리를 함께하지 말라. 사회과학 따위는 하지도 말라.
— W. H. 오든

공상과학소설 작가로 유명한 H. G. 웰스(1866~1946)는 20세기 초반에, 시민권을 올바로 행사하려면 글을 읽고 쓰는 능력만큼 통계를 알아야 하는 시대가 올 거라고 예언했다. 내 생각에 그의 예언은 정확히 들어맞아, 그런 시대가 정말로 도래했다. 통계는 물론이고, 통계와 떼어놓고 생각할 수 없는 짝인 확률도 이제 건전한 시민에게는 반드시 필요한 지식이 됐다. 따라서 지적인 자기방어를 위해 반드시 필요한 통계와 확률의 기본 개념들을 대략적으로 살펴보기로 하자.

먼저 주사위 놀이로 시작해보려 한다. 통계에 앞서 살펴볼 확률 이론은 운에 따라 결정되는 게임에 대한 고민에서부터 시작됐기 때문이다. 그러나 이처럼 기원이 고상하지 않다고 해서 우리의 삶과 과학 연구에서 확률 이론이 갖는 중요성과 유용성을 무시해서는 안 된다. 보험에 가입하는 것이 정말로 유리할까? 내가 로또 복권에 당첨될 가능성이 얼마나 될까? 하루에 담배 한 갑을 피우면 질병에 걸릴 확률은 얼마나 될까? 내 기대 여명은 얼마나 될까? 이런 의문들을 비롯한 많은 의문의 답이 확률 계산을 통해 구해진다.

도박과 복권으로 배우는 확률

확률론(probability theory)은 메레의 기사(Chevalier de Méré) 앙투안 공보(1607년경~1684)가 친구인 블레즈 파스칼(1623~1662)에게 던진 질문에서 시작된 것으로 추정된다.

파스칼이 받은 수수께끼

17세기의 프랑스로 돌아가보자. 앙투안 공보는 방탕한 사람이어서 술과 여자와 도박을 몹시 좋아했다. 철학자이자 물리학자이며 수학자로도 알려진 블레즈 파스칼은 한동안 공보와 어울리며 세속적인 삶에 물들었지만, 곧 그런 삶에 종지부를 찍고 종교에만 몰두했다. 그때부터 파스칼은 종교를 제외하고 수학을 비롯한 모든 것을 포기했다.

공보는 주사위 도박을 유난히 좋아했다. 그런데 주사위 도박을 꼼꼼하게 연구하고 승부의 결과까지 빠짐없이 기록해두는 용의주도한 도박꾼이었다. 그런 기록을 바탕으로 찾아낸 규칙을 도박에 적용하기도 했다.

그런 그였던 만큼, 공보는 도박을 하기 전에 언제나 주사위부터 점검했다. 의심 많은 도박꾼답게, 사기꾼들이 주사위가 한쪽으로 자주 넘어가도록 무거운 납을 몰래 넣은 부정한 주사위를 사용한다는 걸 눈치채고 있었기 때문이다. 그런 비밀을 알고 있는 사람이 주사위 도박에서 어떤 이

점을 갖는지는 얘기하지 않아도 충분히 짐작할 수 있을 것이다. 따라서 공보는 공정한 주사위, 즉 여섯 면이 각각 똑같은 확률로 나타나는 주사위로만 도박을 했다.

공정한 주사위가 던져지면 어떤 면이 나올지는 누구도 확실하게 알 수 없다. 그러나 공보는 공정한 주사위로 도박을 하면 여섯 면이 각각 6번 중 1번꼴로 나오는 경향을 띤다는 사실을 알았다.

또한 똑같은 수, 예컨대 6이 2번, 3번, 심지어 4번까지 연속으로 나올 수 있다는 것도 알았지만, 오랫동안 계속하면 6이 결국에는 6번 중 1번꼴이 된다는 걸 확인했다. 물론 다른 면들도 마찬가지였다. 이런 관찰에서 공보는 그럴듯한 규칙을 끌어냈고, 그 규칙이 무척 유용할 거라고 생각했다.

예컨대 내가 주사위를 던질 때 6이 나올 가능성은 6분의 1이다. 물론 5나 4, 혹은 그 밖의 다른 수가 나올 가능성도 각각 6분의 1이다. 그런데 6이 괜히 마음에 들고, 내게 주사위를 연속해서 4번 던질 기회가 주어진다면 어떻게 될까? 공보는 "그런 경우라면 6이 나올 가능성이 6분의 1의 4배가 될 거야!"라고 생각했다. 이런 생각을 수식으로 간단히 표현하면 $4 \times 1/6 = 2/3$가 된다. 따라서 공보는 주사위를 연속으로 4번 던지면 6이 나올 가능성이 3분의 2로 높아진다는 결론을 내렸다.

그러나 공보는 도박을 할 때 주사위 1개로만 하지 않았다. 거의 언제나 2개의 주사위, 그것도 검은색과 흰색으로 색깔이 다른 주사위 2개로 도박을 했다. 따라서 공보는 주사위 2개를 던져서 둘 모두에서 6이 나올 가능성이 궁금했다. 그래서 그는 다음과 같이 추론했다.

내가 2개의 주사위를 던질 때 흰 주사위가 1이 나오면 검은 주사위는 1, 2, 3, 4, 5, 6 중 하나일 수밖에 없다. 따라서 흰 주사위가 1일 때 6가지 가능성이 있게 된다. 그러나 흰 주사위에서 2가 나올 수도 있고, 이때도 검은 주사위는 1부터 6까지 6가지 가능성을 가지므로 모두 12가지 가능성이 있게 된다. 하지만 흰 주사위에서 3이 나올 수도 있고, 검은 주사위는 역시 1부터 6까지 6가지 가능성을 가지므로……결국 모두 합하면 36가지 가능성이 있게 된다.

공보가 이런 식으로 추론해 얻은 결과를 그림으로 표현하면 다음과 같이 된다.

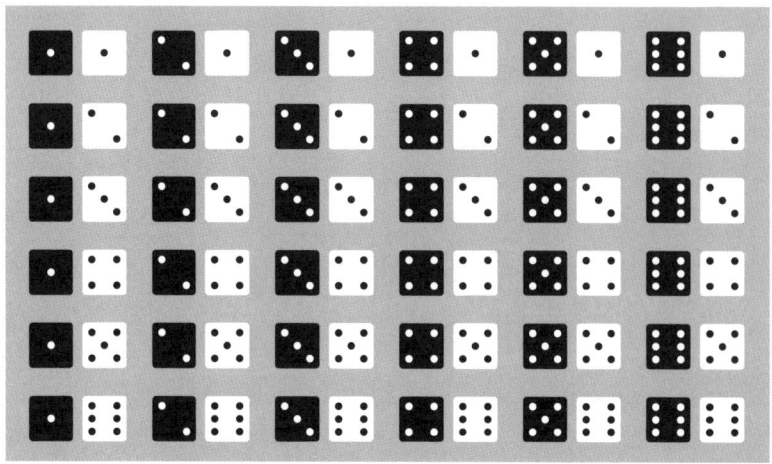

메레의 기사는 36가지 가능성 중 하나만을 목표로 삼았다. 흰 주사위와 검은 주사위 모두에서 6이 나오는 경우였다. 이런 가능성은 위의 그림에서 36가지 가능성 중 하나에 불과하다. 그럼, 두 주사위를 1번 던져서 둘 모두에서 6이 나올 가능성은 얼마나 될까? 36분의 1이다. 하지만 그가 두 주사위를 24번 연속으로 던진다면 어떻게 될까? 공보는 앞의 경우와 똑같이 추론해서, 두 주사위 모두에서 6이 나올 가능성이 24배로 커진다는 결론을 내렸다. $24 \times 1/36 = 2/3$.

종합하면, 주사위 1개를 4번 던져서 6이 나올 가능성과, 주사위 2개를 24번 던져서 둘 모두에서 6이 나올 가능성이 똑같이 3분의 2일 거라고 생각했던 것이다. 메레의 기사는 이처럼 흠잡을 데 없는 추론을 해낸 자신이 자랑스러웠다. 이처럼 완벽한 추론을 믿고 공보는 도박에 뛰어들었지만, 무심한 주사위는 예측한 대로 움직여주지 않았다. 게다가 주사위 1개로 도박할 때보다 주사위 2개로 도박할 때 더 자주 돈을 잃었다. 공보는 화가 나서 미칠 것만 같았다. 예측도 빗나가고 돈까지 잃었다는 생각에 잠조차 자지 못했다.

궁지에 빠진 공보는 친구인 블레즈 파스칼에게 도움을 청하려고 파스칼에게 그 문제를 냈다. 그 문제에 대한 파스칼의 생각과 그 이후에 파스칼이 피에르 드 페르마(1601~1665)와 주고받은 편지에서 확률론이 탄생했다. 파스칼이 결국 알아내 공보에게 설명한 내용은 우리도 얼마든지 이해할 수 있다. 파스칼의 설명은 우리에게 확률과 통계라는 커다란 문을 열어주었다. 이제부터 설명하는 내용들은 지적인 자기방어를 위해 무척 소중한 도구이다.

이것만은 꼭 알아두자

흰색과 검은색의 두 주사위를 던져 얻을 수 있는 경우의 수 전부를 그림으로 표현한 앞의 그림으로 다시 돌아가자. 각 경우는 똑같은 정도로 나타날 가능성을 갖는다. 따라서 무작위로 아무런 경우를 취해도 마찬가지이다. 예컨대 검은 주사위와 흰 주사위 모두에서 1이 나온 경우를 취해보자. 이런 결과가 나타날 확률은 얼마나 될까? 위의 표에 따르면, 이런 결과는 36가지의 가능성 중 하나이다. 따라서 이런 결과가 나올 확률은 36번 중 1번이다. 확률은 주로 이런 식으로 표현된다. 달리 말하면, 모든 경우의 수를 분모로 하고 실제로 나타난 결과를 분자로 하는 분수로 표현된다. 따라서 이 경우에서 사건의 확률, 즉 검은 주사위와 흰 주사위 모두에서 1을 얻을 확률은 1/36이다. 어떤 사건의 확률은 언제나 0(사건 자체가 불가능해서 결코 일어나지 않을 거라고 확신하는 경우)에서 1(사건이 확실한 경우) 사이에 있게 된다. 예컨대 두 주사위에 나타난 수의 합이 13일 확률은 0이고, 두 수의 합이 2부터 12 사이에 있을 확률은 1(즉 36/36)이다. 앞의 그림에서 한 부분을 차지하는 각 경우의 확률은 1/36이고, 36×1/36=1이기 때문에 모든 경우의 확률을 합하면 1이 된다.

좀 더 깊이 들어가 보자. '사건'은 다른 식으로도 이루어질 수 있다. 예컨대 두 주사위를 던져 합이 3이 나오는 경우이다. 이런 경우도 사건이라 일컫는다. 이 사건의 확률은 얼마일까? 답을 알아내기 위해서는 그 사건이 얼마나 자주 일어나는가를 알아야 한다. 다시 표를 보자. 합이 3인 경우는 검은 주사위가 1이고 흰 주사위가 2인 때이다. 하지만 흰 주사위가 1이고 검은 주사위가 2인 때도 합은 3이다. 이 사건은 두 경우에 일어나는 것이다. 각 경우의 확률은 1/36이므로, 이 사건이 일어날 가능성은 2/36가 된다.

이런 과정을 더 명확하게 표기해보자.

사건을 A라고 하고, 그 사건이 일어날 확률을 P(A)로 표기할 때, 두 주사위의 합이 3인 사건 A에 대해서 P(A)=2/36.

여러 사건을 결합시키는 것도 가능하며, 이런 결합도 확률 계산으로 해낼 수 있다. 예컨대 사건 E와 F가 있다고 해보자. 두 사건을 이런저런 방식으로 결합시키면 새로운 사건들을 만들어낼 수 있다. 이때 두 사건 모두를 만들어낼 수 있는 확률, 즉 (E and F)의 확률을 계산해낼 수 있고, (E or F)의 확률도 계산해낼 수 있다. 물론 E(혹은 F)를 만들어내지 않을 확률, 즉 not E(혹은 not F)의 확률도 계산해낼 수 있다. 이런 경우들에 대한 확률을 계산해보자.

사건 E는 흰 주사위가 1로 나타나는 경우이고, 사건 F는 검은 주사위가 1로 나타나는 경우라고 해보자. 이때 두 사건 중 한 사건, 다시 말하면 주사위 하나에서만 1이 나타나는 경우의 확률을 계산해보자. 쉽게 생각하기 위해서 다시 표로 돌아가 확인해보면, E는 6번 일어나고 F도 6번 일어난다. 이 모든 경우를 검게 칠해보라. 뭔가 눈치를 챘는가? 그렇다. 두 주사위 모두가 1인 경우를 2번 검게 칠했다! 왜 그랬을까? 두 사건이 하나의 공통된 경우를 지니기 때문이다. 따라서 그 경우를 2번 계산하지 않도록 주의해야 한다. 이처럼 두 사건이 상호배타적이지 않을 때 or에 해당되는 연산 규칙이 완성된다. 이른바 '합의 규칙'(addition rule)으로 다음과 같이 표시된다(E와 F가 상호배타적이지 않은 경우).

$$P(E \text{ or } F) = P(E) + P(F) - P(E \text{ and } F)$$

이 규칙을 우리의 예에 대입하면,

$$\frac{6}{36} + \frac{6}{36} - \frac{1}{36} = \frac{11}{36}$$

사건들이 상호배타적이라면, 빼야 할 것이 없기 때문에 각 사건의 확률을 더하기만 하면 된다. 여기에서 두 번째 규칙이 다음과 같이 정식화된다.

$$P(E \text{ or } F) = P(E) + P(F)$$

이제 다른 규칙을 도입해보자. 사건 E에 대해서 다음의 규칙은 당연한 것이다.

$$P(E) = 1 - P(not\ E)$$

예컨대 두 주사위가 모두 1을 나타내는 사건을 D라 할 때, D가 일어날 확률은 1/36이다. 사건 D가 일어날 확률을 1-P(not D)라 말해도 결과는 똑같다. 1-P(not D)=1-35/36이기 때문이다. 뒤에서 다시 보겠지만, 메레의 기사가 파스칼에게 제기한 문제를 해결하는 데 이 규칙은 무척 유용하게 쓰인다.

이제 P(E and F), 즉 두 사건이 동시에 일어날 확률과 관련된 규칙들에 대해 알아보자. 여기에서는 우리가 결합시키려는 두 사건이 상호의존적이냐 독립적이냐에 따라 결과가 약간 달라진다.

사건 A, 즉 두 주사위의 합이 3인 경우의 확률 P(A)를 다시 예로 들어보자. 사건 A의 확률은 2/36이다. 그런데 흰 주사위를 먼저 던진다고 해보자. 다시 말해 흰 주사위의 결과를 확인한 후에 검은 주사위를 던지는 것이다. 이때 흰 주사위를 던져 1이 나온 후에도 P(A)가 여전히 1/36일까? 그렇지 않다. 흰 주사위가 1이 나온다면, 합이 3이 될 확률은 확연히 높아진다. 정확히 말하면, 1/6로 높아진다. 요컨대 먼저 던진 흰 주사위에서 얻은 결과가 최종 확률에 영향을 끼친다. 다시 말하면, 먼저 던진 주사위에서 1이 나오는 사건을 B라고 할 때 B의 확률이 A의 확률에 영향을 끼친다는 뜻이다. 이런 경우를 '조건부 확률'(conditional probability)이라 하고, P(A|B)로 표기한다.

두 사건이 'and'로 결합되고 이처럼 상호의존적이라면, 두 사건이 동시

에 일어날 확률은,

$$P(A \text{ and } B) = P(A|B) \times P(B)$$

반면에 두 사건이 서로 독립적이라면, 요컨대 한 사건의 결과가 다른 사건의 확률에 아무런 영향도 끼치지 않는다면, 두 사건이 동시에 일어날 확률은,

$$P(A \text{ and } B) = P(A) \times P(B)$$

위의 두 규칙은 확률과 관련된 오락을 할 때 반드시 알아야 하는 규칙이다. 이런 오락에 대해서는 잠시 후에 다시 살펴보기로 하자.

앞에서 보았듯이, 어떤 사건이 일어날 확률은 가능한 경우의 수 전체와 실제로 일어난 경우의 관계로 표현된다. 만약 각 경우가 똑같은 정도로 가능하다는 걸 확신하거나, 그렇게 생각할 만한 충분한 근거가 있다면, 요컨대 각 경우가 일어날 확률이 같다면, 어떤 사건의 확률을 '선험적으로' 미리 결정할 수 있다. 주사위를 던지는 경우가 대표적인 예이다. 당연한 말이지만 속임수를 쓰지 않은 주사위를 던진다는 조건에서 그렇다. 한편 어떤 사건의 확률을 사후에 알아내기 위해서는 실험을 거듭해서 자료를 수집해야 한다. 예컨대 축구 선수가 공의 정확한 지점을 찰 확률, 내일 비가 올 확률, 담배를 하루에 X개비 필 때 어떤 암에 걸릴 확률 등은 모두 사후에 결정되고 추정치에 불과하다. 따라서 여러 요인, 특히 조사된 경우의 수에 따라 신뢰도가 달라진다.

복권 1등에 당첨될 확률

'로또 6/49'은 캐나다에서 가장 인기 있는 복권이다. 로또 6/49에 당첨된 사람은 49개의 숫자 중에서 추첨일에 기계가 무작위로 선택한 6개의 숫자를 정확히 맞힌 사람이다. 이 복권에 당첨될 확률은 얼마나 될까? 이 확률을 구하기 위해서는 먼저 조합 규칙과 순열 규칙에 대해 알아야 한다.

A, B, C라는 세 문자로 이루어진 집합이 있다고 해보자. 이 집합에서 두 문자로 이루어진 군(群)을 몇 개나 나열할 수 있을까? 단, 같은 문자 두 개로 이뤄진 것은 제외하고, AC와 CA처럼 문자의 순서가 다르면 다른 것으로 인정한다. 이 질문은 세 문자로 이루어진 집합에서 두 문자를 취한 순열의 수를 묻는 질문이다. 그 결과는 6개로 다음과 같다.

$$AB\ BC\ BA\ CB\ AC\ CA$$

그러나 집합이 커지면 이처럼 하나씩 찾아내기 힘들어진다. 혹시 순열의 수를 찾아내는 계산 규칙이 있지 않을까? 그렇다! 이런 규칙은 nAk로 표기한다. 여기에서 n은 전체 원소의 수이고, A는 순열연산, k는 재분류되는 원소의 수를 가리킨다. 공식은,

$$_nA_k = \frac{n!}{(n-k)!}$$

$n!$은 'n의 팩토리얼', 혹은 'n의 계승'이라 읽고, 1부터 n까지 모든 자연수를 곱한 값이다. 이 규칙에 우리의 예를 대입하면,

$$_3A_2 = \frac{3!}{1!} = \frac{3 \times 2 \times 1}{1} = 6$$

로또 6/49에 이 규칙을 적용하면,

$$_{49}A_6 = \frac{49!}{43!} = 10,068,347,520$$

요컨대 로또 복권 1장을 사면 당첨될 확률이 대략 100억분의 1에 불과한 것일까? 여기에는 작은 오류가 있다. 원소들의 순서에 대한 고려가 빠져 있는 것이다. 실제로 위 계산에서는 AC와 CA가 다른 순열로 여겨졌지만 로또의 경우는 그렇지 않다. 당첨 번호가 1, 2, 3, 4, 5, 49라면 어떤 순서로든 번호가 일치하면 당첨이다. 따라서 로또에서 우리가 찾는 것은 조합(combination)이다. 공식은,

$$_nC_k = \frac{n!}{k!(n-k)!}$$

로또 6/49를 이 공식에 적용하면,

$$_{49}C_6 = \frac{49!}{6! \times 43!} = 13,983,816$$

이에 따라 로또에 당첨될 확률이 눈에 띄게 높아진다. 하지만 현실에서는 어떨까? 로또에 당첨될 확률을 대략 1400만분의 1이라 해보자. 700만의 퀘벡 주민이 각각 로또 복권을 숫자가 다른 걸로 1장씩 사더라도 한 사람도 당첨되지 않을 확률이 2분의 1이다. 이런 확률이 실제로 뜻하는

바가 무엇일까? 우리에게 한층 익숙한 '100만분의 1'의 확률로 그 뜻을 짐작해보자. 존 D. 맥거비가 제시한 예에 따르면, 안전벨트를 매지 않고 자동차로 96킬로미터를 운전해 갈 때, 헬멧을 쓰지 않고 오토바이를 5분 동안 운전할 때, 민간 항공기를 타고 10분 동안 하늘을 날 때, 담배 2개비를 필 때 사망할 확률이 각각 100만분의 1이다.[10] 예컨대 당신이 몬트리올 시내에서 출발해 안전벨트를 매지 않고 32킬로미터 떨어진 벨뢰유까지 운전하면, 로또 6/49에 당첨될 가능성보다 교통사고로 죽을 가능성이 약 42배나 높다(거리와 사망확률이 정비례한다는 조건하에서 그렇다 — 옮긴이).

파울로스의 책에서 인용한 다음의 자료들에서도 로또 6/49에 당첨될 가능성이 얼마나 희박한지 짐작할 수 있다.[11]

자동차 사고로 사망할 확률	5,300분의 1
물에 빠져 사망할 확률	20,000분의 1
질식해 사망할 확률	68,000분의 1
자전거 사고로 사망할 확률	75,000분의 1
외국에서 폭력 사고로 사망할 확률	600,000분의 1
번개에 맞아 사망할 확률	2,000,000분의 1
벌침에 쏘여 사망할 확률	6,000,000분의 1

끝으로 수수께끼 하나를 낸다. 내가 앞에서 언급한 당첨 번호들(1, 2, 3, 4, 5, 49)이 이번 주에 당첨된 번호들의 조합보다 당첨될 확률이 높았을까, 낮았을까, 아니면 똑같았을까?

파스칼의 삼각형

우리가 고려해야 할 경우들을 규정하기 힘들고, 또 그 경우들이 서로 배타적인지 독립적인지 판단하기 쉽지 않다는 데 확률의 어려움이 있다. 이럴 때 파스칼의 삼각형(Pascal's triangle)이 도움이 된다.

유명한 파스칼의 삼각형은 대략 다음과 같이 그릴 수 있다.

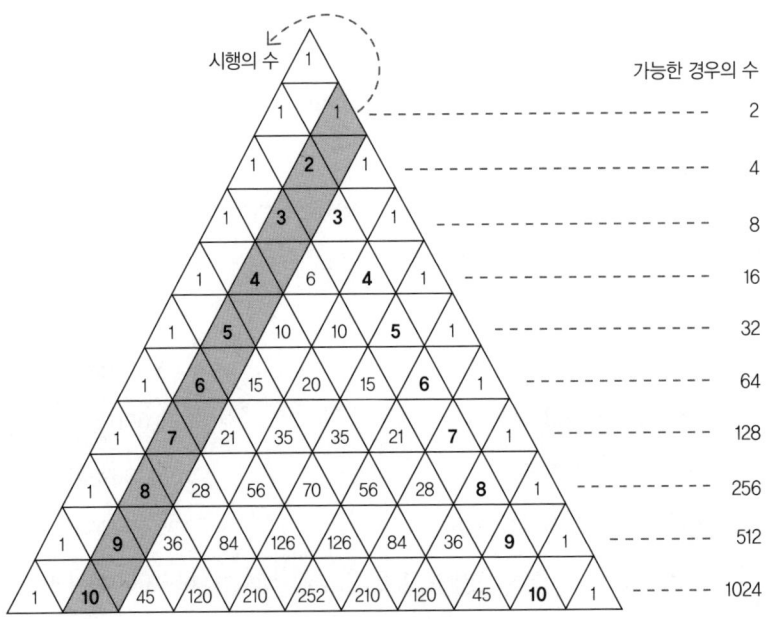

파스칼의 삼각형을 만들기는 무척 쉽다. 먼저, 첫 칸에 자연수 1을 쓴다. 다음 행이 1행이고, 2칸으로 이루어진다. 각 칸에는 바로 윗행의 좌우에 쓰인 숫자들의 합을 쓴다. 1행의 윗행에는 1이 하나밖에 없으므로 두 칸 모두에 1을 쓴다. 이런 식으로 바로 윗행의 좌우 숫자의 합을 아래 행의 칸에 적어나가면 된다.

같은 방식으로 하면 2행의 3칸에는 차례로 1, 2, 1이 채워진다. 이런 식으로 계속하면 10행의 칸들은 1, 10, 45……로 채워진다. 임의의 행을 취해 N행이라 할 때, N행은 결과가 2분의 1의 확률로 나타나는 실험을 N번 시행한 결과의 분포를 우리에게 보여준다. 예컨대 10행은 동전(앞면이나 뒷면)을 10번 던진 때, 혹은 10번의 탄생(아들이나 딸)에 대한 확률의 분포이다. 10행을 좀 더 자세히 살펴보자. 10행의 칸을 채운 숫자들은 1+10+45+120+210+252+210+120+45+10+1=1024이다. 동전 하나를 10번 던져서 매번 앞면이 나올 가능성은 1024(모든 수의 합)분의 1(10행의 첫 번째 수)이다. 그리고 앞면이 1번 뒷면이 9번 나올 가능성은 1024분의 10이고, 앞면이 2번 뒷면이 8번 나올 가능성은 1024분의 45이다.

그럼 앞면이 5번 뒷면이 5번 나올 확률은 얼마나 될까? 파스칼의 삼각형을 이용하면 어렵지 않게 1024분의 252라는 답을 구할 수 있다. 앞면이 6번 뒷면이 4번 또는 앞면이 4번 뒷면이 6번 나올 가능성이 1024분의 420으로 가장 높다는 사실에 주목할 필요가 있다. 이러한 분포는 우리 직관과 사뭇 다르다.

이번에는 당신이 직접 문제를 풀어보자.

10명의 자녀를 둔 가정에서 딸이 3명, 아들이 7명일 확률은 얼마이겠는가?

비판적 사고를 위해 확률에서 알아두어야 할 다른 두 가지 소중한 도구를 살펴보는 것으로 확률에 대한 공부를 끝내도록 하자.

도박꾼의 오류

몬테카를로가 도박꾼들에게 가장 인기 있는 곳이기 때문에 도박꾼의 오류(gambler's fallacy)는 '몬테카를로의 오류'라고 불리기도 한다. 이미 주어진 결과를 면밀히 분석하면 다음에 어떤 결과가 나올지 예상할 수 있다고 확신하는 데서 도박꾼의 오류가 시작된다. 예컨대 앞면이 연속해서 4번 나온 후에는 뒷면이 나올 확률이 높아진다고 도박꾼들은 생각한다. 그러나 이런 예상은 착각이다. 동전을 던지는 행위 즉 사건들은, 서로 독립적이기 때문이다. 동전은 앞의 시행에서 어떤 면으로 떨어졌는지에 대해 전혀 기억하지 못한다. 달리 말하면, 과거의 결과가 앞으로 있을 결과에 아무런 영향도 끼치지 않는다. 요컨대 동전을 던질 때마다 앞면이 나올 확률은 언제나 똑같이 1/2, 즉 50퍼센트이다.

우연은, 사실 확률이 높았다

대부분의 사람이 순전히 우연하게 일어난 거라고 생각하는 사건을 우리가 터무니없이 대단한 것으로 착각하지 않도록 견제하는 역할을 확률이 해준다는 점에서도, 확률의 이해가 비판적 사고에 큰 영향을 끼친다고 말할 수 있다. 확률을 이해하면 그런 사건을 설명하기 위해 외부의 힘을 개입시킬 필요가 없다. 두 가지 예를 들어 설명해보자.

예 1: 장남

한 조사에 따르면 유명한 무당은 대부분 장남이다. 심리학에 심취한 사람들은 이 사실에 흥분했는지 대답하기 이를 데 없는 가정까지 내세우면서 이를 설명하려 한다. 그런데 이 현상이 정말로 흥분할 만한 기이한 현상일까? 간단한 추론으로 전혀 그렇지 않다는 사실이 밝혀진다.

어떤 모집단을 상정해도, 특히 가족당 자녀수가 두서넛으로 그다지 많지 않으면 장남이 상대적으로 월등히 많다.[12] 따라서 어떤 위치에 있는 아들이든 대부분이 장남이기 마련이다. 예컨대 100가구의 모집단이 있고, 각 가정마다 자녀가 두 명씩 있다고 해보자. 그럼, 다음과 같은 조합이 동일한 비율로 있게 된다. 여기에서 D는 딸, S는 아들을 뜻한다.

S, S

S, D

D, S

D, D

네 경우 중 세 경우에서 장남인 아들이 있다. 세 자녀인 경우에도 마찬가지인지 확인해보자. 장남이나 장녀인 경우가 절반을 넘는다. 요컨대 유명한 무당은 대부분이 장남이란 사실은 대단한 미스터리가 아니다. 마르셀 뒤샹의 표현을 빌리면, 문제될 것이 없기 때문에 해결책도 없다!

예 2: 예지능력

폴은 가슴이 두근거렸다. 평소에 알고 지내던 Y부인이 갑자기 머릿속에 떠올랐다. 그리고 5분 후에 전화벨이 울렸고, 전화를 건 사람은 Y부인이 조금 전에 세상을 떠났다고 알려주었다. 이쯤 되면 예지능력이란 게 있다고 믿어야 하지 않을까?

우리는 이런 얘기를 흔히 들었고, 그래서 초과학적 현상이 있는 거라고 생각한다. 그러나 이 경우에도 놀랄 만한 미스터리는 없다는 사실이 확률이란 도구를 통해 쉽게 밝혀진다.

폴이 적게 잡아 1000명 정도를 알고(넓은 의미에서 교황 요한 바오로 2세도 아는 사람에 속한다), 앞으로 30년 동안 이 1000명의 사망 소식을 전해 듣는다고 해보자. 또 폴이 그 1000명을 30년 동안 단 1회씩밖에 생각하지 않는다고 해보자. 이런 조건에서 폴이 그중 한 사람을 머릿속에 떠올리고, 5분 후에 전화로 그 사람의 사망 소식을 들을 확률은 얼마일까? 이런 조건을 고려해서 확률을 계산해보면, 폴이 그런 경험을 할 수 있는 가능성은 대략 0.03%(1만분의 3)보다 조금 높은 정도이다. 하지만 폴은 인구 5000만 명인 나라에 살고 있다. 모두가 폴과 같은 조건이라면 이 전체 인구 중에서 앞으로 30년 동안 이런 '신비한 예감'을 느낄 사람은 1만 6000명이나 된다. 이것은 대략 1년에 530명 정도가 그런 경험을 한다는 것이고, 하루에 한 건이 넘는 수치가 된다. 요컨대 앙리 브로슈가 말했듯이 "이렇듯 단순한 우연이 프랑스에서는 '초심리학적인 미스터리한 예지능력'으로 둔갑하며, 그렇게 쓰여진 많은 책이 날개 돋친 듯 팔린다."

이제 통계에 관련된 개념들로 넘어가기 전에, 메레의 기사가 파스칼에게 던진 문제를 풀어보자.

파스칼의 수수께끼 해법

이쯤이면 모두가 짐작하겠지만, 공보의 계산은 모래 한 줌의 가치도 없다. 주사위를 4번 던져 모두 6이 나오는 경우를 E라 해보자. 공보의 문제는 거꾸로 생각하면 조금 더 쉽게 해결된다. 달리 말하면, 1−P(not E)를 계산해야 한다.

계산은 꽤 복잡하다. 주사위를 던지는 행위들은 서로 독립적인 관계에 있으므로, 주사위를 4번 던지면 P(not E) = $(5/6)^4$ ≒ 0.482이다. 따라서

$$P(E) = 1 - 0.482 = 0.518$$

두 개의 주사위를 24번 던지면,

$$P(\text{not } E) = (35/36)^{24} \fallingdotseq 0.509$$

$$P(E) = 1 - 0.509 = 0.491$$

이 결과들은 무척 의미심장하다. 메레의 기사, 공보가 주사위 하나로 도박을 할 때는 돈을 따도, 주사위 두 개로 도박할 때는 돈을 잃은 이유가 이해된다. 그러나 그 차이가 미미하기 때문에, 메레의 기사는 도박을 끝없이 하면서도 매번 결과를 세심하게 관찰한 듯하다.

통계, 이것만 알면 경제 기사가 우스워진다

'통계'(statistics)는 두 의미로 사용된다. 첫째로는 계량화된 자료, 예컨대 퀘벡의 이혼에 대한 통계자료를 가리킨다. 둘째로는 자료를 수집해 요약하고 분석하는 방법을 활용하고 개발하는 수학의 한 분야인 통계학을 가리킨다. 우리가 여기에서 공부하려는 것은 통계학이다. 정확히 말하면, 통계학의 한 분야인 '기술 통계학'(descriptive statistics)에 대해서만 살펴볼 것이다. 이름에서 짐작할 수 있듯이, 기술 통계학은 연구하려는 어떤 대상(사람, 사건, 사물)에 대해 관찰한 결과를 정리하고 요약하는 방법에 관한 학문이다. 통계학에서는 이런 연구 대상을 '모집단'이라 칭한다.

반드시 알아야 할 곡선부터 시작해보자.

라플라스-가우스 곡선

두 개의 주사위를 던지는 경우로 다시 돌아가보자. 주사위를 던져 이론적으로 얻을 수 있는 결과는 그래프로도 표현된다. X축에는 두 주사위에서 얻은 결과의 합, 2부터 12까지를 표시하고, Y축에는 각 결과가 나타날 확률을 백분율로 표시한다. 그리고 각 결과의 확률을 막대그래프로 표시하면 다음과 같이 그려진다.

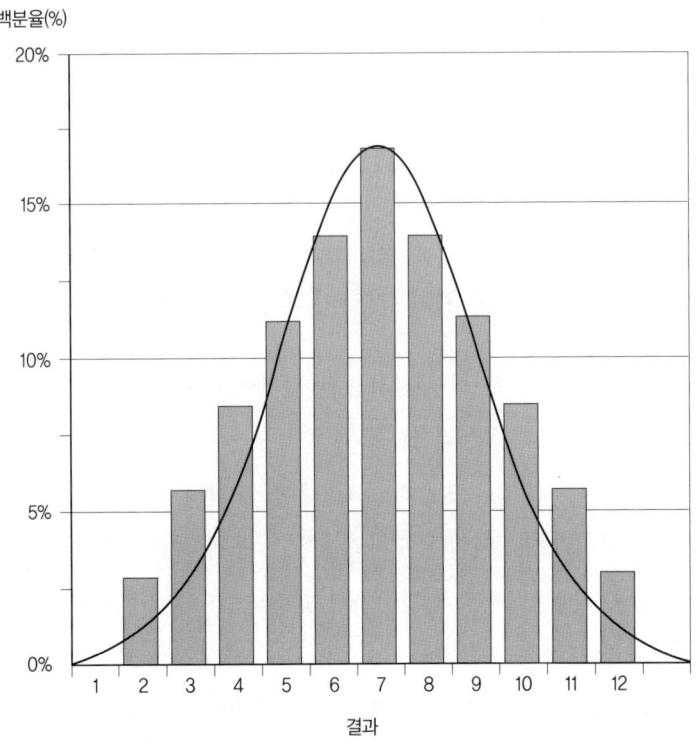

막대그래프는 라플라스-가우스 곡선(Laplace-Gauss curve)을 대략적으로 표현한 그림이다(여기에서 가우스는 2장의 앞부분에서 언급한 그 가우스이다). 이 곡선은 정규분포곡선(normal distribution curve)으로도 일컬어지며, 무작위한 인간 현상이나 자연 현상의 분포를 나타낸다. 이런 분포에 익숙해져서 언제든지 읽어낼 수 있어야 한다.

평균값, 중앙값, 최빈값

수집한 자료들을 하나의 값으로 수렴시키는 다양한 방법들을 사용하면 자료에 어떤 특징들이 있는지 파악한 후 그 특징들을 한눈에 보여주는 것이 가능하다. 중심경향치(measures of central tendency)가 자료의 전형적인 경향을 보여주기 때문에, 중심경향치를 이용해 이런 수렴이 가능하다. 중심경향치는 무척 유용해 널리 사용되는, 반드시 알아두어야 할 개념이다. 특히 평균값, 중앙값, 최빈값이란 3개의 중심경향치가 항상 똑같은 값을 지니지는 않기 때문에 더더욱 주의해야 한다. 세 중심경향치는 서로 다를 수 있어 실제로는 자료를 대표하지 않는 값이지만, 우리의 의도에 맞는 값을 제시함으로써 상대를 속이는 데 사용될 수 있다. 이 세 값에 대해 알아보자.

평균값은 표본에 포함된 모든 자료의 산술적 평균값이다. 자료의 모든 값을 더해서 자료의 수로 나누면 평균값이 구해진다. 따라서 평균값을 구하는 식은,

$$\overline{X} = \frac{\Sigma x_i}{n}$$

여기에서 $\overline{X}$ 는 x_i의 평균값을 나타내는 전통적인 수학 기호이고,
x는 관찰값이며,
Σx_i는 모든 관찰값의 합이고,
n은 관찰의 수를 가리키며, 관찰의 수가 결국 자료 전체가 된다.

자료를 낮은 값에서부터 높은 값의 순서로 정리하면 중앙값을 쉽게 찾아낼 수 있다. 중앙값은 자료의 높은 쪽과 낮은 쪽을 정확히 절반으로

나누는 값이다. 관찰의 수가 홀수이면 중앙값은 정확히 한가운데 위치하며, 관찰의 수가 짝수이면 두 중앙 관찰값의 평균값을 구해 중앙값을 얻는다.

끝으로 최빈값은 표본에서 가장 자주 관측되는 값이다.

이해를 돕기 위해 예를 들어 설명해보자. 몬트리올 경찰청에 곤봉을 공급하는 여덟 업체의 곤봉값을 아래에 나열해보았다.

109달러

129달러

129달러

135달러

139달러

149달러

159달러

179달러

평균값은 아래의 계산으로 쉽게 구해진다.

(109+129+129+135+139+149+159+179)÷8=141

중앙값을 구하려면 위의 자료를 아래와 같이 정리하면 된다.

109+129+129+135+139+149+159+179

자료의 수가 짝수(8)이므로 한가운데에 위치한 두 개의 값(135달러와 139달러)을 취해서 더한 후에 2로 나누면 중앙값 137달러가 구해진다.

끝으로 최빈값은 한눈에 쉽게 구해진다. 가장 자주 관찰되는 값인 129달러이다.

앞의 예에서 세 중심경향치는 서로 크게 다르지 않다. 이런 경우는 일반적으로 정규분포에서 확인된다. 정규분포에서는 평균값, 중앙값, 최빈값이 거의 똑같기 때문이다. 이런 현상은 두 주사위를 던져 얻은 36개의 결과를 계산할 때도 확인된다. 그러나 항상 그렇지는 않다는 사실에 주의해야 한다. 때때로 세 중심경향치의 하나만을 부각시켜 속임수로 쓸 때가 있다. 우리가 세 중심경향치로 표현하려는 것은 자료 전체를 대표할 만한 특징이지만, 그렇게 선택된 중심경향치가 자료를 대표하는 특징을 정확히 반영하지 않기 때문이다.

예를 들어, 졸업생의 평균 연봉이 24만 2000달러라고 자랑하는 문예창작학과가 있다고 해보자. 그 정도의 연봉이라면 정말 굉장하다. 굉장하다 못해 유혹적이기까지 하다. 그러나 이런 평균 수치가 주어지면 자료를 보여달라고 요구해야 한다. 가령 졸업생 중 하나가 하키를 잘 해서 프로 팀에 스카우트됐다고 해보자. 그의 연봉이 400만 달러였다면 그의 연봉 때문에 평균값이 완전히 왜곡된다. 평균값은 극단적인 자료에서는 무척 민감하게 변하는 중심경향치이다. 이와 같은 경우에서는 다른 중심경향치를 신뢰하는 편이 낫다. 그럼 어떤 중심경향치를 택해야 하고, 그 이유는 무엇일까? 이 질문에 대한 대답은 다음의 요약에서 찾아진다.

> **중심경향치 요약**
>
> 평균값: 가장 자주 사용되는 중심경향치이다. 평균값은 어디에서나 존재하며, 자료의 모든 값을 고려한다. 그러나 극단적 자료에서 변동의 폭이 심하다.
>
> 중앙값: 중앙값도 자주 사용되지만 평균값만큼은 아니다. 중앙값도 어떤 경우에나 존재한다. 그러나 자료의 모든 값 자체를 고려하지는 않고,

몇 개의 값이 있느냐만을 헤아린다. 중앙값은 극단적인 자료에서도 크게 변하지 않는다. 따라서 극단적인 값이 있으면, 평균값보다 중앙값이 자료의 대표성을 띤다고 말할 수 있다.

최빈값: 최빈값은 아주 드물게만 사용된다. 특히 (이름으로 표현되는) 명목변수나, (제한된 수의 실제 값만을 갖는) 이산변수를 기술할 때 사용된다. 최빈값은 하나 이상일 수 있지만, 전혀 없을 때도 있다. 최빈값은 자료의 모든 값을 반영하지는 않는다.

세 중심경향치를 정확히 이해하고 적절하게 활용하는 법을 알아야 하는 중요한 이유를 설명하기 위해서 간단한 예를 들어보자. 마틴 가드너가 제시한 예를 인용한다.[13]

ZZZ는 볼펜을 만드는 회사이다. 경영진은 사장과 사장의 동생, 그리고 6명의 친척으로 구성되고, 직원으로는 5명의 감독관과 10명의 평직원이 있다. 사업은 순조로워서, 경영진은 신입사원 한 명을 채용하기로 했다. 폴이 지원했다. ZZZ의 사장은 폴에게 회사의 평균 월급이 6000달러라고 알려주고 수습 기간에는 1500달러의 월급을 주겠다고 덧붙였다. 따라서 수습 기간이 끝나면 폴의 월급이 신속히 인상될 것 같았다.

폴은 채용됐다. 그러나 며칠 후, 폴은 화난 얼굴로 사장을 찾아갔다.

"나한테 거짓말을 했습니다. ZZZ의 직원 중 누구도 2000달러 이상을 받지 못하더군요!"

"그렇지 않네."

사장은 이렇게 부인하고, ZZZ가 매달 지급하는 모든 직원의 월급 명세서가 쓰인 종이를 폴에게 건네주었다.

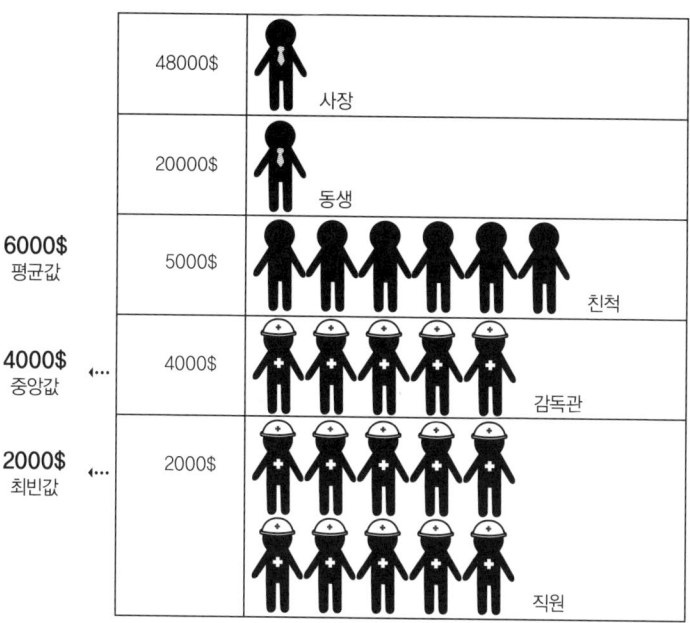

사장: 48000달러

사장의 동생: 20000달러

6명의 친척: 일인당 5000달러

5명의 감독관: 일인당 4000달러

10명의 직원: 일인당 2000달러

"명세서에서 보듯이, ZZZ는 매달 23명의 임직원에게 13만 8000달러를 월급으로 지급하네. 그러니까 평균 임금은 13만 8000달러 ÷ 23 = 6000달러네. 난 자네에게 거짓말을 하지 않았네."

그러나 폴은 비판적으로 생각하는 사람이어서 곧바로 반격에 나섰다.

"사장님이 사용하신 평균값은 중심경향치의 하나일 뿐입니다. 다른 중심경향치도 있습니다. 나한테 정직하려면 중앙값으로 말씀해주셨어야 합니다. 중앙값을 구하려면 모든 월급 목록을 금액이 적은 순서대로 작성하고, 한가운데 값을 취해야 합니다. 그게 중앙값입니다. ZZZ의 경우에 월급의 중앙값은 4000달러입니다. 나한테는 4000달러가 더 의미 있게 받아들여졌을 겁니다. 하지만 사장님이 정말 정직하게 말씀하고 싶었다면 나한테 최빈값을 알려주었어야 합니다. 최빈값은 집합에서 가장 자주 나타나는 값입니다. ZZZ의 경우에 월급의 최빈값은 2000달러입니다. 사장님은 나한테 2000달러라고 말씀해주셨어야 합니다."

"자네는 상당히 똑똑하군. 고용한 게 실수였어. 자네는 해고야!"

따라서 중심경향치가 사용된 경우에는 주의해서 듣고, 그 중심경향치의 선택이 합리적인가를 따져보아야 한다.

표준편차

비판적으로 생각하는 사람이라면 이런 중심경향치 이외에 산포도(dispersion)를 알아야 한다. 달리 말하면, 분포가 평균값을 중심으로 어떻게 분포돼 있는지 알아야 한다. 이런 산포도 중 가장 중요한 것이 표준편차(standard deviation)이다. 표준편차가 무엇인지 이해를 돕기 위해서 다음과 같은 상황을 예로 들어본다.

당신이 오염된 강에서 낚시를 한다고 해보자. 오염이 심해 그곳에서 잡은 물고기는 먹기에 적합하지 않지만, 일부는 위험하지 않다는 얘기도 들린다. 물고기의 오염도를 정규곡선에 따라 분포시켜보자. 볼펜 공장이 과거에 몰래 방류한 독극물이 7밀리그램 이상 잔류한 물고기는 인체에 위험하고, 강에서 서식하는 물고기들에 잔류한 독극물의 평균치는 4밀리그램이라고 할 때 당신이라면 강에서 잡히는 어떤 물고기라도 먹겠는가?

선불리 대답하기 전에 표준편차가 얼마인지 알아내야 한다. 표준편차가 평균값을 중심으로 독극물의 잔류량이 어떻게 분포되는지 말해주기 때문이다. 변동폭이 크다면 물고기를 먹을 때 위험하지만, 변동폭이 작다면 독극물의 잔류량이 평균값을 중심으로 모여 있다는 뜻이기 때문에 생각만큼 위험하지 않을 수 있다.

용어를 풀이하면, 표준편차는 평균값을 중심으로 자료의 분산 정도를 나타내는 수치이다. 전문용어로 말하면, 표준편차는 '분산'(variance)의 제곱근이다. 시그마(σ)라 불리며, 다음과 같이 표기된다.

$$\sigma = \sqrt{\frac{\sum (x_i - \bar{x})^2}{n}}$$

표준편차는 3가지 방법으로 계산된다.

첫째 방법이 가장 간단하다. 계산기만 있으면 되니까. 계산기 버튼만 누르면 표준편차가 쉽게 구해진다.

둘째, 계산기가 없어 손으로 계산해야 한다면 다음의 순서를 따라 표준편차를 구하면 된다.

1. 이미 계산해낸 평균값과 각 값의 편차를 구하라.
2. 각 편차를 제곱해서 그 값들을 더하라.
3. 그렇게 더한 값을 값의 개수로 나누어라. 여기에서 얻은 값이 분산이다.
4. 이 분산의 제곱근이 표준편차이다.

제대로 이해했는지 확인하기 위해 (2, 2, 3, 5, 7, 9, 14)로 이루어진 자료의 분산과 표준편차를 구해보라. 분산으로 16.57, 표준편차로 4.07을 구했다면 제대로 이해한 것이다.

셋째 방법은 근사치를 구하는 방법이지만, 상대적으로 쉽게 계산된다는 점에서 유용하게 쓰일 수 있다.

1. 모집단에 있는 가장 높은 값에서 가장 낮은 값을 빼라. 여기에서 얻어낸 값을 '범위'(range)라 한다.
2. 범위를 4로 나눈 값이 표준편차이다. 거듭 말하지만, 이렇게 구한 표준편차는 근사치에 불과하다.

표준편차는 무척 다양하게 활용된다. 특히 자료의 분포가 정규분포곡선, 즉 종형(鐘形) 곡선과 유사하면, 평균값과 표준편차를 이용해 중요한 정보들을 얻을 수 있다는 사실이 경험적으로 확인됐다. 실제로, 우리에게 제시되는 자료의 약 68.2퍼센트가 평균값을 중심으로 상하로 표준편차와 동일한 구간 내에 포함된다. 게다가 자료의 약 95.4퍼센트가 평균값을 중심으로 표준편차 2배의 구간 내에 포함되며, 표준편차 3배의 구간에는 자료의 99.8퍼센트가 포함된다.

이런 현상을 그림으로 표현하면 오른쪽과 같다.

달리 말하면, 평균값이 12이고 표준편차가 3일 때, 관찰값의 68.2퍼센트가 9부터 15 사이의 값을 갖는다.

다시 물고기 문제로 돌아가서, 표준편차가 1밀리그램이면 그 강에서 잡은 물고기를 먹어도 될까? 표준편차가 4밀리그램이면 어떻게 해야 할까?

통계자료는 자료를 서술하는 수준에 그치지 않고 분석까지 가능하게 해준다. 이런 작업에서 두 가지 도구가 지적인 자기방어를 위해 무엇보다

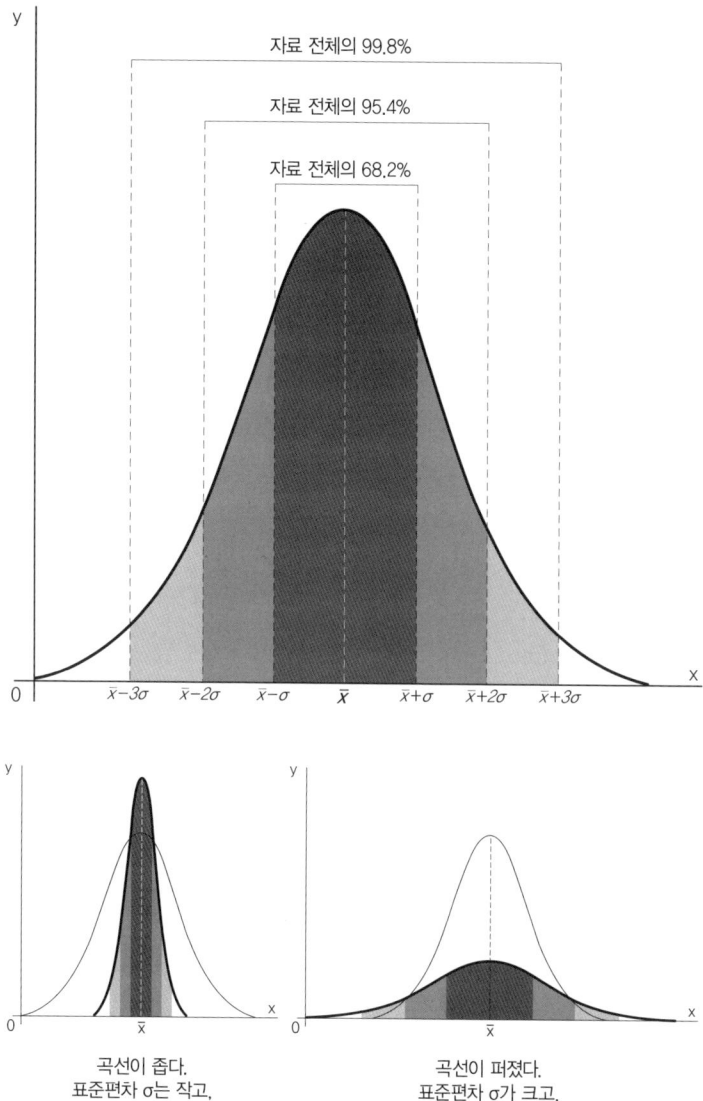

필요한데, 우리는 주어진 통계자료를 분석하고 평가하는 데 반드시 필요한 이 도구들을 알아두어야 한다. 하나는 자료 조사와 표본에 대한 판단이며, 다른 하나는 통계적 의존성(statistical dependence)이다.

X가 우리를 대표한다고?

통계학자는 자기만의 방법을 사용해서 흥미진진한 통계자료를 우리에게 제시한다.
– 마르셀 고틀립(프랑스 만화가), 「미친 서류」에서

통계학을 이용하면, 모집단의 일부를 조사해서 모집단의 특징을 추론해낼 수 있다. 이처럼 모집단에서 선택된 일부를 '표본'이라 한다. 표본의 구성과, 표본을 근거로 한 판단이 통계학에서 가장 중요하면서도 가장 폭넓게 활용되는 응용분야이다. 이미 짐작했겠지만, 우리는 실생활에서 '설문조사'라는 이름으로 이런 경우를 자주 경험한다.

이런 기법으로 어떤 문제를 해결할 수 있는지는 쉽게 짐작된다. 우리는 어떤 모집단의 특징을 알고 싶어 하지만 모집단은 대체로 엄청나게 크다. 하지만 비용과 시간 등 이런저런 이유로 모집단의 구성원 하나하나를 조사할 수 없기 때문에 표본조사라는 형식을 띠게 된다.

예컨대 한 국가의 유권자 성향을 알고 싶다고 유권자를 일일이 만나고 다닐 수는 없다. 또 어떤 공장에서 생산된 곤봉이 몇 개나 불량인지 알고 싶다고 생산되는 곤봉을 하나씩 조사할 수도 없다. 이런 경우에 통계학을 동원하면, 모집단을 대표하는 일부만을 조사해서 모집단 전체(모든 유권자, 한 공장에서 생산된 모든 곤봉)에 대한 판단을 합리적으로 내릴 수 있다. 모집단을 대표하는 일부가 '표본'이 된다.

우리가 수프를 한 숟가락만 먹어보고 그 수프에 대한 판단을 내리는 것도 표본에 대한 판단이다. 라발 지역 경찰청에서 발행하는 소식지의 기자가 여러 모델의 곤봉을 평가하는 것도 표본에 대한 평가이다.

표본의 구성은 통계학에서 중요하면서도 무척 복잡한 과제이다. 어떤 모집단에 대해 유효한 판단을 내리기 위해서는 표본이 그 모집단을 대표할 수 있어야 하기 때문이다. 무척이나 중요한 이 기준을 만족시키기 위해서는 표본이 충분히 크고 편향성을 띠지 않아야 한다. 한 방울의 수프로 솥 전체의 수프를 판단한다면 표본이 지나치게 적은 것일 수 있다. 그래서 큼직한 숟가락으로 수프를 맛보지만, 요리사가 방금 후추를 듬뿍 친 곳에서 수프를 맛보고는 후추 맛이 너무 강하다고 판단을 내린다면, 표본이 편향된 것이기 때문에 유효하지 않은 판단이 된다. 이처럼 표본이 양적으로 충분하더라도 질적으로 편향되었다면, 그 표본에서 추론한 자료는 신뢰할 수 없다. 미국의 잡지 《리터러리 다이제스트》의 일화가 이런 사실을 잘 설명해준다. 이 얘기는 너무나 유명해서 거의 모든 통계학 교과서에 인용될 정도이다.

많은 독자를 거느린 잡지였던 《리터러리 다이제스트》는 1920년대부터 대통령 선거가 있을 때마다 여론조사를 실시했다. 또 이런 조사에 근거해 예측한 결과가 정확히 들어맞기도 했다. 이 잡지사가 사용한 방법은 '비공식 여론조사'였다. 투표가 있기 전에 잡지사가 유권자들에게 가짜 투표용지를 보내면, 유권자들이 자신이 투표할 후보자를 표시한 후에 잡지사에 반송하는 방법이었다. 잡지사는 반송된 투표용지를 집계해 당선자를 예측했다.

잡지사는 매번 당선자를 예측해 발표했다. 잡지사의 예측은 맞았지만 정확하지는 않았다. 1920년의 선거에서 잡지사의 예측과 공식적으로 발표된 결과의 오차는 6퍼센트, 1924년의 선거에서는 5.1퍼센트, 1928년에는 4.4퍼센트, 1932년에는 가장 정확해서 오차가 0.9퍼센트에 불과했다.

이런 예측들은 평범한 수준을 벗어나지 못했으며, 엄청난 수의 가짜 투표용지를 발송한 행위에서 얻은 결과였다. 1920년에는 1100만 장, 1924년에는 1650만 장, 1928년에는 1800만 장, 1932년에는 2000만 장을 발송했다. 특히, 1932년에는 300만 명이나 답장을 보냈다.

1936년의 선거에서 잡지사는 1000만 장의 가짜 투표용지를 보내 230만 명에게 답장을 받은 결과를 근거로, 민주당 후보 프랭클린 D. 루스벨트의 경쟁자인 공화당 후보 알프레드 모스먼 랜던이 당선될 거라고 발표했다. 한편 젊은 심리학자 조지 갤럽은 4500명을 면담조사한 결과를 근거로 루스벨트가 당선될 거라고 예측했다. 실제 결과를 보니 랜던 후보가 36.6퍼센트를 득표한 반면에, 루스벨트는 60.8퍼센트를 득표해 미국 대통령 선거 역사에서 가장 큰 표차로 승리를 거두었다.

《리터러리 다이제스트》의 실패 이유는 곧바로 확인됐고, 우리는 그 실패에서 소중한 교훈을 얻었다. 잡지사의 표본은 컸지만 편향성을 띤 반면에, 조지 갤럽(여론조사 회사 갤럽의 창업자)의 표본은 훨씬 작았지만 편향성을 띠지 않았다는 사실이다. 잡지사는 구독자들과 전화번호부에서 무작위로 선택한 사람들에게 가짜 투표용지를 보냈다. 이 두 방법을 사용함으로써 잡지사는 상대적으로 부유하고 공화당 후보에게 투표할 성향을 띤 사람들을 상대적으로 많이 선택할 수밖에 없었다. 《리터러리 다이제스트》가 보수적 성향을 띠어 대부분의 구독자가 보수적이었던 데다가, 1936년에 집에 전화를 둘 만한 경제력을 지닌 사람들도 대다수가 보수지향적이었다.

여기에서, 모집단의 대표성을 띠는 훌륭한 표본은 양적인 면에서 충분히 커야 하고 질적인 면에서 편향성을 띠지 않아야 한다는 교훈을 얻게 된다. 표본의 크기를 결정하는 일은 수학적인 면만이 아니라 경제·사회적인 면과 기술적인 면까지 고려해야 하는 복잡한 문제이다. 그렇다면 훌륭한 표본은 어느 정도 커야 할까? 이 질문에 간단히 답할 수는 없다. 연구하려는 모집단, 목표로 하는 정확성의 정도, 예산과 질문 등 많은 요인에 따라 달라지기 때문이다. 대부분의 여론조사는 1000~2000명을 표본으로 사용하며, 실제로 이 정도면 충분하다. 여기에서 그 이유까지 명확히 설명하기는 힘들지만, 더 큰 표본을 사용해서 얻는 결과가 대체로 비용만큼의 정확도를 보이기는 힘들다.

편향되지 않은 표본을 수집하기 위해서는 선택 과정이 중요하다. 모집단에 속한 개체를 무작위로 선택해야 한다. 이때 가장 확실한 방법은 임의추출(random sampling)이다. 모집단 P에서 n만큼의 개체를 선택하는 과정을 생각해보자. n만큼의 개체로 이루어진 모든 표본이 가능하다고 보장해주는 절차가 임의추출이다. 이 경우에 각 개체는 다른 모든 개체와 똑같은 정도로 선택될 가능성을 지니며, 어떤 개체의 선택이 다른 개체의 선택에 어떤 영향도 끼치지 않아야 한다. 따라서 모집단에 속한 모든 개체의 목록을 작성한 후에 난수표를 이용해 표본을 선택하면, 표본을 임의추출한 것이다. 하지만 이 이론을 현실 세계에서 그대로 시행하기는 어렵다. 따라서 다른 표본 추출법이 개발됐다. 층화 표집(stratified sampling), 집락 표집(cluster sampling), 할당 표집(quota sampling) 등이 대표적인 예이다. 하지만 어떤 경우이든 표본의 개체들이 무작위로 선택돼야 한다는 기본적인 원칙은 준수돼야 한다. 이 원칙이 지켜진다면, 표본에서 추론된 통계적 분석은 모집단을 효과적으로 일반화할 수 있다. 그러나 이 원칙이 지켜지지 않는다면 이런 일반화는 타당하지 않다. 따라서 비판적으로 사고하는 사람은 표본에서 편향성을 찾아내는 기술을 제2의 천성으로 승화시키기 위해서라도 이 원칙을 반드시 알아야 한다. 또한 표본의 선택 과정에서 표본이 무작위로 선택되는 걸 방해하고, 그 결과로 표본이 모집단을 대표하지 못하는 모든 경우에 신경을 곤두세워야 한다. 이해를 돕기 위해서 몇 가지 예를 들어본다.

예 1: 라디오 방송국이 마리화나의 합법화에 대한 조사를 실시했다. 3636명의 청취자가 대답했고, 78퍼센트가 마리화나의 합법화에 찬성했다. 그 결과를 근거로 라디오 방송국은 조만간 마리화나가 합법화될 거라 주장하며, 정부의 행동을 촉구했다.

이 경우에 표본은 무작위로 추출된 것이 아니다. 표본이 그 방송국의 청취자들로만 이루어진 데다가, 마리화나의 합법화를 평소에 생각하고 있었기 때문에 적극적으로 방송국에 전화를 걸어 자신의 의견을 표명한 사람들로 이루어졌을 공산이 크기 때문이다. 따라서 이런 조사로는 모집단 전체를 대표하는 결론을 얻기 힘들다.

예 2: 수년 전 갤럽은 층화된 표본을 근거로, 대학을 다닌 미국민의 33퍼센트가 미터법을 모른다는 결론을 내렸다. 그러나 캘리포니아에서 발간되는 한 일간지는 자체 실시한 조사를 근거로, 그 신문 독자의 98퍼센트가 미터법을 안다고 발표했다. 신문에서 실시한 조사에 참여한 사람들은 신문에 실린 답지를 잘라서 신문사로 보내야 했다.

여기에서도 신문사의 조사는 편향성을 띤다고 말할 수 있다. 미터법을 모르는 사람은 여론조사에 응하지 않았을 가능성이 크기 때문이다.

예 3: 퀘벡에서는 보통 2000명을 선별해 '예'나 '아니오'로 답하는 여론조사를 실시한다. 조사는 거의 언제나 전화로 행해지며, 전화번호는 현재 등록된 전체 전화번호 목록에서 컴퓨터를 써서 무작위로 선택한다.

이런 방법이 일반적으로 여론조사에서 최선이라 여겨진다. 그러나 (가난한 사람이라고 모두 집에 전화가 없는 건 아니지만) 가난한 사람과 노숙자의 의견을 적절하게 반영하지 못하기 때문에 전화를 이용한 여론조사도 편향성을 띤다고 말할 수 있다.

따라서 훌륭한 조사는 백분율로 어느 정도까지 정확하다고 솔직하게 말한다. 예컨대 95퍼센트까지 정확하다는 조사는 5퍼센트의 오차범위를 갖는다. 이런 수치들은 표본 오차와, 조사의 신뢰구간을 가리킨다. 구체적으로 말하면, 동일한 순간에 동일한 질문이 주어진 어떤 모집단에서 추출한 표본의 95퍼센트가 표본 오차를 제외할 때 똑같이 대답할 거라는 뜻이다. 따라서 신뢰구간이 95퍼센트인 조사의 실제 결과는 주어진 값에서 5퍼센트를 더하고 뺀 값의 사이에 있다.

예를 들어 설명해보자. 1월에 실시한 여론조사에서는 대통령의 지지도가 53퍼센트였고, 3월에 실시한 동일한 조사에서는 56퍼센트였다고 하자. 이 조사의 신뢰구간이 95퍼센트라면 1월에 대통령의 지지도는 48~58퍼센트 사이가 되고, 3월에는 51~61퍼센트 사이가 된다. 따라서 두 번째 조사 결과를 근거로 대통령의 지지도가 상승했다고 언론에서 보도한다면 이런 부분을 곱씹어봐야 한다.

오차범위는 두 요인에 따라 달라진다. 하나는 표본을 추출하는 방법이고, 다른 하나는 질문을 제시하는 방법이다. 어떻게 질문해야 할까? 이제부터 이 문제에 대해 살펴보자.

좋은 질문은 모호하지 않고 편향성을 띠지 않아야 한다. 모든 응답자에게 똑같은 방식으로 물어야 하고, 누구나 똑같은 방식으로 이해하는 질문이어야 한다. 또한 누구나 대답할 수 있어야 하고, 누구나 진지하게 대답하겠다고 약속해야 한다. 말로는 쉽지만 실제로 이런 조건들을 충족시키기란 (여론조사를 위한 질문을 작성해본 사람이라면 알고 있듯이) 생각만큼 쉽지 않다. 이런 이유에서 훌륭한 조사를 위해서는 소규모 표본을 대상으로 질문들을 미리 시험하고, 필요하면 질문들을 다시 작성해야 한다. 비판적으로 생각하는 사람이라면, 질문에 은밀히 감추어진 편향성을 찾아내는 기술이 있어야 한다. 예컨대 경찰 노동조합은 응답자의 86퍼센트가 새로운 상표의 곤봉을 구입하는 데 찬성한다는 조사 결과를 보고 희희낙락할지 모르지만, 비판적으로 생각하는 사람은 질문을 보여달라고 요구해야 한다. 혹시 질문이 다음과 같이 제시됐을지도 모르기 때문이다.

"위험한 무정부주의자가 증가하고, 국가 질서를 바로잡는 데 새로운 곤봉이 보여준 효율성을 고려할 때, 경제적이고 인체공학적인 새로운 곤봉으로 낡은 곤봉을 교체하는 데 동의하는가?"

그러나 질문의 편향성을 인지하기는 일반적으로 쉽지 않다. 질문은 많은 요인에 의해 편향성을 띠기 십상이다. 모호한 질문, 사용된 용어, 알아내려는 정보의 성격, 조사자의 정체성 등이 질문에 영향을 끼치는 대표적인 요인들이다. 예를 들어 설명해보자. "《○○신문》을 읽습니까?"라는 질문은 언뜻 생각하면 명쾌하고 분명한 질문이다. 그러나 이 질문은 《○○신문》을 때때로 읽습니까, 자주 읽습니까, 매일 읽습니까, 처음부터 끝까지 읽습니까, 몇몇 기사만 읽습니까 등등 다양한 방향으로 해석될 수 있다.

"술을 많이 마십니까?"라는 질문의 대답도 응답자가 '술'과 '많이'를 어떻게 해석하느냐에 따라 달라질 수 있다. 이런 질문은 좋지 않은 질문이다. 주류 판매회사가 공식적으로 발표하는 수치와 비교해보면 그 결과가 터무니없이 낮을 것이 뻔하다. 대럴 허프가 인용한 한 조사에 따르면, 미국에서 선정적인 잡지인 《실화》(True story)보다 진지하고 무거운 잡지인 《하퍼스》를 구독하는 가구가 더 많다는 응답 결과가 나왔지만 두 잡지사의 판매 기록은 그와는 정반대였다.

몇 해 전부터 조사의 적법성, 특히 정치적 적법성을 두고 논쟁이 뜨겁게 달구어지고 있다는 사실을 지적하는 것으로 조사에 대한 얘기를 마무리하겠다. 행태와 지식 및 인구통계학적인 조사도 그렇지만, 특히 문제가 되는 것은 선거 전에 실시되는 여론조사이다. 여론조사와 '여론조사자'가 우리의 정치적인 삶에서 갖는 특권적 지위가 논쟁의 근원이다. 이 문제에 대해서 사회학자 피에르 부르디외는 조사의 전제에 논쟁의 여지가 있다고 지적했다. 모두가 어떤 의견을 갖고, 모든 의견이 동등한 가치를 지니며, "제기될 만한 문제에는 언제나 합의점이 있다."라는 전제가 문제라는 뜻이었다. 이런 관점에서 부르디외는 "조사에서 밝혀낸 여론은 순전히 작위적인 결과이다. 어떤 시기의 여론 상황은 힘과 긴장의 역학관계이고, 백분율만큼 여론의 상황을 표현하는 데 부적절한 것은 없다는 걸 감추는 것이 조사의 목적이다."라고 결론지었다.[14]

자료가 수집되면 통계학적 방법을 동원해서 그 자료를 분석하고, 자료에 담긴 특징들 간의 관계를 연구할 수 있다. 또한 어떤 특징들 간의 관계, 예컨대 가슴둘레와 허리둘레 간의 관계를 정확히 표현하기 위한 정교한 방법들도 개발됐다. 이런 기법들은 무척 유용하지만, 지나치게 복잡해서 여기에서 다룰 수는 없다. 하지만 두 가지 개념은 모두가 알아두어야 한다. 하나는 상관관계와 인과관계의 차이이고, 다른 하나는 평균값을 향해 회귀하는 재밌고 놀라운 통계학적 현상이다.

커피값과 강우량의 상관관계

'상관관계'(correlation)는 통계학에서 사용되는 전문용어로, 두 변수가 밀접한 관계에 있고, 두 변수의 값이 상호의존적인 경우를 가리킨다. 예컨대 가슴둘레는 허리둘레와 상관관계가 있다고 가정한다면, 충분한 자료를 수집해서 그 상관관계를 수학적으로 정확히 표현할 수 있어야 한다. 통계 작업에서는 이처럼 어떤 관계를 설정해서, 그 관계가 실제로 존재한다는 걸 입증하고 그 관계를 계량화하는 과정이 무척 중요하다. 그러나 앞 장의 '인과관계의 혼동'에서 보았듯이, 상관관계를 설정해서 증명했다고 인과관계까지 찾아냈다는 뜻은 아니다. 두 관계의 혼동이 비합리적인 착각의 주된 원인 중 하나이다. 거듭 말하지만, 통계자료에서 두 변수 A와 B가 상관관계에 있다는 게 확인됐다고 해서 두 변수 간에 반드시 인과관계가 성립되는 것은 아니다.

조금만 깊이 생각해보면, A와 B가 상관관계에 있다는 사실은 다음과 같이 다양한 뜻으로 해석된다는 것을 알 수 있다.

- A는 B의 원인이다.
- B는 A의 원인이다.
- A와 B는 우연히 밀접한 관계에 있을 뿐, 인과관계에 있지는 않다.
- A와 B는 제3의 요인 C의 영향을 받는다.

인과관계의 설정은 과학적 연구에서 가장 어려운 과제 중 하나이다.

이 문제는 뒤에서 다시 살펴볼 것이기 때문에, 여기에서는 A와 B가 인과관계에 있지 않고 단순히 상관관계에 있는 경우들만을 예로 들어보자.

직업학교와 대학교의 재학생을 상대로 한 조사에서, 대마초 흡연(A)이 평균 이하의 성적(B)과 상관관계에 있다는 사실이 확인됐다고 해보자. 대마초가 평균에 못 미치는 성적의 원인일 가능성은 있다. 그러나 평균 이하의 성적을 받아 대마초를 흡입했을 가능성도 있다. 또 사교적인 학생들이 대마초를 흡입하고 학교 성적을 등한시하는 경향을 띨 가능성도 배제할 수 없다.

퀘벡의 커피값은 퀘벡 지역의 강우량과 상관관계가 있을 수 있다. 그러나 둘 사이에서 인과관계를 찾기란 거의 불가능하다.

일부 지역에서 지붕에 둥지를 튼 황새의 존재는 그 집에 사는 아이들의 수와 상관관계가 있을 수 있다. 하지만 황새가 아이들이 많은 원인일 수는 없다. 많은 가족이 살려면 집이 상대적으로 넓찍해야 하고, 이에 따라 상대적으로 많은 황새를 끌어들일 수도 있다.

머리카락 수와 할머니의 연령 사이에도 상관관계가 있을 수 있다. 머리카락 수는 나이가 들면 줄기 마련인데 할머니는 나이가 많지 않은가! 하지만 둘 사이에 인과관계가 있다고 생각하면서, 할머니의 장수를 염원하는 마음에서 할머니가 대머리 되는 걸 필사적으로 막아보려 안달하는 사람이 있다면 세상에서 제일가는 멍청이일 것이다.

버트런드 러셀이 중국을 방문했을 때였다. 중국 승려들은 하늘의 개가 달을 삼키려 하기 때문에 월식이 일어나는 것이라 믿었다. 그래서 승려들은 월식을 막기 위한 제사를 올리며, 그때마다 커다란 징을 때렸다. 그 방법은 머나먼 옛날부터 효과가 있었던 것으로 여겨졌는데, 승려들은 징 소리가 하늘의 개를 쫓아내서 월식이 멈춘 것이라 믿었다. 상관관계와 인과

관계의 혼동에서 많은 미신이 생겼다는 사실이 이런 얘기에서도 확인된다. 평균값으로의 회귀 현상도 마찬가지다.

평균값으로의 회귀와 운동선수의 징크스

'평균값으로의 회귀'는 비판적 사고를 하기 위해서 주의 깊게 봐야 하는 통계학의 고전적 개념 중 하나이다. 많은 요인들에 의해 값이 변하는 두 변수가 불완전한 상관관계에 있을 때, 한 변수의 극단값(extreme value)이 다른 변수의 덜 예외적인 값과 상관관계를 갖는 경향을 띠는 현상을 가리킨다. 이런 현상은 지극히 정상적인 것이지만, 이런 관계를 제대로 모르면 두 변수를 원인과 결과의 관계로 잘못 해석하기 십상이다. 이런 이유에서 많은 미신이 생겼다.

평균값으로의 회귀 현상이란 개념을 정확히 정의해보자.

이 개념은 통계학이 탄생한 때부터, 즉 통계학의 개척자 중 한 명인 프랜시스 골턴(1822~1911)과 함께 시작됐다. 아버지의 키와 아들의 키 사이에 어떤 관계가 있는지 연구하던 골턴은, 마침내 '키가 큰 아버지에게서서 키가 큰 아들이 태어나고, 키가 작은 아버지에게서는 키가 작은 아들이 태어나는 경향이 있다.'는 관계를 찾아냈다. 이런 관계는 조금도 놀랍지 않은 당연한 사실의 확인에 불과한 것처럼 보였다. 그런데 골턴은 상당히 놀라운 사실도 알아냈다. 유난히 키가 큰 아버지에게서는 아버지보다 작은 아들이 태어나고, 유난히 작은 아버지에게서는 아버지보다 큰 자손이 태어나는 경향이 있다는 사실이었다. 이를 어떻게 해석해야 할까?

이 현상은 두 변수(아버지의 키와 아들의 키) 간의 불완전한 상관관계를 보여주는 전형적인 예이다. 많은 요인이 키를 결정하기 때문이다. 키는 아버지의 키는 물론이고 어머니의 키, 팔다리의 길이를 결정하는 많은 유전자, 당사자의 척추와 두개골, 환경과 영양 섭취, 운동, 또 그 밖의 많은 요인의 영향을 받는다. 한 사람이 기대를 넘어설 정도로 특별하게 크거나 작기 위해서, 즉 우리의 사례에서 극단값이 나오기 위해서는 이런 요인들이 무수히 많이 복합되어야만 한다. 우연의 법칙에 따르면, 이런 요인들의 조합은 예외적인 현상이다. 이 법칙은 이런 극단적인 사례들의 발생이 왜 덜 예외적인 사례들과 상관관계를 가지는 것처럼 보이는지 설명해준다. 즉 키가 큰 아버지에게서 그보다 작은 아들이 나오는 것처럼 극단적인 사례 뒤에는 덜 극단적인 사례가 나타나는 것이다. 이것은 예측 가능한 현상이며, 앞에서 말한 '평균값으로의 회귀'라 불린다.

비판적으로 생각하는 사람이 이 현상을 알 때 얻을 수 있는 이점(이런 현상을 제대로 구분하면 무엇보다 미신에서 벗어나는 데 도움이 된다)이 무엇인지 예를 들어 살펴보자.

운동선수들은 《스포츠 일러스트레이티드》의 표지에 실리는 걸 페스트만큼이나 무서워한다. 표지모델로 잡지를 장식한 후에는 경기력이 저하된다는 소문이 있기 때문이다. 사실 경기력 저하의 이유는 간단하다. 대개 뛰어난 경기력을 과시한 후에 그 잡지의 표지 모델이 되는데, 유달리 뛰어난 경기력은 많은 요인이 운 좋게 복합된 경우이다. 따라서 그 이후의 경기력은 그 수준에 못 미치기 십상이다. 요컨대 그 유명한 잡지의 표지에 실린 후에 경기력이 저하된다는 소문은 순전히 미신에 불과하다.

이쯤은 누구나 짐작하겠지만, '평균값으로의 회귀'라는 개념은 무궁무진한 분야에 적용될 수 있다.

이제 '시민 수학'의 개관에서 마지막 주제, 즉 삽화와 그래프에 대해 살펴볼 때가 됐다. 삽화와 그래프도 건전하지 못한 거짓말을 하는 데 빈번하게 사용되기 때문이다.

백 번의 거짓말보다 위험한 한 컷의 이미지

먼저 사실들을 신중하게 파악하라. 그런 후에야 당신이 원하는 대로 뒤틀어놓을 수 있으니까.
— 마크 트웨인

자료를 시각적으로 표현하기 위해서 삽화와 그래프가 종종 의도적으로 사용된다. 과학 논문과 경제 관련 보고서 및 미디어에서 눈에 띄는 현상이다. 삽화와 그래프는 정보를 신속하게 전달하기 위해 의도적으로 고안된 장치이기 때문에 어떤 속임수가 숨어 있는지 주의해서 봐야 한다. 삽화나 그래프에 왜곡된 정보가 담겨 있어도, 삽화로 표현된 정보를 우리 눈으로 직접 보았다고 확신하기 때문에 속임수를 찾아내기가 더욱 힘들다.

위험한 삽화

오른쪽의 삽화부터 시작해보자.[15]

이 삽화에서는 1달러 지폐의 크기가 가치의 감소폭에 비례해서 줄어든 것처럼 보인다. 하지만 한눈에 확인하기는 어렵지만 정확히 그만큼 줄어들지는 않았다. 따라서 바쁜 독자는 잘못된 결론을 내릴 가능성이 높다. 기사와 삽화를 적당히 보고 넘기는 독자의 경우에는 더더욱 그렇다.

이 삽화를 자세히 뜯어보자.

1달러 지폐의 길이가 달러 가치의 감소폭을 표현하는 데 사용됐다. 1958년의 1달러가 1978년에는 44센트의 가치밖에 지니지 못하므로, 1958년에 1달러로 샀던 물건을 1978년에는 거의 2달러를 지불해야 구입할 수 있었다. 그러나 삽화가가 지폐의 폭까지 줄여버려서, 1958년의 지폐 면적에 비하면 2분의 1이 아니라 5분의 1로 줄어들었다. 그림이 2차원이란 사실을 신중하게 고려했어야 했지만 삽화가는 그 점을 무의식적으

달러 가치의 감소

로 혹은 의도적으로 간과했다.

에드워드 터프티는 "수를 물리적인 크기로 바꿔 그림으로 표현할 때 실제의 양에 정비례해야 한다."라는 원칙을 제시했다. 삽화가 이 원칙을 어기면 거짓말을 한 셈이다. 이 원칙에서 크게 벗어날수록 터프티가 말한 '거짓말 지수'가 올라간다. 터프티의 원칙을 적용하면, 위에서 주어진 삽화의 거짓말 지수는 2.5가 된다.

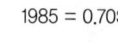 1980 = 1.00$

 1985 = 0.70$

 1990 = 0.56$

 1995 = 0.50$

2000 = 0.46$

1980년부터 2000년까지 1캐나다달러의 구매력
"Pouvoir d'achat du dollar canadien, 1980 à 2000" (1980년부터 2000년까지 1캐나다달러의 구매력)에서 인용.

이번에는 당신 차례이다. 아래의 삽화에 대해서 어떻게 생각하는가?

정보를 왜곡하지 않고 정확히 전달하는 삽화를 완벽하게 그려내기는 무척 어렵다. 과학적인 지식과 예술적인 재능만이 아니라 적절한 판단력까지 필요하다.

스티븐 캠벨의 책에서 인용한 다음의 예에서 삽화의 어려움을 실감할 수 있을 것이다. 아울러 우리가 경계해야 할 여러 덫까지도.[16]

1999년 트랄랄라 정부가 보건의료에 투자한 총예산이 72억 달러였고,

몰바니아 정부의 보건 예산은 304억 달러였다고 해보자. 비판적으로 생각하는 당신의 머릿속에서는 온갖 궁금증이 부글거리겠지만, 그런 의문들이 합리적이더라도 일단 접어두고 여기에서는 삽화로 표현된 숫자에만 초점을 맞추어보자. 두 나라의 보건예산을 그림으로 어떻게 표현할 수 있을까?

트랄랄라의 상황을 관례에 따라 72억 달러에 해당되는 축도로 다음과 같이 병원으로 그린다고 해보자.

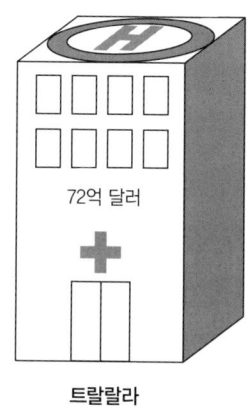

트랄랄라

이 그림을 기준으로 삼을 때 몰바니아의 상황은 어떻게 표현해야 할까? 몰바니아의 보건 예산은 304억 달러이므로 트랄랄라(72억 달러)보다 4.2배로 크게 그려야 하는 게 원칙이다. 따라서 배수에 해당되는 수만큼, 즉 4.2개의 병원을 그리면 된다. 이 경우에 올바른 해결책은 다음과 같다.

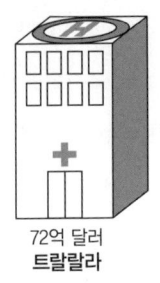

72억 달러
트랄랄라

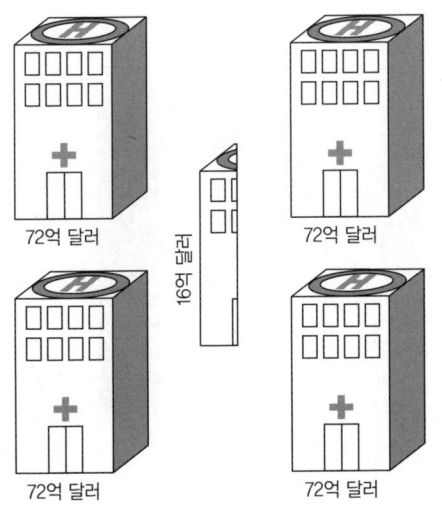

몰바니아

    이 정도면 만족스러운가? 섣불리 판단을 내리기 전에 독자를 고려해야 한다. 독자는 위의 그림을 보고, 몰바니아에는 트랄랄라에 비해 병원의 수가 4배나 많다고 잘못 생각할 수 있다. 독자가 이렇게 착각할 가능성 때문에 위의 그림은 만족스럽다고 할 수 없다. 따라서 몰바니아의 상황도 하나의 병원, 그러나 4.2배 큰 병원으로 그리는 방법을 생각해볼 수 있다.

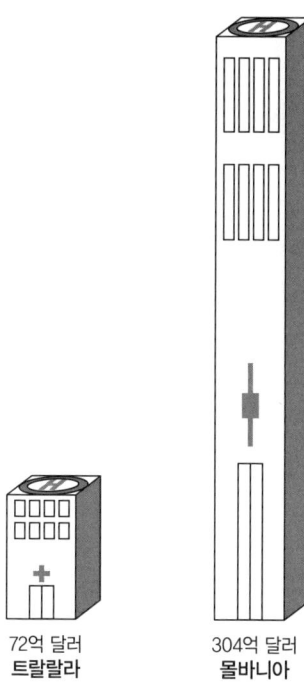

72억 달러
트랄랄라

304억 달러
몰바니아

이 그림에서 몰바니아를 표현한 병원은 이상하게 보여, 독자가 병원의 폭과 깊이에 문제가 있는 것으로 착각할 수 있다. 높이를 4.2배로 확대하면 폭도 4.2배, 깊이도 4.2배로 확대하는 것이 낫지 않을까? 그래서 다음과 같은 그림을 생각하게 된다.

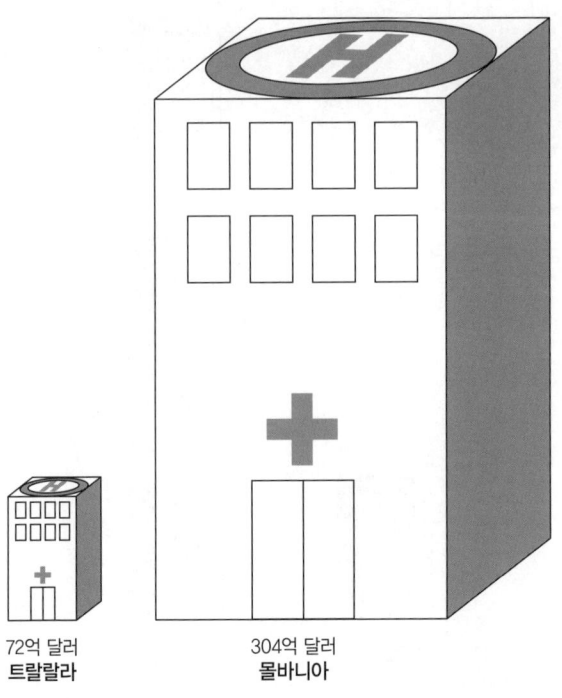

72억 달러
트랄랄라

304억 달러
몰바니아

그러나 이번에도 중대한 문제가 제기된다. 몰바니아를 상징하는 병원을 높이와 폭, 깊이 모두에서 4.2배로 확대한 까닭에, 결국에는 트랄랄라의 병원보다 74,088(4.2×4.2×4.2)배로 커졌다. 설명글에서 72억 달러와 304억 달러라고 덧붙이고, 예산이 4.2배라고 꼼꼼하게 설명해도 소용없다. 삽화의 효과가 훨씬 큰 데다, 74,088배나 크다고 완전히 다른 얘기를 하고 있기 때문이다. 선동가들이 자신의 생각을 알리기 위해서 이런 방법을 이용하기 때문에, 비판적으로 생각하는 사람이라면 이런 속임수를 경계해야 한다. 여하튼 두 나라의 보건 예산을 정확히 표현하려면, 몰바니아를 상징하는 병원을 4.2의 세제곱근, 즉 1.613이라는 인수로 확대시켜 그려야 한다.

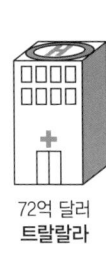
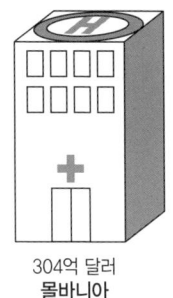

72억 달러
트랄랄라

304억 달러
몰바니아

훌륭한 삽화는 글에 생동감을 주며, 많은 양의 정보를 신속하고 효율적으로 전달할 수 있다. 그러나 삽화는 무서운 무기이기도 하기 때문에 비판적으로 생각하는 사람은 삽화가 적절한지, 축도가 정확하고 타당한지, 또 2차원이나 3차원으로 그려진 그림이 글이나 자료와 상반된 잘못된 인상을 전달하지 않는지를 항상 면밀하게 살펴야 한다.

방금 살펴본 예는 막대그래프를 이용하면 훨씬 간단하게 표현할 수 있다.

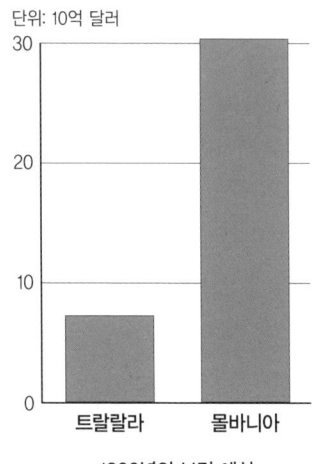

1999년의 보건 예산

그러나 모든 그래프가 그렇듯이 막대그래프도 신중하게 뜯어봐야 한다. 이번에는 그래프에 대해 자세히 살펴보기로 하자.

그래프 조작

그래프와 표를 이용하면 자료를 정확하고 종합적으로 표현할 수 있다. 물론 그래프와 표는 다양한 형태를 띤다.

훌륭한 표란 어떤 것이고, 그 안에 어떤 특징이 있는가를 보여주는 예부터 시작해보자.

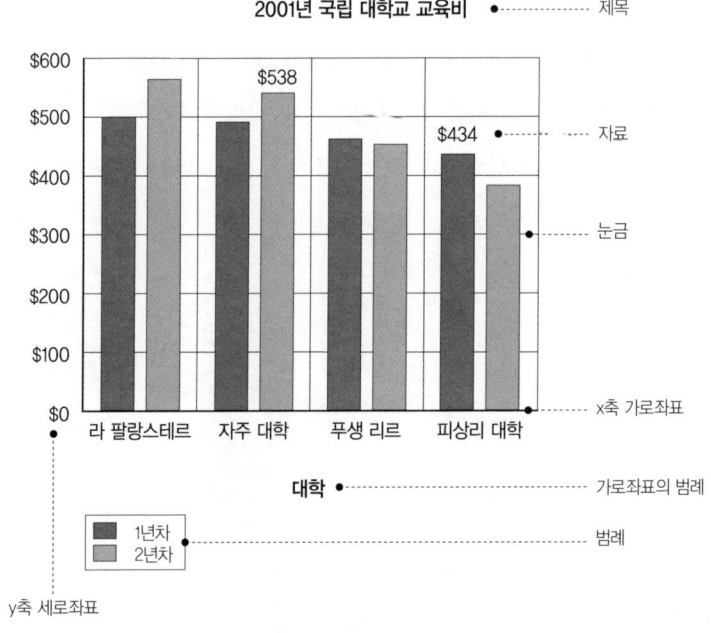

- 제목은 위의 표가 어떤 문제를 다룬 것인지 요약해서 우리에게 말해 준다.

- 수직 막대가 가리키는 내용을 말해주는 범례도 있다. 두 수직 막대는 구분하기 좋게 다른 색으로 표시된다.
- Y축에는 0에서 시작하는 뚜렷한 눈금이 있고, X축도 명확하게 구분되며 해당되는 집단이 분명하게 표시된다.

표나 그래프가 이런 기준에서 벗어나면 명확하지 않아, 잘못 해석되거나 잘못된 정보를 전달할 수 있다.

그래프에서도 독자를 의도적으로 속이기 위해 여러 방법이 동원된다. 따라서 비판적으로 생각하는 사람이라면 주된 속임수 기법을 알아두어야 한다.

왜곡된 정규분포곡선

어떤 현상이 정규분포곡선으로 표현되더라도 우리 의도에 따라 곡선을 잡아 늘릴 수도 있고 줄일 수도 있다.

일반적인 관례에 따르면, 정규분포곡선의 높이는 곡선 밑면 길이의 4분의 3에 맞추어야 한다. 이런 모형이 정규분포와 표준편차를 정확히 표현해준다.

이런 관례에 따르면 정상적인 정규분포곡선은 다음과 같은 모양을 갖는다.[17]

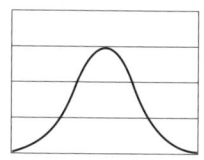

하지만 그림의 비율을 바꿔 높이가 밑면의 4분의 3을 넘게 만들면, 표준편차가 더 작다는 인상을 독자에게 줄 수 있다. 무척 유용하면서도 부정직한 방법이다. 이런 식으로 비율을 바꾸면 정규분포곡선이 아래와 같이 변한다.[18]

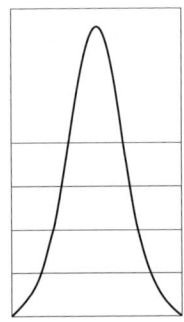

정반대의 인상을 주고 싶은가? 이미 짐작하겠지만 누워서 떡 먹기처럼 쉽다. 이런 경우에 정규분포곡선은 다음과 같이 변한다.[19]

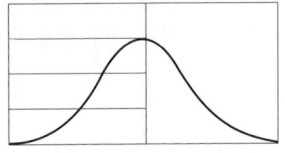

Y축을 조금 잘라내면…
다음 그래프는 어떤 나라가 12년 동안 교육에 투자한 예산을 정직하게 표현한 그래프이다.[20]

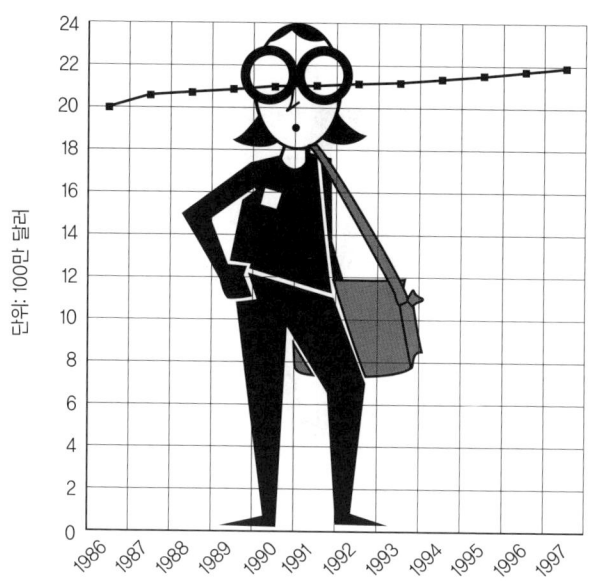

이 그래프에 약간의 조작을 가하면, 부주의한 독자들에게 사실과는 완전히 다른 느낌을 줄 수 있다. 가장 간단한 방법은 Y축에서 아랫부분을 없애버리는 것이다. 다음 그래프처럼 Y축의 원점을 0에 놓지 않으면, 그림의 전반적인 인상이 완전히 달라진다.[21]

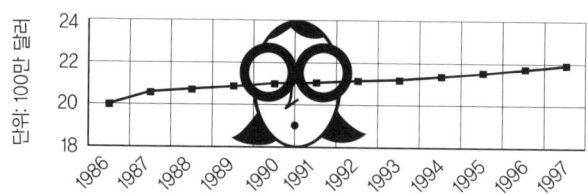

관점에 따라 다르겠지만 더 멋지게 보이도록 조작할 수도 있다. 앞에서 잘라낸 Y축의 간격을 확대하면 눈에 띄게 다른 효과를 빚어낼 수 있다. 어떤 선동가도 이런 효과를 가볍게 지나치지는 않을 것이다. 이렇게 해서

얻은 결과를 그래프로 표시하면 다음과 같이 된다.[22]

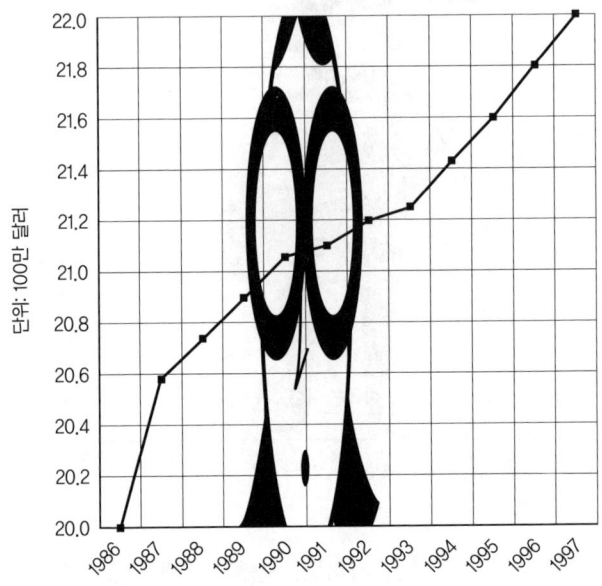

이런 속임수는 기업의 재무 상태를 발표하는 데 흔히 사용되며, 다양한 방법으로 행해진다. 따라서 그래프의 모습도 그때마다 달라진다. 자료들을 간단하게 축약시켜 표현하는 다른 방법들을 살펴보자.

예컨대 어떤 기업의 생산량 증가가 미미하다면, 경영진은 주주에게 그런 결과를 솔직하게 보여주기 민망할 수 있다.

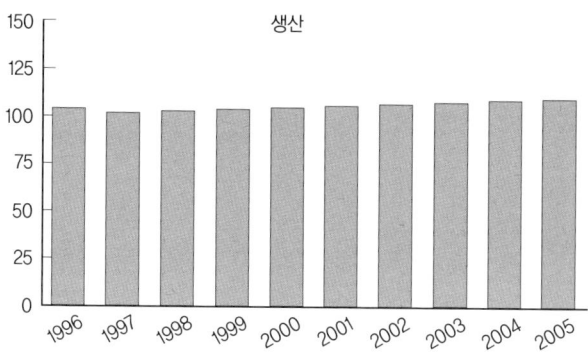

그러나 Y축의 아랫부분을 싹둑 잘라내고, 간격을 조절하면 그래프의 모양이 완전히 달라진다.

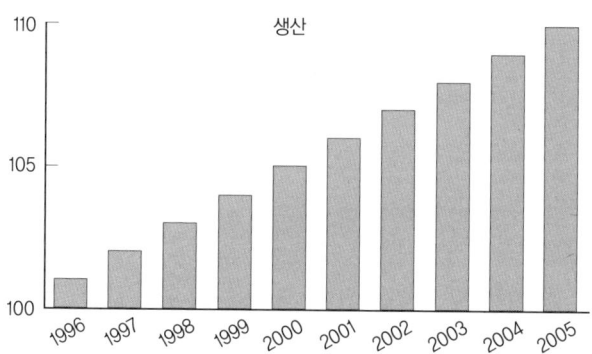

다음 예에서는 변수의 경향이 거의 고정된 것처럼 보인다. 아래의 그래프가 일정한 기간 동안의 판매현황이라면, 이런 결과가 이사회 임원들에게 달갑게 여겨질 리가 없다.

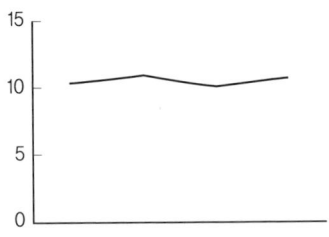

그러나 똑같은 결과를 두고도 Y축의 아랫부분을 싹둑 잘라내고 간격을 조절하면 완전히 다른 그림이 그려진다. 이 정도의 그림이면 어떤 경영자가 판매원들의 월급을 인상해주지 않겠는가?

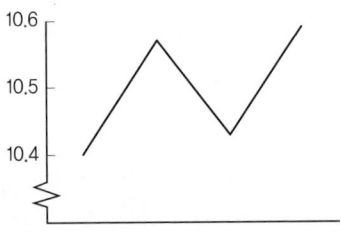

위의 그림에서 Y축의 아랫부분이 들쑥날쑥한 것에 주목해야 한다. 아랫부분이 들쑥날쑥한 Y축은 원점이 0이 아니라는 걸 뜻한다. 정직한 그래프라면 독자에게 알려야 할 최소한의 조건이다. 요컨대 들쑥날쑥한 선은 "주의해서 보기 바란다. 일반적인 원칙에 따른 그래프가 아니다."라고 독자에게 알려주는 신호와도 같다. 이런 신호가 주어지지 않고 Y축이 조작된다면, 정신을 바짝 차리고 그래프를 주시해야 한다. 눈앞에 주어진 그래프를 의심하고, 그래프를 설명하는 글을 주의해서 읽어야 한다.

지금까지 배운 것을 몇 가지 규칙으로 요약해 정리해보자.

황금규칙들

- 정보의 출처

    누가 자료를 만들었는가?
    자료를 제시하는 사람인가, 다른 사람인가?
    자료를 개인의 이름으로 만들었는가, 조직의 이름으로 만들었는가?
    그 조직의 평판은 어떠한가?
    조직이, 논의 중인 문제나 다른 감추어진 의제와 이해관계에 있는가?
    조직이 자료나 자료에 대한 해석, 아니면 둘 모두를 제공했는가?
    둘 모두인 경우, 자료를 만든 기관이 제시한 해석과 다른 해석을 주장하고 있는가?
    의식적이든 무의식적이든 자료의 해석이 편향성을 띠고 있는가?
    얼마나 많은 사례를 연구한 자료인가?
    그 사례들은 어떻게 수집했는가?
    그 정도이면 합리적인 결론을 내리기에 충분한가?

- 배경

    자료가 작성된 배경이 있는가?
    그렇다면 그 배경이 합당한가?
    논의 중인 주제에 대해 아는 것이 있는가?
    자료로 주어진 수치를 올바로 판단하기 위해 주제에 대해 더 많이 알아야 하는 것은 아닌가?
    같은 주제에 대해 다룬 다른 자료를 알고 있는가? 같은 주제이지만 다른 시기, 다른 지역에 대한 연구로 지금 주어진 자료와 비교해볼 만한 자료는 없는가?

- 자료: 질적인 면

    자료가 타당한가?
    자료가 완전한가, 아니면 중요한 무엇인가가 빠졌는가?
    어떤 해석에 유리할 수 있는 정보를 의도적으로 빠뜨렸는가?

수치화된 내용을 설명하기 위해서 어떤 단어들이 사용됐는가?
그 단어들이, 어떤 해석에 유리한 의미를 함축적으로 담고 있지는 않은가?
수치화된 동일한 자료로 합리적으로 다른 해석을 할 수 있는가?
우리에게 제공된 수치화된 자료와, 그 자료를 근거로 한 합리적인 해석(예: 인플레이션)에 이르기 위해서 고려해야 할 모든 요인들이 고려됐는가?
어떤 시기에 대한 자료들을 비교할 때, 비교하는 항목에 대한 정의가 일치하는가?
정의가 다르다면, 그런 차이가 합리적이고 타당하며, 계산에서도 고려되었는가?
측정되는 항목의 정의는 합리적이고 타당한가?
자료를 측정하는 데 사용된 방법이 믿을 만하고 정당하다고 결론지을 수 있는가?
결론이 적절하게 요약됐는가?
요약이 공정하게 보이는가?
자료를 고려할 때 결론을 받아들일 수 있겠는가?
결론이 타당하고, 문헌에서 일반적으로 인정하는 결론과 일치하는가?
그렇지 않다면 올바른 추론에서도 그런 색다른 결론이 도출될 것인가?
그렇다면, 결론이 애초에 주어진 질문에 적절히 대답하고 있는가?

- 자료: 양적인 면
  백분율로 주어질 때도 관련된 절대수가 제시되는가?
  백분율의 증감을 언급할 때마다 어떤 수를 기준으로 계산했는지 명확히 밝히는가?
  그런 변화에 대한 설명이 유일하게 가능한 설명인가?
  다른 설명도 가능한 경우가 고려됐는가?
  반드시 설명해야 할 현상이 있는가, 아니면 구태여 설명이 필요 없는 현상을 말하고 있는가?

최종적으로 표본은 어떻게 구성됐는가?
어떤 중심경향치가 사용됐는가?
중심경향치의 선택이 타당한가?
표준편차는 얼마인가?
자료의 최대값과 최소값은 명확히 제시됐는가?
인과관계가 입증됐는가?
인과관계가 어떻게 입증됐는가?
다른 요인들도 고려해야 하는가?
사용된 평가 도구를 고려할 때 결과로 얻은 정밀도는 합당한가?

- 그래프, 도표, 삽화
혼란을 일으킬 여지가 없는가?
설명 글과 일치하는가?
삽화들이 정확한 비례관계에 있는가?
Y축(혹은 X축)이 조작되지는 않았는가?

- 여론조사
어떤 주제에 대한 조사인가?
사람들이 그 주제에 정말로 관심을 갖는가?
어떤 대상을 연구했는가?
표본 추출과 조사 및 분석에서 어떤 방법이 사용됐는가?
조사가 언제 시행됐는가?
응답률은 얼마인가?
몇 사람이나 조사를 했는가?
그들에게 어떤 질문을 던졌는가?
질문이 명확한가?
질문이 편향적인가?
어떤 조건에서 어떻게, 어떤 순서로 질문이 응답자에게 제시됐는가?
불명확한 대답은 어떻게 처리했는가?

누가 조사를 의뢰했고, 누가 조사 비용을 지불했는가?
각 질문에 몇 사람이나 대답하길 거부했는가?
최종적으로 얻은 결과의 해석에 어떤 제한이 있는가?
위의 질문들에 어떤 대답을 얻느냐에 따라, '똑같거나 비슷한 여론조사가 전에도 있었나?', '그랬다면 결과가 무엇이었는가?' 등과 같은 의문을 품을 수 있겠는가?

3장 경험

기억은 사실과 다를 수 있음을 기억한다

비판적으로 생각하는 사람은 소수만이 인정하는 것도 받아들인다.
요컨대 우리는 인식과 기억을 습관적으로 믿어서는 안 된다.
– 제임스 E. 앨콕

여는 글

"내가 봤다, 내 눈으로 직접!"

우리는 흔히 경험을 근거로 어떤 믿음을 정당화한다. 어떤 것이 존재한다고 내가 말한다면, 내가 그것을 보았다는 것이 증거가 된다. 더 일반화하면, 우리는 오감으로 어떤 것을 경험했기 때문에 그것이 우리가 보거나 들은 대로 혹은 만지거나 맛보거나 느낀 대로 존재한다고 주장한다.

개인의 경험과 기억이 지식의 근원 중 하나라는 것은 확실한 사실이다. 또한 개인의 경험이 과학적 지식의 발전에 적잖은 기여를 하는 것도 분명하다. 게다가 오감으로 현실과 착각, 참과 거짓을 구분하며 세상에서 올바른 방향을 찾아가는 능력 덕분에 우리가 진화에서 커다란 이점을 누린다는 생각도 합리적인 것이다. 인간의 인식 기관이 유능하고 믿을 만한 장치여서 우리가 이 세상에서 효율적으로 행동할 수 있다고 생각하는 것은 상식에 가깝다.

그러므로 개인의 경험을 근거로 어떤 믿음을 정당화하는 것은 결코 터무니없는 짓이 아니다. "그가 살이 좀 쪘어. 내가 봐서 알아.", "그 마을은 여기에서 50킬로미터나 떨어져 있어. 내가 거기에서 와서 알아.", "그들은 제지공장을 세운 거야. 냄새를 맡아보면 알잖아!", "새 곤봉이 옛날 것보다 훨씬 나빠. 두 번 휘두르니까 지치더라고!"

그러나 개인의 경험만을 근거로 믿음을 정당화하는 건 위험이 없지 않다. 우리가 경험에서 얻는 지식이 제한적이기 때문이다. 체계적인 지식, 특히 과학적 지식과 비교하면 경험에서 얻는 지식은 극히 제한적이다. 사실 개인의 경험만으로 우리의 믿음을 확신할 수는 없다. 누구나 알고 있듯이, 감각이 우리에게 착각을 일으키고 기억이 실제로 있었던 일과 일치하지 않으며 판단이 잘못될 수 있다. 따라서 개인의 경험으로 믿음을 정당화하는 데는 한계가 있다는 걸 인정해야 한다.

이런 한계를 알지 못해 비합리적인 믿음이 우후죽순처럼 자란다고 말해도 과언이 아니다. 3장에서 우리는 '지각', '기억', '판단'이란 세 영역에서 비합리적인 믿음에 대해 살펴보려고 한다. 그러나 뒤에서도 확인하겠지만, 지각과 기억은 곧 판단이기 때문에 이런 구분은 편의상의 구분에 불과하다.

내가 정말로 본 것은 무엇인가?

지각(perception)은 구성 작용(construction)이다. 이 정의는 비판적으로 생각하는 사람들이 심리학에서 배운 가장 소중한 가르침 중 하나이다.

심리학자들은 지각이 일종의 구성 작용이란 걸 오래전에 증명했다. 덕분에 우리는 지식과 기대감, 특히 욕망이 지각에 어떻게 얼마나 관여하는지를 이해할 수 있게 됐다. 따라서 지각을, 외부 세계에 대한 언제나 믿을 수 있는 인식이 아니라, 외부 세계를 지극히 추상적으로 구성한 모델로 이해하는 편이 낫다.

이런 정의를 수월하게 이해할 수 있도록 시각의 지각을 예로 들어보자.[1]

붉은 사과를 지각하는 작용에 대한 신경학자 테렌스 하인즈의 연구 결과부터 살펴보자.[2] 정상적인 조건에서는 붉은색에 해당하는 파장이 사과에서부터 우리 눈까지 전달되기 때문에, 사과는 붉은색으로 인식된다. 그러나 조명을 바꿔 주변 조건을 변화시키면, 사과에서부터 눈에 전달되는 빛의 조합이 바뀐다. 그런데도 우리는 여전히 사과를 붉은색으로 지각한다. 왜 그럴까? 사과가 대체로 붉은색이라는 우리의 배경지식이 우리가 지각하는 것의 색을 결정하기 때문이다.

하인즈가 발표한 다른 연구 결과에서도, 지식이 색의 지각에 큰 영향을 준다는 사실이 확인된다. 상자 안에 사과를 하나 넣고 조그만 구멍을 뚫었다. 피실험자들은 그 구멍으로 사과를 관찰할 수 있었지만 상자 안의 물건이 사과인 줄을 알지는 못했다. 그저 색을 띤 표본으로만 알았다. 상자의 조명을 바꾼 후에 다시 관찰하게 하자, 피실험자들은 표본의 색을 다른 색으로 인식했다. 상자 속의 물건이 사과라는 걸 몰랐기 때문에 새로운 색을 올바로 인식했던 것이다. 요컨대 상자 속에 사과가 있다는 걸 모를 때, 우리 뇌는 사과의 일반적인 색에 대한 지식을 지각 과정에 개입시키지 못한다.

또 우리가 다가오는 물체의 크기와, 멀어지는 물체의 크기를 똑같은 크기로 인식하는 것도 구성 작용에 길들여진 결과이다. 망막이 받아들이는 형상들은 동일한 크기가 아니지만, 우리 뇌는 그 물체들을 동일한 크기로 판단한다. 브뤼노 뒤뷔크의 설명에 따르면,

> 시점(時點)과 거리와 조명의 변화에도 불구하고 익숙한 물체를 언제나 똑같은 모양과 크기와 색깔로 인지하는 경향을 '지각 항상성'(perceptual constancy)이라 한다. 물체들은 끊임없이 다른 상황에 있지만 우리는 망막에 도달하는 실제의 자극보다, 우리 기억에 새겨진 일반적인 형상에 가깝게 그 물체들을 지각한다. 이러한 지각 항상성 덕분에 우리가 야채

접시를 위에서 쳐다보든 어둑한 식당에서 정면으로 쳐다보든, 달리는 차에서 수십 미터 떨어진 커다란 간판에 그려진 그림을 곁눈으로 쳐다보든 똑같이 인식할 수 있는 것이다.³

착각을 일으키는 많은 멋진 그림들이 지각 항상성으로 설명된다. 위대한 삽화가들이 인간의 이런 속성을 놓치지 않았다는 증거이다.

> **곁눈으로 오렌지색 문을 보라**
>
> 색과 크기만이 아니라 위치와 형태에 대한 지각 항상성이 생기는 데 지식이 중요한 역할을 한다는 사실은 과학 연구로 설득력 있게 증명됐다. 테렌스 하인즈는 "뇌는 어떤 물체에 대해 이미 알고 있는 것을 고려한다. 따라서 감각기관을 통해 입력된 내용과 기존의 지식에 근거해 지각을 구성한다."라고 말하며, 다음과 같은 예를 들어 색의 항상성을 설명했다.
> "내가 여기에 앉아 글을 쓰는 동안, 왼쪽으로는 오렌지색 문이 살짝 열려 있다. 나는 곁눈으로만 문을 보지만, 문을 내 망막에 전달하는 빛이 망막에서 색 수용체가 없는 부분에 도달하더라도 나는 문을 오렌지색으로 분명히 지각한다. 그 문이 내게는 너무 익숙하고, 또 내가 그 문의 색을 알고 있기 때문에 내 뇌는 오렌지색을 지각한다. [……] 이런 현상은 지극히 단순한 것의 지각에도 지식이 큰 영향을 끼친다는 증거이다."
>
> 출처: T. Hines, *Pseudoscience and the Paranormal: A Critical Examination of the Evidence*, p. 170.

착시(錯視)는 오래전부터 알려진 현상으로 르네상스 시대부터 화가들이 체계적으로 연구해온 분야이다. 그런 만큼 재밌고 교훈적인 예들로 지각의 구성적인 특징을 잘 설명해준다.

형태심리학(Gestalt psychology) 덕분에, 우리가 지각을 정리해서 내용과 형태 등으로 분류하는 경향을 띤다는 건 오늘날 널리 알려져 있다. 내용과 형태가 불안정할 때 우리는 하나의 이미지에서 내용과 형태를 차례로 인식한다. 달리 말하면, 내용이 형태가 되고 형태가 내용이 된다.

아래의 그림이 좋은 예이다. 이 그림에서는 젊은 여인과 늙은 부인이 차례로 인식된다.

지각의 구성적인 특징은 아래의 그림에서 삼각형이 어떻게 나타나는가를 설명해준다. 요컨대 삼각형을 구성해내는 것은 우리 뇌이다.[4]

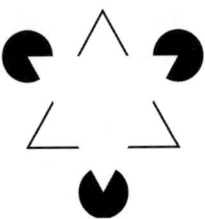

따라서 우리는 지각을 전반적으로 신뢰할 수 있지만 때로는 지각이 실수를 유도할 수도 있다는 사실을 인정해야 한다. 이에 대한 예는 얼마든지 있는데 대표적인 몇 가지만 살펴보기로 하자.

주관색을 빚어내는 원판

주관색(subjective color) 현상은 19세기부터 알려졌다. 구스타브 페히너가 1838년에 주관색을 연구한 덕분이지만, 내가 알기에 주관색 현상은 아직까지 완전히 설명되지 않는다. 그러나 그 현상은 누구나 쉽게 경험할 수 있다. 아래의 원을 복사해서 마분지에 붙인 후에 중심에 막대를 꽂아 빨리 회전시켜보라. 흐릿하고 뚜렷하지 않지만 분명히 다양한 색을 지각할 수 있을 것이다.

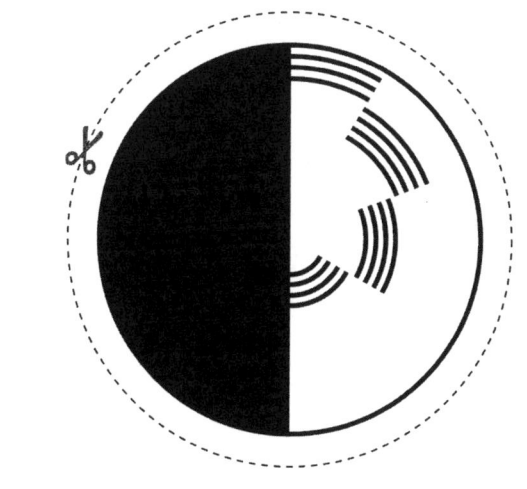

파레이돌리아: 화성 위의 얼굴

2004년 말, 플로리다에 사는 그레그와 다이애나 부부는 10년 전에 구운 치즈 샌드위치를 경매 사이트인 이베이에서 팔았다. 얼마에 팔았을까? 무려 2만 8000달러였다.[5] 부부의 눈에, 물론 경매에 참여한 사람들의 눈에도 이 치즈 샌드위치는 평범하지 않았다. 표면에 어떤 얼굴, 이른바 성모 마리아의 얼굴이 은은히 드러나 있었다.

이 얘기에 웃어야 할지 울어야 할지 모르겠지만, 이 일화가 모호한 형태와 불명확한 자극에서 어떤 모양을 인식해내는 인간의 놀라운 능력을 보여주는 사례인 것은 분명하다. 이런 환시와 착각을 파레이돌리아(pareidolia)라 한다. 파레이돌리아 현상을 찾으려고 멀리 갈 것은 없다. 어린 시절에 구름을 보고 온갖 형상을 떠올렸던 경험은 누구에게나 있을 것이니까.

또 다른 유명한 예를 들어보자. 1977년, 화성의 궤도를 비행하던 바이킹 탐사선이 한 해 전에 찍어 보낸 사진이 과학자 빈센트 디피에트로의 눈길을 사로잡았다. 그 사진에서 얼굴의 형상을 본 때문이었다. NASA(미국 항공우주국)는 그 현상이 자연침식 때문이라고 설명했지만, 디피에트로는 그 설명을 믿지 않았다. 디피에트로 이외에도 NASA의 발표가 중대한 발견을 대중에게 감추려는 증거라고 생각하는 사람이 많았다. (당신은 이런 생각에 어떤 오류가 있는지 알아낼 수 있겠는가?)

얼마 안 있어 화성의 얼굴이 지적인 생명체가 화성에 존재했다는 증거라고 대담하게 주장하는 사람들이 등장했다. 그들은 그 유명한 얼굴 주변의 바위 더미들을 피라미드와 도로, 심지어 도시의 잔해로 여겼다. 또 화성의 얼굴을 다룬 출판물이 쏟아졌고, 강연회와 '연구'도 잇달았다. 때로는 성경이 증거로 언급되기도 했다.

우리 지각의 구성적인 특징을 고려한다면 '화성의 얼굴'에서 섣불리 화성 문명의 증거를 찾으려 해서는 안 된다. 결론적으로 말하면, 무질서한 자료 더미에서 이런저런 이유로 눈길을 끄는 현상을 찾아내기는 쉽다. 그렇다고 그런 현상들을 반드시 그렇게 해석해야 하는 것은 아니다. 파레이돌리아 현상은 비판적 사고라는 소중한 도구만큼이나 화성의 신비로운 얼굴을 그럴듯하게 설명해준다.

박사가 사랑한 N선

> 앨리스가 말했다.
> "전 믿을 수 없어요!"
> 여왕이 애절한 목소리로 말했다.
> "왜 못 믿겠다는 거니? 다시 해보거라. 숨을 깊이 들이마시고 눈을 감고."
> ─ 루이스 캐럴, 「거울나라의 앨리스」

과학자라면 그런 하찮은 착각의 덫에 걸리지 않을까? 과학이 지각의 착각에 빠지지 않는 데 필요한 중요한 장치들을 제공하는 것은 사실이다. 그러나 과학자들도 자신의 이론이 옳다는 걸 증명하려고 주관적 인식을 남용하면 착각의 덫에 쉽게 빠져든다. 블롱들로 박사의 경우를 예로 들어보자.

19세기 말과 20세기 초는 물리학의 역사에서 유난히 많은 결실을 거둔 시기였다. 그 시기의 저명한 물리학자들, 예컨대 앙리 베크렐(1852~1908)과 빌헬름 콘라트 뢴트겐(1845~1923)은 많은 종류의 방사선을 발견하고 연구했다. 오늘날 널리 알려진 X선과 음극선이 대표적인 예이다.

1903년, 저명한 물리학자이자 낭시 대학교 교수이던 르네 프로스페르 블롱들로(1849~1930)는 N선을 발견했다고 발표했다. 그는 자신이 태어난 도시와 재직하던 대학교에 경의를 표하는 뜻에서, 새롭게 발견한 방사선을 N선이라 이름 붙였다. 그러나 블롱들로 박사와 N선에 대해 들어본 적이 없더라도 자책할 것은 없다. N선은 애초부터 존재하지 않았으니까!

이 일화를 대략적으로 살펴보자.[6]

블롱들로는 어떤 물질에서 방출되는 N선을 발견했다고 생각했다. 육안으로 분명히 보았기 때문이다. 그는 아주 간단한 장치를 개발했고, 그 장치로 N선을 알루미늄으로 피복한 물체에 쏘면 그 물체가 더 반짝거린다고 주장했다. 그러나 다른 과학자들은 그런 효과를 만들어내지 못했고 N선을 찾아내지도 못해, 곧 N선의 존재를 의심하기 시작했다. 그때 블롱들로는 로버트 우드라는 미국의 젊은 물리학자를 자신의 실험에 초대했고, 우드는 블롱들로의 실험실을 찾아갔다. 그의 실험실에서는 어떤 장면이 펼쳐졌을까?

N선을 방출하는 어떤 장치가 있다. N선을 알루미늄으로 피복한 물체에 쏘면, 그 물체의 광도(光度)가 눈에 띄게 증가한다. 블롱들로는 그런 광도의 증감을 육안으로 확인하고, 관찰을 근거로 N선의 존재 여부를 결정짓는다.

그 장치에 납종이를 끼워 넣는 실험이 시도됐다. 블롱들로는 납종이에 N선을 차단하는 효과가 있을 거라고 생각했다. 블롱들로는 우드에게 그 장치에 납종이를 설치하거나 제거하는 역할을 맡겼다. 실험은 어떻게 됐을까? 우드가 납종이를 설치했다고 말하자 블롱들로는 N선이 보이지 않는다고 말했다. 우드가 거짓말로 납종이를 설치했다고 말했을 때도 결과는 똑같았다. 또 우드가 거짓말로 납종이를 제거했다고 말하자 블롱들로는 N선이 보인다고 말했다. 결국 블롱들로는 N선이 보인다고 믿을 때 N선을 보았고, N선이 보이지 않는다고 믿을 때는 N선을 보지 못했다.

로버트 우드가 1904년 9월 29일 《네이처》(이 잡지는 그때에도 세상에서 가장 권위 있는 과학 잡지 중 하나였다)에 보낸 편지는 비판적 사고의 고전으로 여겨진다. 이 편지에서 우드는 위의 실험을 비롯해 블롱들로의 실험실에서 행한 실험들을 언급했다. 그 편지에서 모든 실험은 하나의 결론으로 귀결된다. 블롱들로는 '지각의 왜곡'(perceptive distortion)에 빠졌다!

마술을 배워야 하는 이유

쉽게 믿는 사람들을 교화시켜라. 그럼 사기꾼이 이 땅에서 사라질 것이다.
— 로베르 우댕(마술사)

초자연적인 힘을 지녔다고 주장하는 사람들을 검증하는 과학자들도 온갖 실수를 저지른다. 그런 실수들 중에서 가장 흔하지만 가장 쉽게 고칠 수 있는 것은 자신의 감각적 인식에 대한 지나친 자신감이다. 과학자들은 판단이 언제라도 기대치와 욕망, 지식과 믿음에 영향을 받을 수 있다는 사실을 전혀 고려하지 않는다. 또한 자연은 무한히 복잡해서 자연을 연구하는 학자들을 의도적으로 속이지 않지만, 인간은 완벽한 속임수를 쓸 수 있다는 사실도 고려해야 한다. 여기에서 학자들, 심지어 저명한 학자들까지 사기꾼에게 쉽게 농락당하는 이유가 설명된다. 따라서 마술을 조금 공부해두는 것도 지적인 자기방어를 위해 필요하다. 특히, 초능력을 지녔다고 주장하는 사람을 조사하는 학자라면 '초능력자'와 경쟁할 만한 능력을 갖추어야 하지 않겠는가.

남들이 재촉한다고 자신의 관찰만을 믿고 섣불리 결론을 내려서는 안 되는 이유를 분명하게 보여주는 예들을 살펴보자.

독심술사가 모임에 참석한 사람들에게 종이를 한 장씩 나눠 주며, 자신만이 알고 있는 비밀을 쓰라고 부탁한다. 잠시 후, 한 사람이 종이들을 걷어 아무도 못 보도록 꼼꼼하게 접는다. 그 후, 독심술사는 그들 앞에 앉아 종이를 펼치지도 않고 종이에 눈길조차 주지 않으면서, 종이 하나를 무작위로 집어 들고는 눈높이까지 들어올린다. 그리고 생각의 힘만으로 종이에 쓰인 글을 읽는 척한다. 하여간 정신을 집중하는 모습을 보여준다. 약간의 시간이 지난 후, 독심술사는 "여러분 중 어릴 적에 뽀삐란 강아지를 기른 사람이 있군요."라고 말한다.

그리고 독심술사는 그들을 쳐다보며 그 말이 맞느냐고 묻는다. 한 사람이 놀란 표정을 하고 손을 살며시 든다. 실제로 종이에 그렇게 쓴 사람이다. 독심술사는 종이를 펴서 자신의 예언이 맞았다는 걸 확인하고는 종이를 책상에 내려놓는다. 그리고 다른 종이를 집어 든다. 역시 꼼꼼하게 접힌 종이이다. 똑같은 과정이 되풀이되고, 독심술사는 그런 식으로 종이에 쓰인 비밀을 하나씩 맞혀간다.

독심술사의 그럴듯한 연기까지 더해져 꽤 설득력 있어 보이는 이런 장난은, 사실 독심술사가 보물처럼 여기는 어떤 원리를 이용한 속임수에 불과하다. 이른바 '한 걸음 먼저'라는 원리이다. 독심술사는 종이에 어떤 글이 쓰였는지 미리 알고 있다. 종이들을 미리 몰래 읽었거나, 방에 동업자가 있을 수 있다. 어느 쪽이든 상관없지만 여기에서는 동업자가 있다고 해보자. 물론 동업자의 종이는 다른 종이들과 구분돼야 한다. 그때부터는 모든 것이 간단하다. 독심술사는 종이를 처음 집어들 때 동업자의 종이를 집지 않도록 조심한다. 아무 종이나 집어 들고 뚫어지게 쳐다보면서, 동업자가 다른 종이에 쓴 비밀을 읽어냈다고 말한다. 예컨대 "여러분 중 어릴 적에 뽀삐란 강아지를 기른 사람이 있군요."라고. 동업자가 놀란 표정을 지으면서 그렇다고 말하는 동안, 즉 모두의 관심이 동업자에게 쏠린 동안, 독심술사는 그 종이를 책상에 내려놓고 거기에 쓰인 비밀, 예컨대 '곤봉 제작회사의 주식을 보유하고 있다.'라는 비밀을 재빨리 읽는다. 그 후, 독심술사는 그 종이를 책상에 덮어놓고 다른 종이를 집어 들고 다시 정신을 집중해서 읽는 척하며, "여러분 중에 어떤 회사의 주식을 갖고 있는 분이 있군요……어떤 회사인지 아직 분명하지 않습니다. 아! 알았습니다. 곤봉을 제작하는 회사입니다."라고 말한다. 이런 식으로 하나씩 읽어가며 동업자의 종이를 가장 나중에 택한다. 이렇게 공연이 끝난 후에 누군가 종이들을 보여달라고 하면, 금상첨화이다. 독심술사가 정확히 맞혔다는 걸 종이들이 확인해줄 테니까! 만약 당신이 이런 장난을 친구들 앞에서 행할 기회가 있다면, 한두 번쯤 실수하는 편이 낫다. 그래야 친구들이 당신을 더 믿어줄 테니까······.

이번에는 프랑스로 건너가서 다른 예를 찾아보자. 1989년 1월 27일 금요일로 거슬러 올라가보자. 프랑스 일간지 《니스 마탱》에 "믿기지 않는다! 익명의 점쟁이가 로또 복권의 당첨번호를 예언하다. 경찰관의 입회하에 신문사에서 개봉된 화요일 소인이 찍힌 편지에서, 익명의 점쟁이가 이튿날 추첨된 복권의 당첨번호를 정확히 예언하다."라는 기사가 실렸다. 이 놀라운 기사로 어떤 소동이 일어났을지 쉽게 짐작할 수 있을 것이다. 신문사는 빗발치는 질문에 사건의 경위를 자세히 밝혔다. 하루 전날, 한 기자가 '투시력실험. 경찰관의 입회하에 개봉하기 바람.'이라 쓰인 봉투를 받았다. 봉투를 개봉하는 현장을 지켜본 경찰관의 증언에 따르면, 봉투에는 '1989년 1월 24일, 16시 30분'이란 소인이 찍혀 있었다. 여하튼 그들은 봉투를 개봉했고, 편지에서 발송인은 자신의 투시력을 증명해 보이기 위한 실험이라며 어떤 경우에도 금전적인 이득을 위해 그 재능을 사용하고 싶지는 않다고 밝혔다. 그리고 이튿날 추첨된 로또의 당첨번호가 덧붙여졌다.

이 사건으로 대중의 관심이 들끓었지만 익명의 점쟁이는 모습을 드러내지 않았다. 그러다가 마침내 니스 대학교의 물리학 교수 앙리 브로슈가 자신이 그 고약한 장난의 장본인이라고 고백했다. 우리가 비합리적인 유혹에 얼마나 쉽게 넘어갈 수 있는지 보여주려는 교육적인 목적에서!

브로슈는 어떻게 그런 조작을 해냈을까?

봉하지 않은 봉투에, 아무런 흔적도 남기지 않고 뜯기는 접착용 라벨을 붙인다. 그 라벨에 당신의 이름과 주소를 쓰고, 그 봉투를 당신에게 보낸다. 24일에 접수했다는 우체국 소인이 찍힌 우표가 붙여진 봉투가 25일에 당신에게 배달된다. 그날 저녁이면 로또의 당첨번호가 발표된다. 당첨번호를 확인한 후, 당신의 투시력과 의도 및 '예언'을 설명하는 편지를 작성한다. 봉투에서 접착용 라벨을 떼어내고, 신문사의 주소와 기자 이름을 쓴 후 '투시력실험. 경찰관의 입회하에 개봉하기 바람.'이라고 덧붙인다. 마지막으로 편지를 봉투에 넣고 봉투를 봉한 후에, 기자의 편지함에 직접 갖다 넣으면 끝!

브로슈가 이 장난으로 증명하려 했던 것이 무엇일까? 그의 표현을 빌리면, '도어매트 효과'(doormat effect)이다. 우리가 어떤 단어를 사용할 때마다 습관에서든 어떤 다른 이유에서든, 그 단어가 가리키는 것이 아닌 다른 것을 가리키는 현상을 뜻한다. 예컨대 안내판에는 "도어매트에 발을 닦으세요."라고 쓰여 있지만, 누구도 발을 닦지는 않는다. 신발을 닦을 뿐이다. 입회 경찰관은 편지가 아니라 봉투(1차 도어매트 효과)에 찍힌 소인(발송되지도 않았다 ─ 2차 도어매트 효과) 날짜를 확인했다는 점에서 이중 도어매트 효과의 피해자였다.

마지막 예로 텔레파시 능력을 발휘해보자. 당신은 관중들에게, 수 킬로미터 떨어진 곳에 사는 친구 피에르와 텔레파시로 교감을 나눌 수 있다고 공언한다. 그 능력을 증명하기 위해, 당신은 피에르에게 카드의 숫자를 전달하겠다고 제안한다. 관중석에서 누군가가 카드 한 벌을 당신에게 갖다준다. 누구에게도 의심받지 않을 만한 사람에게 카드 하나를 선택하게 하고, 카드의 선택 과정을 관중들에게 원하는 대로 지켜보게 한다. 그래서 클로버 3이 선택됐다고 해보자. 당신은 정신을 집중하고 텔레파시를 보낸다. 이제 피에르에게 전화를 걸 차례가 됐다. 그 역할도 관중에게 맡긴다. 피에르 오제르에게 전화를 걸라고 부탁한다. 전화를 받은 피에르는 지체 없이 "클로버 3!"이라 대답한다. 환상적인가? 비밀을 알고 나면, 조금도 놀라울 게 없다.

그때까지 전화를 받을 사람은 이름으로만 알려졌고, 카드가 선택된 후에야 당신은 그 친구의 성(姓)을 밝힌다. 여기에 비밀이 있다. 전화를 받을 사람과 당신은 52장의 카드에 해당되는 성(姓)을 미리 정해두었다. 피에르 오제르는 클로버 3, 피에르 라플뢰르는 하트 3…….

이 속임수를 변형시킨 기막힌 마술도 있다. 마술사가 텔레파시를 받은 사람에게 직접 전화를 거는 방법이다. 관중이 지켜보는 앞에서 마술사가 전화기를 들고 번호를 누른다.

"피에르? 잠깐만."

그리고 마술사는 관객 중 한 사람에게 전화기를 넘긴다. 그리고 피에르가 텔레파시로 받은 카드의 번호를 관객에게 말한다.

이 마술에 어떤 비밀이 있는지 짐작할 수 있겠는가?

마술사가 전화번호를 누르자, 피에르의 집에서 전화벨이 울린다. 피에르가 곧바로 전화를 받는다('실험'이 있다는 걸 미리 알고, 전화를 기다리고 있었다는 증거이다). 피에르는 전화기를 들자마자 카드의 번호를 약간의 간격을 두고 말하기 시작한다. 1, 2, 3……킹까지. 피에르가 올바른 카드의 숫자를 말하면, 마술사는 피에르의 말을 끊고 "피에르?"라고 말한다.

그때부터 피에르는 카드의 그림을 하나씩, 역시 약간의 간격을 두고 말하기 시작한다. 하트, 다이아몬드, 스페이드, 클로버. 피에르가 올바른 그림을 가리키면, 마술사는 "잠깐만."이라 말한다.

이쯤 되면, 많은 사람이 정말로 텔레파시 능력을 두 눈으로 직접 보았다고 생각한다. 초능력자와 사이비 과학자, 혹은 이와 유사한 사람들의 터무니없는 주장을 세상 사람들이 믿는 데 마술사가 큰 기여를 했다. 처음에는 로베르 우댕이 그 역할을 맡았고, 해리 후디니가 그 뒤를 이었다. 요즘에는 제임스 랜디와 펜 앤 텔러가 전통을 이어가고 있다. 처음 세 사람은 마술에 대한 책들을 발간했고, 펜 앤 텔러는 재미있는 지식을 전달하는 텔레비전 시리즈 〈허튼소리〉(Bullshit)를 제작하기도 했다.

콜드 리딩

'콜드 리딩'(cold reading)은 생면부지인 사람의 마음을 읽어내는 놀라운 기술들을 가리킨다. 이런 기술들을 지닌 사람은 처음 보는 사람들에 대해 속속들이 알고, 그들의 은밀한 비밀도 추측해내며, 그들의 계획과 의도를 정확히 예측하고, 그들의 성격까지 정확히 말하며, 그들과 가까웠지만 세상을 떠난 사람들과도 교감을 나누는 것처럼 보인다.

이런 놀라운 재주를 지닌 사람들은 마술사나 영매라는 이름으로 극장에서 활동한다. 물론 그들은 속임수라는 걸 밝히지 않고 무대에서 공연하며, 이런저런 기법을 활용해서 그들에게 주어진 놀라운 능력을 과시한다는 착각을 사람들에게 안겨준다.

한편, 어떤 속임수도 쓰지 않는다고 단언하면서 똑같은 경험을 우리에게 선사하는 사람들도 있다. 예컨대 그들은 그런 재능이 자신들의 눈에도 신비롭게만 보이지만, 실제로 죽은 사람들과도 얘기를 나눌 수 있다고 말한다. 별자리나 손금 혹은 카드를 읽어 사람의 운명을 점친다는 사람들도 있다. 한마디로 그들 모두는, 뭔가를 너무 쉽게 믿는 인간의 속성과 때로는 인간의 불행까지도 이용해 돈을 버는 사람들이다. 하지만 그들이 정말 그런 신비로운 능력을 지녔을까? 이런 질문은 우리에게 'X는 없다.', 'X는 존재하지 않는다.'라는 부정의 존재론적 명제를 증명하라는 것이다. 이런 증명은 어렵기도 하거니와, 엄격하게 말하면 논리적으로 불가능하다. 하지만 그 특별한 '능력'을 언급하지 않고도 지극히 평범한 방법으로 얼마든지 똑같은 효과를

낼 수 있다. 또한 우리에게 알려진 그런 방법들을 사용할 수 없는 다른 환경에서도 그들이 똑같은 능력을 발휘할 수 있는지를 확인해볼 수도 있다. 설령 그런 환경에서도 그들이 놀라운 능력을 과시했다 하더라도, 이는 그들이 평소의 방법을 사용하지 않았다는 뜻일 뿐 그 결과가 그들에게 초자연적인 능력이 있다는 증거는 아니다. 그들의 속임수를 더 철저하게 조사해야 한다는 뜻이다.

그렇다! 마술사들이 '콜드 리딩'으로 조작해내는 일들을 자신은 정말 자유자재로 할 수 있다고 주장하는 사람들, 예컨대 죽은 사람들과 정말로 얘기를 나눈다고 주장하는 사람들이라면 금방이라도 백만장자가 돼 그 능력을 입증해 보이면 된다. 무얼 망설이는가? 마술사 제임스 랜디는 제임스 랜디 재단을 통해, 모두가 지켜보는 앞에서 자신이 초능력이나 초자연적인 능력을 지녔다는 걸 입증해 보이는 사람에게 100만 달러를 주겠다고 발표했다. 죽은 사람과 얘기를 나누고, 콜드 리딩 기법으로 만들어내는 효과와 비슷한 효과를 만들어내는 사람도 100만 달러에 도전할 수 있다. 재단의 회원들이 지켜보는 앞에서 시험이 진행되고, 그들에게 인정을 받아야 한다. 랜디는 자신의 웹사이트에서 다음과 같이 밝히고 있다.

"도전자는 상대적으로 쉬운 문제로 예비 시험을 치르게 된다. 그 시험을 통과한 도전자만이 공식 시험에 도전할 수 있다. 예비 시험은 도전자가 거주하는 곳에서 활동하는 우리 재단의 회원이 맡는다. [……] 지금까지 한 사람도 예비 시험조차 통과하지 못했다."
(제임스 랜디 재단의 홈페이지는 http://www.randi.org이다.)

다시 콜드 리딩으로 돌아가자. 기본적인 원칙은 다음과 같다. 콜드 리더는 먼저 막연하고, 심지어 모순되는 말을 건넨다. 이렇게 미끼를 던지면서 중요한 사실들(예컨대 그는 어떤 해에 가장 유행했던 남녀의 이름, 어느 집에나 하나쯤은 있는 물건들 등에 대해 알고 있다), 자신에게 도움을 청하는 사람이 중요하게 여기는 문제들(돈, 사랑, 건강, 죽음 등)에 접근한다. 또 상대의 외모와 태도와 어법 등에서 찾아낸 실마리들에 대해서도 언급한다. 상대의 반응을 면밀하게 관찰하고 재치 있게 해석해가며 콜드 리더는 말을 조금씩 수정하고 다듬는다. 끝에 가서 상대는 정확히 맞힌 말만을 기억하고 실패한 건 기억하지 못한다. 따라서 상대는 모든 정답을 자기의 입으로 말한 셈이고, 콜드 리더는 그렇게 끌어낸 정답으로 '독심술'이란 재능을 입증해 보인다. 공연하기 전에 관중들 사이를 돌아다니면서 또는 동업자를 관중 사이에 잠입시켜 그들의 말을 엿듣게 하는 등의 방법으로, 콜드 리더가 읽어내는 척하는 정보를 미리 확보하는 경우도 있다. 이런 경우는 콜드 리딩이 아니라 '핫 리딩'(hot reading)이란 명칭이 더 적합하다.

랜디는 죽은 사람들과 얘기를 나눈다는 콜드 리딩을 분석한 후에 다음과 같은 예를 들어 설명했다. 여기에서는 랜디의 설명을 더 쉽게 풀어 썼다.

콜드 리더: 지금 나는 나이 든 노인을 만나고 있습니다.
 (상대의 반응을 끌어내기 위한 일종의 질문이다. 은근한 의견 제시이고 미끼이다. 상대는 자신의 생각을 말한다. 이름이나 성을 말하거나, 그 사람의 위치에 대해 말한다. 그의 아버지나 그의 형일 거라고. 결국 그런 정보를 제공하는 사람은 콜드 리더가 아니라 그 자신이다.)
콜드 리더: 나한테 자기가 밥, 아니 로버트라고 말하는군요. 뭔가 짚이는 게 있습니까?
 (이 말도 미끼이다. 실제로 로버트란 사람이 있다면 상대는 콜드 리더의 말을 확인해주며 다른 정보까지 보태줄 것이다. 그렇지 않다면 콜드 리더는 자신이 죽은 사람의 이름을 정확히 알아낼 거라는 기분을 상대에게 안겨주면서 낚싯밥을 계속 던진다.)
콜드 리더: 당신 남편은 병원에서 오랫동안 투병한 후에 죽었나요, 금방 죽었나요?
상대: 별로 고생하지 않고 죽었습니다.
콜드 리더: 그렇군요. 그래서 그 사람이 '나는 힘들지 않았어. 고통을 느낄 틈이 없었지.'라고 나한테 말하는 거군요.
 (교묘하면서도 영리한 말솜씨이지 않은가? 소중한 사람을 잃은 상실감에 빠진 사람에게 따뜻한 위안까지 주는 말이다.)

출처: James Randi, 'The Art of Cold Reading', http://www.randi.org/library/coldreading/.

콜드 리딩은 상대가 열렬히 믿고 싶어 하는 가정만을 확인해주는 선택적 사고(selective thinking)와 포러 효과(Forer effect, 209쪽 참조)를 이용한다. 콜드 리딩이란 기법은 무척 단순해서 말로 설명하기는 쉽지만, 능수능란하게 사용하기는 무척 힘들다. 하지만 그 효과가 대단하기 때문에, 콜드 리딩을 그럴듯하게 구사하는 사람들에게는 특별한 능력이 있는 거라고 많은 사람이 생각한다.

콜드 리딩을 깊이 다룬 좋은 책들이 꽤 있다. 예컨대 이언 롤랜드의 『콜드 리딩의 처음과 끝』은 저자의 웹사이트 http://www.ianrowland.com에서 구할 수 있다. 콜드 리딩 전문가인 롤랜드는 여기에서 자신의 비밀을 살짝 밝히기도 한다. 콜드 리딩에 능숙한 사람들과 직접 얘기를 나누어볼 수도 있다. 이른바 투시력을 지녔다며 전화로 서비스를 제공하는 사람들에게 전화를 거는 방법인데, 시간당 120달러를 지불해야 한다. 그에 비하면 롤랜드의 책값이 훨씬 싸다.

나는 내가 지난여름에 한 일을 알고 있다?

기억은 판단을 방해하는 난공불락의 적이다.
- 베르나르 퐁트넬

믿음이나 기억을 바꾸는 행위가 그 이후의 행동과 생각에 커다란 영향을 끼칠 수 있다는 게 연구 결과로 밝혀졌다. 우리가 기억을 바꾸면 그런 변화가 우리를 변화시킨다.
- 엘리자베스 로프터스

과거의 기억은 과거를 기억하라고 있는 것이 아니다. 미래를 대비하기 위해 존재하는 것이다. 기억은 미래를 예측하는 도구이다.
- 알랭 베르토즈

    피실험자에게 단어의 목록을 암기하라고 요구하는 등 기억에 대한 연구는 그동안 많이 있었다. 비교적 최근에, 특히 20세기의 끝자락에는 인지심리학(cognitive psychology)의 영향을 받아 기억에 접근하는 새로운 방법들이 개발됐다. 이런 새로운 방법들 덕분에 기억과, 기억이 기능하는 방식에 대한 중대한 사실들이 발견됐다. 뒤에서 다시 다루겠지만, 이런 성과들은 실생활에도 깊숙이 개입한다. 따라서 지적인 자주성을 지키고 싶은 사람이라면 이런 성과들을 모르고 넘어가서는 안 된다. 단도직입으로 말하면 기억은 구성적인 힘을 지녔으며, 우리의 기대감과 욕망 및 믿음과 지식이 기억에 영향을 끼칠 수 있다.
    이 분야의 개척자인 엘리자베스 로프터스는 눈에 띄는 업적을 많이 남겼다. 로프터스의 연구 결과부터 먼저 대략적으로 살펴보자.[7]

로프터스는 처음에 증언, 예컨대 어떤 범죄나 사고를 목격한 사람의 증언을 집중적으로 연구했다. 그녀는 교통사고 필름을 피실험자들에게 보여준 후에, 그들이 본 장면에 대해 여러 방식으로 질문했다. 그런데 질문을 어떻게 하느냐에 따라 피실험자들의 대답이 눈에 띄게 달라졌다.

예컨대 "자동차들이 서로 부딪쳤을 때 어느 속도로 달리고 있었는가?"라고 다소 중립적인 관점에서 물었을 때보다 "자동차들이 충돌할 때 얼마나 빨리 달리고 있었는가?"라는 질문에 피실험자들은 속도가 더 빨랐다고 대답했다. 게다가 두 번째 질문 후에는 더 많은 피실험자가 유리까지 깨진 걸 보았다고 증언했다. 하지만 실제로 깨진 유리는 없었다.

그 이후의 다른 연구에서도 밝혀졌듯이, 피실험자들이 실험의 조건을 눈치채지 못했을 때 실험자가 정보를 어떻게 전달하느냐에 따라 기억이 크게 왜곡될 수도 있다. 정보를 약간 비틀어 제공한 실험의 결과는 다른 학자들의 연구에서도 확인됐다. 이런 현상을 요즘에는 '오정보 효과' (misinformation effect)라 칭한다. 여기에서는 오정보 효과를 자세히 다룰 수 없으니, 엘리자베스 로프터스의 책에서 간단한 예 하나만 인용하기로 하자.

피실험자들에게 교통사고 장면을 보여준다. 그 후에 피실험자의 절반에게는 사건에 대한 왜곡된 정보를 제공한다. 예컨대 그들이 실제로 보았던 신호판은 '정지'가 아니라 '양보'였다는 식이다. 반면에 나머지 절반에게는 그처럼 왜곡된 정보를 제공하지 않는다. 이런 조건에서 피실험자들에게 무엇을 보았느냐고 물으면, 첫 번째 집단은 대다수가 '양보' 신호판을 보았다고 기억하지만, 두 번째 집단의 대다수는 '정지' 신호판을 보았다고 증언한다. 이런 결과는 실험실만이 아니라 현실의 삶에도 그대로 적용된다. 많은 실험에서 확인됐듯이, '오정보 효과'는 실험실 밖에서 더 두

드러지게 나타나는 경향을 띤다.

이런 결과를 알게 되면, "왜곡된 정보로 은밀하게 세뇌시킬 수 있을까?"라는 끔찍한 질문이 즉시 떠오른다. 물론 가능하다. 예컨대 가족들과 공모해서 실제로 있지도 않았던 사건을 피실험자의 뇌리에 심어줄 수 있다. 어떤 경우에는 실험에 참여한 피실험자의 25퍼센트가 어린 시절에 쇼핑센터에서 한참 동안 미아가 된 적이 있다는 거짓말에 속아, 실제로 어린 시절에 그런 일을 겪은 것으로 기억했다. 로프터스의 보고서에 따르면, 상당수의 사람들이 완전히 혹은 부분적으로 잘못된 기억을 받아들인다는 사실이 대부분의 연구에서 확인됐다. 또한 학자들이 '중대하게 왜곡된 기억'이라 칭하는 기억, 달리 말하면 비교적 최근에 있었던 사건이나 평범하지 않은 사건, 심지어 지극히 예외적인 사건에 대한 기억까지 피실험자에게 왜곡시켜 심어주는 데 성공했다는 사실은 놀랍기만 하다. 예컨대 디즈니랜드의 가짜 광고로 피실험자에게 디즈니랜드에서 벅스 버니(디즈니의 경쟁사인 워너브라더스의 캐릭터이므로 디즈니랜드에서는 결코 만날 수 없다—옮긴이)를 만났다는 거짓된 기억을 심어줄 수 있었고, 심지어 귀신에 들린 사람을 만났다는 해괴한 기억까지 심어주는 데도 성공했다.

이런 결과는 실생활의 결정적인 순간들에서도 많이 관찰된다. 예컨대 법적인 면에서, 무고한 사람이 죄를 뒤집어쓰는 주된 원인은 잘못된 증언에 있다(DNA 분석으로 무죄로 판명되는 건 나중의 일이다). 이런 '거짓 기억 증후군'(false memory syndrome)도 똑같은 메커니즘을 따른다. 예컨대 심리요법사는 환자들에게 어린 시절에 당한 정신적 상처, 특히 성적인 상처에 대한 기억을 되살려내게 할 수 있어야 한다. 그러나 상당수의 경우에 이런 기억은 나중에 왜곡되어 세뇌된 것으로 밝혀졌다.

따라서 진실과 거짓, 가능한 것과 불가능한 것을 구분할 수 있어야 하며, 이런 구분을 할 때 기억에 전적으로 또 맹목적으로 의존하지 않아야 한다.

> **사고실험(thought experiment)**
>
> 기억이 구성적인 힘을 지녔다는 사실을 확인하고 싶다면 이렇게 실험해보라. 오늘 당신이 어디에 있었으며, 어떻게 옷을 입었고, 팔다리로 어떤 자세를 취했는지를 기억해보라. 그럼 마치 당신이 텔레비전에 출연이라도 한 것처럼, 다른 사람의 관점에서 당신을 관찰 수 있다. 그러나 당신이 과거에 실제로 어떤 행동을 하던 동안에는 다른 사람의 관점에서 당신을 인식하지 않기 때문에 당신의 기억은 결코 완전히 정확할 수 없다. 기억나는 것을 중심으로 나머지 부분은 당신의 뇌가 구성하기 마련이다.
>
> T. Schick and L. Vaughn, *How to Think about Weird Things: Critical Thinking for a New Age*, p. 44.

> **재밌는 기억술. 어떻게 만세력을 기억할 수 있을까?**
>
> 기억술(mnemonics)이란 단어는 그리스어에서 '기억'을 뜻하는 mneme에서 파생된 단어이다. 우라누스의 딸로 기억의 여신이자 뮤즈 여신들의 어머니인 므네모시네(Mnemosyne)도 똑같은 단어에서 파생됐다. 기억술은 기억을 최적으로 사용할 수 있게 해주는 모든 방법과 기법을 가리킨다. 예컨대 상수 π의 소수자리를 기억하기 위해서 프랑스 사람들은 단어의 문자 수가 소수자리와 일치하는 시를 이용한다. 그 시의 첫 행만 인용해보면,
>
> Que(3) j(1)'aime(4) à(1) faire(5) apprendre(9) ce(2) nombre(6) utile(5) aux(3) sages(5)!
> (나는 똑똑한 사람에게 꼭 필요한 그 수를 외우고 싶다!)

모든 기억술의 근본 원리는 똑같다. 요컨대 간단한 다른 것과 관련시키고, 분해하며, 풀어서 해석한다. 우리 주변에서 흔히 볼 수 있는 예를 찾아보자.

두문자(頭文字)

이미 널리 알려진 단어나, 문장을 구성하는 단어들의 첫 문자를 기억해야 할 구절에 일치시키는 방법이다.

예를 들어 homes(가정)는 미국과 캐나다의 경계에 있는 오대호의 이름을 기억하는 데 도움을 주는 두문자이다. 휴런 호(Huron), 온타리오 호(Ontario), 미시간 호(Michigan), 이리 호(Erie), 슈페리어 호(Superior).

그리고 다음 문장을 구성하는 단어들의 첫 문자로 태양계의 행성 이름을 순서대로 기억할 수 있다. Mon Vieux, Tu M'as Jeté Sur Une Nouvelle Planète(친구, 너는 나를 새로운 행성에 던져버렸어). 수성(Mercury), 금성(Venus), 지구(Terre), 화성(Mars), 목성(Jupiter), 토성(Saturn), 천왕성(Uranus), 해왕성(Neptune), 명왕성(Pluto).

www.lecerveau.mcgill.ca에서 기억술에 관련된 유용한 방법들을 찾아볼 수 있다.

집의 부분들

과거의 수사학자들은 무엇인가의 구성 요소들을 기억에 담기 위해서 집의 부분들에 비교하는 방법을 즐겨 사용했다. 당신이 머릿속으로 완전히 그려낼 수 있는 방의 일정한 위치에 각 구성 요소들을 배치하는 방법이다. 이 방법은 고대 그리스의 시인, 시모니데스(기원전 556년경~468년경)가 처음 이용한 것으로 알려진다. 전설에 따르면, 시모니데스는 어떤 집에서 열린 연회에서 여러 편의 시를 암송했다. 그 후, 그 집의 지붕이 무너져 연회에 참석한 모든 사람이 죽었고 시신조차 구분할 수 없었다. 시모니데스는 순전히 기억만으로 누가 어느 곳에 앉아 있었는지 말할 수 있었다.

만세력

계산을 기막히게 해내는 사람들도 흔히 기억술을 이용한다. 재밌는 예를 들어 설명해보자.

다음과 같은 표가 있다고 해보자.

월	수
1월	1
2월	4
3월	4
4월	0
5월	2
6월	5
7월	0
8월	3
9월	6
10월	1
11월	4
12월	6

이런저런 방법을 고안해서 달에 해당되는 수를 기억할 수 있다. 당신도 나름대로 그 방법을 고안해내서 달에 해당되는 수를 기억해보라.

끝났는가? 그럼 당신은 이미 만세력을 알고 있는 것과 같다. 과거이든 미래이든 어떤 날이 주어지더라도 당신은 그날이 무슨 요일인지 곧바로 말할 수 있다.

내 친구 피에르의 생일, 1951년 9월 6일을 예로 들어보자. 다음의 순서를 따르면 된다.

1. 해당되는 해의 마지막 두 자리를 취해 4로 나눈다. 51÷4=12이고 나머지가 3이다. 나머지는 무시한다.
2. 그렇게 얻은 값(12)에, 역시 해당되는 해의 마지막 두 자리(51)를 더한다. 12+51=63.
3. 그 수에, 위의 표에서 피에르가 태어난 달에 해당되는 수를 더한다. 피에르는 9월에 태어났으므로 6이 된다. 63+6=69.

4. 이번에는 태어난 날(6)을 더한다. 69+6=75.

5. 끝으로 이 수를 7로 나누면 10이고 나머지가 5이다.

이렇게 얻는 나머지(5)가 요일을 찾는 열쇠이다. 요일과 수의 관계는 다음과 같다.

일요일	1
월요일	2
화요일	3
수요일	4
목요일	5
금요일	6
토요일	7

따라서 1951년 9월 6일은 목요일이었다.

이 방법은 20세기의 모든 날에 적용된다. 다만 윤년, 즉 마지막 두 자리가 4의 배수인 해에는 1월과 2월에 해당되는 수에서 1을 빼주어야 한다. 또 1800년과 1900년은 윤년이 아니지만 2000년은 윤년이란 것도 기억해두어야 한다. 조금만 연습하면 훨씬 빠르게 대답할 수 있다.

출처: A. Benjamin and M. Shermer, *Mathemagics: How to Look Like a Genius Without Really Trying*, pp. 172–175.

비판적 사고에 약이 되는 6가지 심리학

네 남자가 생전 처음으로 호주를 방문했다. 기차로 여행하면서 그들은 검은 양 한 마리가 풀을 뜯는 모습을 보았다. 그걸 보고 첫 번째 남자가 호주 양은 검은색이라고 단호히 말했다. 두 번째 남자는 호주에는 검은 양이 있다고 말해야 맞는 거라고 주장했다. 그러자 세 번째 남자가 호주에는 적어도 검은 양이 한 마리 있다고 말할 수 있을 뿐이라고 반박했다. 회의주의자인 네 번째 남자는 "호주에는 적어도 옆구리 한쪽이 검은색인 양 한 마리가 있다고 말할 수 있을 뿐이야!"라고 말했다.
— 레이몽 슈발리에, 《퀘벡의 회의주의자》(1993)

슈발리에의 짤막한 얘기는 우리 앞에 주어진 증거에 딱 들어맞는 판단을 내리는 게 얼마나 어려운 일인가를 보여주는 좋은 예이다. 적절한 판단을 내리는 건 일반적으로 생각하는 것보다 훨씬 어렵다. 뒤에서 나는 이런 어려움의 증거들을 보여주려 한다. 그 증거들이 때로는 우리 예상을 뛰어넘기도 한다. 여하튼 모든 증거가, 직접적인 경험에 의존해서만 너무 성급하게, 또 지나치게 독단적으로 판단을 내려서는 안 된다고 말해준다.

우리는 주변 세계를 이해하고 해석하기 위해서 '이론', 혹은 '설명의 틀'(explanatory schema)을 세운다. 이론은 그것을 통해 우리가 주변 세계를 질서 있게 정리하고, 더 바람직한 방향으로 성장할 수 있다는 점에서 무척 유용하다. 그러나 때로는 새로운 사실이 발견되면서 이론의 틀을 수정해야 할 때가 있다.

그런데 우리가 그런 수정에 미숙하고, 심지어 완강히 거부하는 듯한 모습을 보일 때가 있다. 때로는 눈앞의 증거까지 부인하기도 한다. 이런 현상은 어느 정도는 추론의 오류에서 비롯된다. 추론의 오류에 대해서 이미 앞에서 살펴보았기 때문에 확률을 계산하는 어려움이나, 소수의 사례나 모집단을 대표하지 않는 표본에서 무리하게 끌어내는 결론 등에 관해서는 여기에서 재론하고 싶지 않다. 여하튼 이런 현상은 곧바로 써먹을 수 있는 사실들을 의도적으로 취해서 일부만을 고려하는 경향으로 해석된다. 그럴 때는 상대적으로 믿을 만하지만 얻기 힘들고 특별하지도 않은 자료를 온갖 이유로 포기하면서까지 특별히 눈에 띄는 충격적인 사실들을 주로 선택한다. 따라서 특정한 신문만 읽는다면 대인범죄의 수가 캐나다에서 혁격하게 증가한다고 생각하기 십상이지만, 사실 캐나다에서는 수십 년 전부터 대인범죄가 꾸준히 줄어들고 있는 추세이다.

확률 계산의 어려움

생일 축하……너희 둘 모두에게!

누구에게나 생일 파티에 초대할 만큼 가까운 사람이 23명쯤 있다. 그런데 23명 중 두 사람이 같은 날 태어나고 같은 시간에 생일 파티를 열기 때문에 당신이 23명 중 한 사람의 초대를 어쩔 수 없이 거부할 수밖에 없는 확률이 얼마나 될까? 대부분의 사람은 그런 확률이 무척 낮을 거라고 생각한다. 한번 계산해보자.

　첫 번째 사람은 어떤 날에 태어나든 크게 중요하지 않다. 따라서 두 번째 사람이 같은 날에 태어날 확률은 365분의 1이다. 달리 말하면, 365일에서 하루를 뺀 364일 중 어느 날에 태어나든 상관없다. 세 번째 사람을 계산에 넣으면, 그 사람이 앞의 두 사람과 같은 날에 태어났을 가능성은 365일 중 이틀이다. 따라서 세 번째 사람이 다른 날에 태어났을 확률은 365분의

363이다. 이런 식으로 23명 모두를 추적해서 곱셈을 해보면, 364/365 × 363/365 × …… × 342/365 = 0.46, 즉 23명의 생일이 겹치지 않을 확률은 46퍼센트가 된다. 거꾸로 말하면, 23명 중 두 사람의 생일이 같은 날일 확률이 54퍼센트, 즉 절반을 넘는다. 이런 결과는 일반적인 예상과 완전히 다르다. 직관적으로 생각해도 그런 확률은 받아들이기 힘들다.

이런 문제를 수학자인 동료들에게 내는 걸 재미로 삼았던 물리학자 조지 가모브의 주장에 따르면, 직관에 의존하는 사람은 잘못된 판단을 내리기 십상이다. 수학이란 도구를 알더라도 수학을 사용하지 않는다면 무슨 소용인가!

거짓 긍정(false positive)

통계를 직관적으로 추정하는 데서 비롯되는 어려움을 보여주는 또 하나의 대표적인 예로 '거짓 긍정의 역설'로 알려진 것이 있다.

어떤 모집단에서 1000명 중 한 명이 걸리는 치명적인 병이 있다고 해보자. 다행히 그 질병의 감염 여부를 알아내는 검사법이 있다. 하지만 검사법이 완벽하지 못해서 질병에 걸린 경우에만 99퍼센트의 정확도로 질병을 찾아낸다. 따라서 감염된 환자의 1퍼센트를 알아내지 못한다. 한편 질병에 걸리지 않은 환자의 경우에는 98퍼센트의 정확도로 질병에 걸리지 않았다고 판별한다. 따라서 100명 중 2명이 실제로는 병에 걸리지 않았는데도 환자라는 판정을 받는다. 이른바 '거짓 긍정', 혹은 '위양성'(僞陽性)인 환자이다.

의사가 환자에게 검사 결과가 양성이라고 말할 때, 문제는 그 말을 들은 환자가 어느 정도나 걱정해야 하느냐는 것이다. 대부분의 사람은 그 환자가 문제의 병에 걸린 게 거의 확실하다고 생각하겠지만, 그 환자가 정말로 병에 걸렸을 확률은 대략 21분의 1에 불과하다. 물론 이런 확률도 반가운 얘기는 아니지만 직관적인 판단보다는 훨씬 나은 편이다. 따라서 어떤 질병의 감염 여부를 의무적으로 검진해야 한다고 주장하는 사람은 이런 '거짓 긍정의 역설'을 고려해서 신중하게 판단해야 한다.

관심 있는 독자를 위해서 위의 예를 풀이해보면,

A: 병에 걸린 환자

> B: 검사 결과에서 양성 판정을 받은 환자
> 위의 문제는 다음과 같이 쓰인다.
> P(A) = 0.001
> P(B|A) = 0.99
> P(B|not A) = 0.02
> 우리가 찾으려는 값은 P(A|B)
> 답은 '베이즈 정리'(Bayes formula)에 의해 주어진다.
> $$P(A|B) = \frac{P(A)P(B|A)}{P(A)P(B|A) + P(\text{not } A)P(B|\text{not } A)}$$

때때로 우리는 증거를 단호하게 거부하기도 한다. 이는 우리가 소중하게 여기는 믿음을 공격하는 증거를 무시하거나, 그 믿음을 지지하는 증거만을 고려하는 결과를 낳는다.

이와 관련된 구체적인 예들을 하나씩 살펴보자.

인지부조화

"내가 그 일을 저질렀어." 기억이 말한다.
"아니야, 내가 그랬을 리 없어." 자존심이 반박한다.
그리고 그렇게 굳어져, 결국 기억이 굴복한다.
— 프리드리히 니체

인지부조화(cognitive dissonance)란 개념은 미국의 사회심리학자 레온 페스팅거(1919~1989)가 1957년에 처음 제안했다. 이 이론은 훨씬 복잡한 현상을 단순화한 것이지만, 인간 행동의 이상한 면들을 설명하고 그런 행동들의 의미를 파악할 수 있도록 돕는다. 또한 우리가 우리 자신을 어떻게 기만하는지 설명하는 데도 무척 유용하다. 인지부조화 이론이 무엇인지 대략적으로 살펴보자.

서로 모순되는 두 생각이나 믿음 혹은 의견을 들었다고 상상해보자. 예컨대 X라는 의견이 당신의 마음에 들지만, 관찰된 사실에 비추어 보면 X가 틀렸다는 걸 분명히 확인한 경우이다. 또는 당신의 신념이 당신의 행동과 모순되는 경우를 생각해보자. 이런 경우에는 거의 필연적으로 마음이 거북하고 불안하다. 인지부조화 이론에 따르면, 이런 경우에 당신은 가장 단순하면서도 가장 효과적인 방법으로 그런 불안감을 떨치려고 애쓰기 마련이다.

그런 노력은 다양한 방식으로 행해진다. 예컨대 우리는 부도덕하거나 어리석은 행동을 했다고 판단되면, 관점을 바꿔서라도 그 행동을 합리화하려 애쓴다. 또 상반된 믿음을 고집하는 사람들은 동일한 자료에서 자신의 입장을 확인해주는 것만을 보고, 자신의 입장과 다른 부분은 무시해버리는 경향을 띤다. 이처럼 다른 경우였다면 도저히 용납하지 않았을 행동까지 합리화하는 변명거리를 찾아내는 우리의 능력이 인지부조화에서 핵심 역할을 한다. 예컨대 자신을 친절하고 인정 있다고 생각하는 사람이 폭력을 휘두른 경우, 그는 상대에게 잘못을 떠넘기며 자신의 폭력을 합리화한다.

다른 경우에는 이해하기 힘든 행동이 이른바 교육적인 목적에서 행해진 것이라 미화되는 것은 이런 맥락에서 이해할 수 있다. 페스팅거의 책에서 유명한 예를 인용해보자.[8]

1950년대 초, 나이가 지긋한 키치 부인이 클라리온이란 행성의 외계인들에게서 메시지를 받는다고 주장했다. 어느 날, 그녀는 그 별에서 지구가 그해 12월 21일에 엄청난 홍수로 물에 잠기겠지만 비행접시 편대가

날아와 그녀와 그 순간에 그녀의 곁에 있는 사람들을 구해줄 거라는 메시지를 받았다고 주장했다.

그 말을 믿은 사람들은 키치 부인에게 모여들어 그들의 믿음대로 모든 재산을 포기하고 직업마저 버렸으며 친구와 지인까지 멀리한 채 살면서 지구의 종말을 기다렸다. 그런데 그들 중에는 12월 22일에 그들의 행동을 관찰하려고 신분을 감추고 숨어든 심리학자들도 있었다. 심리학자들의 보고서에 따르면, 그들은 공격적이지 않고 친절했으며, 광고는 물론이고 언론 매체와의 인터뷰도 거절했다. 또한 한 사람도 변절하지 않고 그들의 믿음대로 어둠 속에서 차분하게 살았다.

12월 20일 키치 부인은 클라리온 행성의 외계인들에게 새로운 메시지를 받았다며, 추종자들에게 종말이 코앞에 닥쳤으니 마음의 준비를 하라고 알렸다. 정확히 자정에 그들을 구원하러 올 거라고! 그리고 한 조각의 금속도 몸에 지녀서는 안 된다고 덧붙였다. 그래서 그들은 옷에서 단추와 지퍼까지 떼어냈다.

마침내 자정이 왔다. 그런데 자정이 지났지만 아무 일도 일어나지 않았다. 시간이 계속 흐르자, 그들은 절망과 혼란에 휩싸이기 시작했다. 그러나 4시 45분, 키치 부인이 클라리온의 외계인들에게서 그들의 행동과 믿음이 지구를 멸망에서 구했다는 새로운 메시지를 받았다. 따라서 비행접시가 그들을 구원하려고 달려올 필요가 없다는 것이었다. 그들은 환호성을 지르며 기뻐했다.

그날 밤 이후에 벌어진 현상은 인지부조화 이론으로만 적절하게 설명된다. 그때까지 대외 접촉을 꺼리던 사람들이 갑자기 돌변해서 그들의 믿음을 세상에 알리며 적극적으로 옹호하고 나섰다. 백팔십도로 달라진 것이다. 언론과의 접촉을 피하지 않았고 강연회까지 개최했다. 심지어 길에

나가 그들의 믿음을 알리기도 했다. 키치 부인에 대한 그들의 믿음은 예전보다 더 깊어졌다.

포러 효과

포러 효과(Forer effect)는 1940년대에 사소하지만 매력적인 실험에 몰두한 미국의 심리학자 버트럼 포러(1914~2000)의 이름에서 따온 것이다.

포러는 학생들을 대상으로 성격 검사를 실시한 후, 검사 결과에서 추론한 성격을 기록한 종이를 학생들에게 나눠 주었다. 학생들은 각자가 받은 결과지를 꼼꼼하게 읽고 나서 자신의 성격을 정확히 판단했는지를 1점(터무니없다)부터 5점(완전히 일치한다)까지 점수를 매겼다. 학생들이 포러의 성격 진단에 매긴 평균 점수는 5점 만점에 무려 4.2점이었다. 한 번의 실험으로 얻은 결과가 아니라, 수백 번이나 반복한 실험에서 얻은 결과였다. 대체 성격 검사를 어떻게 했기에 이처럼 정확했을까?

사실 조금도 특별한 검사는 아니었다. 포러는 신문에 실린 점성술 예언들에서 몇몇 구절을 똑같이 베껴 아래와 같이 조합한 결과를 모든 학생에게 나눠 주었다. 달리 말하면, 포러는 모든 학생에게 똑같은 성격 내용이 적힌 결과지를 나눠 준 것이다.

당신은 남에게 사랑과 존경을 받고 싶어 하지만 자신에게는 비판적인 경향이 있다. 성격적으로 약간의 약점은 있지만 대부분의 경우에 이런 결점을 극복할 수 있다. 당신의 강점이 될 수 있지만 아직 발휘하지 못한 훌륭한 재능도 있다. 겉으로는 절제하고 자제하지만 내면적으로는 잔걱정도 많고 불안정한 편이다. 때때로 올바로 결정하고 올바로 행동하고 있는 것일까 고민하기도 한다. 변화와 다양성을 좋아하고, 구속과 제약을 싫어한다. 누구에게도 영향을 받지 않고 독자적으로 생각한다는 자부심이 있고, 타당한 증거가 없이는 다른 사람의 말을 받아들이지 않는다. 그러나 다른 사람에게 당신의 내면을 너무 솔직하게 드러내는 건 현명하지 않다고 생각한다. 때로는 외향적이고 상냥하며 사교적이지만 때로는 내향적이고 신중하며 조심스럽게 행동한다. 당신의 희망 중 일부는 다소 비현실적인 경향을 띤다.[9]

요컨대 포러 효과는 누구에게나 적용되는 막연하고 일반적인 얘기와 분석을 우리가 우리 자신에게 의미 있는 것으로 받아들이는 경향을 뜻한다.
다른 예를 들어보자.

당신의 바람이 때로는 비현실적이란 걸 당신 자신도 인정한다. 당신은 때로는 외향적이고 상냥하며 사교적이지만 때로는 내향적이고 신중하며 조심스레 처신한다. 다른 사람에게 당신의 내면을 너무 솔직하게 드러내는 건 현명하지 않다고 생각한다. 누구에게도 영향을 받지 않고 독자적으로 생각한다는 자부심이 있고, 타당한 증거가 없이는 다른 사람의 말을 받아들이지 않는다. 때때로 올바로 결정하고 올바로 행동하고 있는 것일까 고민하기도 한다. 겉으로는 절제하고 자제하지만 내면적으로는 잔걱정도 많고 불안정한 편이다. 성생활에 적응하는 데 약간의 문제가 있다. 성격에 약간의 결함이 있지만 대부분의 경우에는 당신만의 강점으로 그런 결함을 보완할 수 있다. 게다가 남다른 재능이 있지만 아직 그런 재능을 완전히 발휘할 기회를 얻지 못했다. 자신에게는 비판적인 경향을 띠는

동시에 주변 사람들에게 사랑과 존경을 받고 싶어 한다.[10]

손금이나 찻잔, 별자리, 타로 카드 등으로 운명을 예언한다며 뭐든 읽어낼 듯한 인상을 주는 사람들의 말은 포러 효과에 불과하므로, 그런 사람들의 말을 곧이곧대로 믿을 필요는 없다.

웨이슨의 선택 과제(Wason Selection Task)

우리가 자신의 믿음을 확인해주는 예를 찾고, 자신의 믿음과 다른 예는 애써 무시해버리는 경향을 띤다는 사실은 이 실험으로 확실하게 입증된다.

한쪽에는 문자가 반대쪽에는 숫자가 쓰인 카드가 있는데, 책상 위에 넉 장의 카드가 다음과 같이 보이도록 놓였다고 해보자.

D   F   3   7

어떤 카드가 한쪽이 D라면 반대쪽은 반드시 3이라 할 때, 위의 상태에서 당신이라면 이 규칙을 확인하기 위해서 어떤 카드를 뒤집겠는가?

다수의 피실험자를 대상으로 실험해본 결과에 따르면, 고등수학이나 논리학이나 프로그래밍에 익숙하지 않은 사람은 대부분 D와 3, 즉 첫 번째와 세 번째 카드를 뒤집어 보았다. 그러나 이는 올바른 선택이 아니다. 첫 번째 카드와 마지막 카드를 뒤집어 봐야 했다.

첫 번째 카드는 반대쪽에 3이 아닌 다른 수가 있을 수도 있기 때문에 선택해야 했다. 다른 수가 나온다면 규칙이 틀린 것이 되기 때문이다. 결국 피실험자들은 규칙을 확인하려는 마음에서 첫 번째 카드를 선택한 것이 확실하다. 그들은 규칙을 재확인하려고 다시 세 번째 카드를 선택했다. 그리고 반대쪽에서 D를 보기는 했다. 그러나 반대쪽이 D가 아닌 다른 문자가 있었더라도 앞에서 말한 규칙이 틀린 것은 아니다. 규칙에서는 D가 있으면 3이 있다고 말했지, 3이 있으면 D가 있다고 말하지 않았다!

그럼 왜 네 번째 카드를 선택해야 했을까? 반대쪽에 D가 있다면 규칙이 틀린 것이 되기 때문이다. 결국 피실험자들이 규칙을 확인하는 데만 신경을 쓰고 규칙을 반박하는 데는 그만큼 신경 쓰지 않았다는 뜻이다. 그래서 피실험자들이 네 번째 카드를 무시한 것이다.

진화심리학(evolutionary psychology)을 연구하는 학자들은 이 작은 실험을 근거로, 이 방법을 사용하면 속임수를 쓰는 사람을 찾아내기가 훨씬 쉽다는 걸 밝혀냈다.

당신이 어떤 술집의 안전 책임자로 일한다고 해보자. 어른만이 아니라 18세 미만의 청소년도 출입할 수 있는 술집이지만 청소년에게는 알코올 음료를 파는 게 금지돼 있다. 따라서 18세 미만의 청소년에게 술을 판 게 발각되면 그 술집은 그 자리에서 영업정지를 당할 수밖에 없다. 당신은 안전 책임자로서 청소년들이 몰래 술을 마시지 못하도록 감시해야 한다. 모든 손님에게는 카드가 발급됐고, 손님들은 그 카드를 누구나 볼 수 있게 목에 걸고 있어야 한다. 카드의 앞면에는 손님의 연령이 기록되고, 뒷면에는 손님이 마시는 음료의 이름이 기록된다.

그런데 다음과 같이 쓰인 넉 장의 카드가 당신의 눈에 띄었다고 해보자.

콜라　맥주　28　16

누구도 불법으로 알코올음료를 마시지 않는다는 걸 확인하려면 어떤 카드를 보아야겠는가?

누구나 이 질문에 쉽게 답할 수 있겠지만, 형식적인 면에서 이 문제는 앞의 문제와 똑같다. 그러나 이 문제가 정확히 무엇을 뜻하는가에 대해서는 아직 논란이 많다.[11]

피그말리온 효과

그리스 신화에서 피그말리온 왕은 자신의 눈높이에 맞는 여자를 찾지 못해 불만에 쌓였고, 결국 이상적인 여인을 상징하는 조각을 상아로 제작하게 했다(일설에 따르면, 피그말리온 왕이 직접 조각했다). 그러나 피그말리온이 그 조각과 속절없이 사랑에 빠지면서 왕의 불행은 더욱 깊어졌다. 그걸 보고, 사랑의 여신 아프로디테가 조각상에 생명을 불어넣고 피그말리온을 사랑하게 만들어 왕을 구해주었다.

이 신화는 창조자와 창조물 간의 관계에 대한 상징으로 읽을 수도 있지만, 다른 사람을 정의할 때 우리의 기대감이 끼치는 영향에 대한 경고로도 읽을 수 있다.

버나드 쇼는 이런 얘기를 주제로 『피그말리온』이란 불멸의 희곡을 썼다. 이 희곡에서 꽃 파는 아가씨인 여자 주인공은 이렇게 말한다.

> 솔직히 말해서, 옷을 입고 똑바로 말하는 등 세상 사람 누구나 할 수 있는 일을 제외하면, 숙녀와 꽃 파는 여자의 차이는 어떻게 행동하느냐에 있지 않아요. 어떤 대우를 받느냐에 있는 거지요. 나는 히긴스 교수님에게 언제나 꽃 파는 여자일 거예요. 히긴스 교수님은 지금도 그렇지만

앞으로도 나를 꽃 파는 여자로 대할 거니까요. 하지만 내가 당신에게는 숙녀가 될 수 있다는 걸 알아요. 당신은 지금도 그렇지만 앞으로도 나를 숙녀로 대할 거니까요.[12]

신화와 희곡에 담긴 얘기가 옳을까? 우리의 기대감에 정말 그런 힘이 있을까? 그렇다면 어느 정도나 있을까? 사회과학계의 주장을 그대로 믿으면, 처음 질문에는 '그렇다.'라고 대답할 수밖에 없으며, 때로는 그 힘이 엄청날 수도 있다. 사회학과 심리학에서 하나씩, 두 가지 예를 들어보자. 특히 심리학에서 취한 예는 교육과 밀접한 관계가 있다.

사회학자 로버트 머튼(1910~2003)은 1948년에 발표한 기념비적인 논문에서, 사람들이 사실이라 믿기 때문에 진짜로 사실이 되는 예언을 '자기충족적 예언'(self-fulfilling prophecy)이라 명명했다. 증권시장은 이런 자기충족적 예언이 실현되는 제도적 기관의 전형이라 여겨진다. 예컨대 X는 어떤 주식이 오를 거라고 생각하기 때문에 그 주식을 산다. 다른 사람들도 마찬가지이다. 그런데 그 주식이 실제로 오르는 이유는 하나뿐이다. 많은 사람이 똑같은 생각에서 그 주식을 사기 때문이다. 반대의 경우도 마찬가지이다.

한편 심리학자 로버트 로젠탈은, 실험실 쥐에게 미로에서 방향을 찾는 방법을 가르칠 때 그 쥐들에 대한 연구원들의 믿음과 기대감이 쥐들의 성취에 어떤 영향을 끼치는가에 대해서 연구했다. 이를 위해 로젠탈은 무작위로 선택한 60마리의 실험용 쥐를 12명의 연구원에게 나눠 주며, 절반의 연구원에게는 쥐들이 영특하다고 말했고, 나머지 절반에게는 쥐들이 우둔하다고 말했다. 그 실험의 결과는 '피그말리온 효과'를 기막히게 재확인해주었다. 영특하다고 알려진 쥐들이 우둔하다고 알려진 쥐들보다

2배 빠른 속도로 미로를 탈출했다.

 이와 비슷한 효과가 인간을 교육하는 데서도 나타날 수 있을까? 이는 실제로 로젠탈이 그 실험 후에 제기한 의문이기도 하다. 로젠탈은 이 의문을 풀기 위해 교육심리학 역사에서 가장 유명한 연구 중 하나를 기획했다. 교사의 기대감과 학생의 지적 발달에 대한 연구였다. 이 실험에서 얻은 결과가 1968년 『교실에서의 피그말리온 효과』라는 제목으로 발표됐다.[13]

 로버트 로젠탈과 레노어 제이콥슨의 주도로 오크 스쿨 초등학교에서 실험이 진행됐다. 졸업을 앞둔 학생들을 제외한 모든 재학생과 오크 스쿨 입학 예정인 유치원생에게 예부터 있었지만 거의 알려지지 않은 지능검사법(Tests of General Ability, TOGA)을 실시하면서, 그 검사법이 하버드 대학교에서 새로 개발한 방법으로 학생들의 학습성취도를 판단하는 데 도움을 준다고 교사들에게 거짓으로 알렸다. 그 후, 20퍼센트의 학생을 무작위로 선발해 그 학생들의 명단을 교사들에게 주면서 '지능검사에서 학업성취도가 높을 거라고 판단된 학생들'이라고 귀띔해주었다. 과연 교사들이 20퍼센트의 학생들에게 거는 기대가 높기 때문에 그 학생들의 학업성취도가 높을 거라는 가정이 맞았을까? 연말에 실시한 시험에서 이 가정은 그대로 적중했다. 특히 어린 학생들의 경우에는 현격한 차이를 보였다. 1학년에서 일반적인 학생들은 평균 12점이 오르는 데 그쳤지만 '전도 유망한 학생들'은 24점이나 올랐다. 3학년의 경우에는 각각 7점과 16.5점이 올랐다. 그러나 6학년의 경우에는 큰 차이가 없었다. 따라서 로젠탈과 제이콥슨은 실험의 결과를 "교사는 무엇을 언제 어떻게 말하느냐에 따라서, 또 얼굴 표정과 자세와 몸짓으로 아이들에게 성적 향상을 기대하는 의도를 전달할 수 있었다고 결론지을 수 있다."라고 요약했다.[14]

밀그램의 실험: 권위에 대한 맹목적 복종에서 비롯되는 잘못

1960년대 중엽, 당신이 어떤 신문에 실린 광고를 보고 처벌의 학습 효과에 대한 실험에 참여하려고 예일 대학교의 심리학 실험실을 찾아갔다고 해보자. 다른 자원자도 있었다. 하얀 가운을 입은 연구원이 당신을 맞아주고는 실험 방법을 알려주었다. 지원자 중 한 사람이 다른 사람에게 일련의 단어쌍을 가르쳐준 후에, 다른 사람이 틀릴 때마다 강도를 높여가며 전기충격을 가해 벌을 주는 실험이었다. 추첨으로 역할을 선택한 결과, 당신이 교수 역할을 맡게 됐다. 잠시 후, 연구원이 당신을 어떤 방으로 데려갔다. 학생 역할을 맡은 지원자가 있게 될 방이었다. 연구원이 어떤 의자를 가리키며 다른 지원자가 앉을 의자라고 당신에게 말했다. 그리고 전기충격이 어떤 느낌인지 알려주려고 당신에게 약하게 전기충격을 가했다. 곧 학생 역할을 맡은 지원자가 방에 들어왔고, 당신이 보는 앞에서 연구원은 그를 의자에 앉히고는 전극을 그에게 연결했다.

그 후, 당신은 연구원과 함께 옆방으로 들어갔다. 연구원은 당신을 전압 조절 스위치 앞에 앉혔다. 전기충격은 15볼트에서 450볼트까지로, 한 번에 15볼트씩 높여야 했다. 계기판 옆에는 '약한 충격', '매우 강한 충격: 위험'이라 쓰여 있었다. 435볼트부터는 XXX라고만 표기돼 있었다. 마침내 실험이 시작됐다. 학생 역할을 맡은 지원자가 틀릴 때마다 당신은 15볼트씩 높여 전기충격을 가했다. 학생 역할을 맡은 지원자는 120볼트부터 투덜대기 시작했다. 150볼트에 이르자 그는 실험을 중단하기를 바랐고, 270볼트에서는 고통에 비명을 내질렀다. 330볼트에서는 말조차 제대로 못했다. 당신은 실험을 계속해야 하는지 망설이지 않을 수 없었다. 하지만 실험 내내 연구원은 당신에게 계속하라는 말밖에 하지 않았다. "계속하십시오.", "실험을 끝내려면 계속해야 합니다.", "여기에서 끝내면 죽도 밥도 안 됩니다, 계속하십시오.", "어쩔 수 없습니다. 계속하십시오."

이쯤에서 짐작한 사람도 있겠지만 추첨 자체가 조작된 것이었다. 학생 역할을 맡은 지원자는 사실 실험실 동료로, 전기충격으로 고통을 받는 척만 했을 뿐이다. 요컨대 이 실험의 대상은 바로 당신이었다. 이 실험을 하기 전에, 예일 대학교의 사회심리학자 스탠리 밀그램(1933~1984)은 중산층의 성인, 정신과 의사와 대학생에게 전기충격을 어디까지 가할 수 있으리라 생각하느냐고 물었다. 또 다른 사람들은 전기충격을 어디까지 가할 수 있을 거라고 생각하느냐고도 물었다. 자신이나 다른 사람이 300볼트 너머까지 가할 거라고 생각한 사람은 한 명도 없었다. 그러나 20~55세 사이의 40명을 대상으로 실험한 결과에 따르면, 63퍼센트의 참가자가 끝까지 연구원의 지시를 거부하지 못하고 450볼트까지 전기충격을 가했다.

여기에서 자세히 다룰 수는 없지만, 이 실험을 속속들이 들여다보면 등골이 오싹할 지경이다. 밀그램의 실험은 그 후로도 무척 자주 언급되고 되풀이됐다. 권위자에 대한 복종을 주제로 한 이 연구 덕분에, 우리는 권위의 속성만이 아니라 우리를 비합리적으로 행동하게 만드는 권위의 힘까지 깊이 알게 됐다. 비판적으로 생각하는 사람이 밀그램의 실험에서 배워야 할 교훈은 예일 대학교의 심리학 실험에는 절대 참여하지 말라는 것이다. 물론, 농담이다. 제대로 말하면, "권위자의 말을 받아들이기 전에 합리적으로 생각해봐야 한다. 높디높은 권위자가 요구하는 것이더라도 그 요구가 합리적인 것인지 먼저 생각해봐야 한다!"

애시의 실험: 순응에서 비롯되는 잘못

이번에도 당신이 어떤 실험에 자발적으로 참여했다고 해보자. 당신이 안내받은 방에는 9개의 의자가 반원형으로 놓여 있다. 당신은 끝에서 두 번째 의자에 앉혀진다. 잠시 후, 다른 참여자들로 모든 의자가 채워진다. 연구원이 모두에게 두 장의 카드를 차례로 보여준다. 첫 번째 카드에는 20센티미터 길이의 직선 하나가 그려져 있고, 두 번째 카드에는 15센티미터, 20센티미터, 25센티미터 길이의 직선 셋이 그려져 있다. 연구원이 첫 번째 카드의 직선과 같은 길이를 두 번째 카드에서 찾아보라고 한다. 너무 쉽다. 당신의 반대편에 앉은 사람부터 대답한다. 멍청이! 이상하게 모두가 엉뚱하게 대답한다. 모두가 정답과 다른 선을 고른다. 물론, 그들 모두가 실험 도우미들이다. 여하튼 당신이 대답할 차례가 된다면 어떻게 대답하겠는가?

여기에서도 실험 결과는 곤혹스러웠다. 몇 번을 실험해도 결과는 똑같았다. 피실험자의 3분의 1 이상이 집단의 의견을 따랐고, 75퍼센트가 적어도 1번은 집단의 의견을 따랐다.

이 실험의 교훈이 무엇이겠는가? "순응은 위험하다. 남에게 의지하지 말고 스스로 생각하라!" 어려운 일이다. 때로는 불편하고 고통스럽기도 하다. 하지만 반드시 필요한 자질이다.

> 박사학위를 받는 순간, 인간의 뇌에서 이상한 현상이 일어난다. 그때부터 "모르겠습니다.", "내가 잘못 생각했습니다."라는 말을 까맣게 잊어버린다.
> – 제임스 랜디

사기

사기(詐欺)는 남을 속이기 위한 행동이나 서류 혹은 인공물이다. 사기는 순전히 장난으로 행해질 수도 있지만, 상대에게서 돈을 비롯해 뭔가를 뜯어내려는 악의적인 의도에서 행해질 수도 있다. 따라서 사기는 속임수의 한 형태이다.

사기꾼들은 당신의 행복만을 원한다고 주장한다……사기꾼들은 당신의 재산을 빼앗기 위해 온갖 교묘한 수단을 고안해냈고, 그런 솜씨를 실제로 보여주었다. 따라서 똑똑해 보이는 것이 성공한 사기꾼들에게 반드시 필요한 자질이다. 사기꾼에게 필요한 또 하나의 자질이 있다면, 상대의 부정직한 면을 파고드는 능력이다. 이런 두 자질이 어떻게 드러나는가를 보여주는 전형적인 사기 수법을 예로 들어보자.

두 사기꾼이 어떤 동네를 찾아가 개를 훔친다. 한 사기꾼은 개를 밧줄에 끌고 술집에 들어간다. 그는 마실 것을 주문하고 바텐더와 얘기를 나누기 시작한다. 사기꾼은 그 개를 늙고 부자인 숙모에게서 얼마 전에 물려받았지만 부담스러워서 없으면 더 좋겠다고 말한다. 또 그 동네에는 커다란 계약 건 때문에 손님을 만나려고 처음 온 거라고 덧붙인다. 하지만 개를 그곳에 데려갈 수 없다면서 바텐더에게 30분만 맡아줄 수 있겠느냐고 묻는다. 바텐더가 허락하자, 사기꾼은 바텐더에게 개를 맡기고 술집을 나간다. 잠시 후, 공범인 사기꾼이 술집에 들어간다. 그는 곧바로 개에게 눈길을 돌리며 관심을 보인다. 그리고 바텐더에게 다가가 "멋진 개군요. 아주 귀한 종입니다. 내가 개 전문가이거든요."라 말하며 바텐더에게 개를 팔겠느냐고 묻는다. 또 돈은 얼마든지 내겠다고 덧붙인다. 그러나 바텐더는 개를 팔 수 없다고 대답한다. 개가 어떤 손님의 것이고, 그 손님이 곧 돌아올 거라고 말한다. 공범은 "저런, 나는 기다릴 시간이 없는데. 하지만 이 개를 손에 넣을 수만 있다면 30분을 참고 기다려보겠소."라고 말한다.

시간이 흐른다. 30분이 지나도 개 주인은 돌아오지 않는다. 30분을 넘어 1시간이 흐른다. 개 전문가가 아쉬워하며 자리에서 일어선다. 바텐더에게 명함을 건네주며 개 주인이 돌아와서 개를 팔 생각이 있다고 하면 그에게 명함을 건네주라고 부탁한다. 그리고 술집을 나간다.

잠시 후, 개 주인이 실망하고 침울한 표정으로 술집에 돌아온다. 거래가 성사되지 않았다고 푸념한다. 금전적으로 큰 문제에 부딪쳤을 뿐 아니라, 술값을 낼 돈조차 없다고 징징거린다.

사기꾼 기질이 있는 사람이라면 이 사건이 그 후에 어떻게 진행되는지 충분히 짐작할 것이다.

바텐더는 개 주인에게 술값을 대신 내주고, 개까지 사겠다고 제안한다. 개를 잠시 지켜보면서 개를 좋아하게 됐다면서! 그리고 개 주인에게 약간의 액수를 제시한다. 당연히 개주인은 처음에 거절하고 화난 표정까지 짓는다. 그래도 그 개가 가족의 유산인데 어떻게 남에게 팔겠느냐고 버틴다. 그들 간에 협상이 시작된다. 마침내 협상이 끝나고 개 주인은 상당한 돈을 주머니에 넣고 술집을 나간다. 개 주인이 술집 문턱을 넘자마자 바텐더는 개 전문가의 명함에 적힌 전화번호로 전화를 건다. 물론, 그 번호는 결번이다.

인터넷은 사기꾼들에게 솜씨를 발휘할 새로운 장을 열어주었다. 엄청난 돈을 묻어둔 은행 구좌에 접근하기 위해서 도움을 요청하며, 도움의 대가로 일정한 몫을 떼어주겠다고 약속하는 제3세계 고위관리에게 급한 이메일을 받아보지 않은 사람이 있을까? 하지만 그 음모에 참여하려면 수수료라는 명목으로 약간의 돈을 선납해야 한다. 이런 경우에는 깐깐하게 생각해야 당신의 돈을 떼이지 않고, 순간의 욕심 때문에 빚어질 근심에서도 벗어날 수 있다.

이메일 사기를 판별하는 데 도움을 주는 기준들을 보면,
- 이메일을 보내는 사람이 글을 직접 썼는가? 서명은 있는가? 그렇지 않다면 의심하라.
- 농담이나 사기가 아니라며 진정성을 강조하는 구절이 있는가? 그렇다면 의심하라.
- 대문자와 느낌표를 지나치게 많이 사용하는가? 그렇다면 의심하라.
- 감성을 자극하는 말투를 사용하는가? 그렇다면 의심하라.
- 이메일에 담긴 정보가 상식을 벗어나는가? 대부분의 사람에게는 알려지지 않은 비밀 자료라고 말하는가? 믿기지 않을 정도로 기막힌 정보인가? 어떤 위험도 없이 벼락부자가 될 거라고 장담하는가? 기적의 치

> 료제라고 유혹하는가? 그렇다면 의심하라.
> - 출처를 제시하는가? 그 출처가 믿을 만한가? 그렇지 않다면 의심하라.
> - 반송 메일 주소를 제시하는가? 그렇지 않다면 의심하라.
> - 인터넷 홈페이지 주소를 제시하는가? 그 주소에서 하는 일이 메시지의 내용과 일치하는가? 예컨대 메시지는 어떤 기관에서 보낸 것인데 그 기관의 주소와 다른 주소로 비밀번호 등 당신의 정보를 보내달라고 요구하면, 절대 응하지 말라!
> - 메시지가 이미 사기로 발각된 것은 아닌지 인터넷으로 검색해보라.
> - 메시지의 전반적인 흐름에 각별한 관심을 기울여라. 사기꾼들은 인증된 문서의 형식을 모방하려고 애쓰지만 항상 뜻대로 되는 것은 아니다. 예컨대 은행에서 보낸 편지인데도 이상하게 오타가 있거나 말투가 다를 수 있다. 로고도 복사한 것처럼 보인다.
>
> 이런 사기 수법에 대해서는 http://hoaxbusters.cia.org를 참조할 것.

이런 분석과 정보, 또 앞에서 살펴본 연구 결과 등에 비추어볼 때, 개인의 경험을 근거로 믿음을 합리화시켜도 괜찮은 것일까? 내 생각부터 말하면, 이제부터라도 우리는 개인의 경험의 한계를 의심하는 편이 낫다. 시어도어 시크와 루이스 본의 글을 인용해 개인의 경험과 판단의 관계를 정리해보자.

지각과 기억의 구성적인 특징, 압박감에 따른 영향, 기대감과 믿음이 끼치는 영향, 선택적인 관심, 확률의 평가에서 범하는 잦은 실수, 주관적인 판단, 변덕스런 의식 상태 등에 따른 개인의 경험의 한계를 고려할 때 우리는 다음과 같은 원칙에 이르게 된다.

개인의 경험은 신뢰성을 의심할 만한 이유가 없을 때만 신뢰할 만한 자료로 받아들이는 게 합리적이다.

개인의 경험이 의심받는 이유로는 위에서 언급한 이유 이외에 불충분한 관찰 조건(불량한 시계, 흐릿한 조명, 약한 자극, 특이한 환경 등), 관찰자의 신체적 조건에 영향을 끼치는 요인들(술과 약물, 피로, 약한 시력과 청력 등), 또 진실이라 여길 만한 충분한 근거를 지닌 주장과의 모순 등이 있다.[15]

마지막으로 거론한 이유에서, "그럼 우리가 진실이라 여길 만한 충분한 근거를 지닌 주장이 무엇인가? 또 우리가 개인의 경험의 한계를 극복하기 위해서는 어떤 것을 확실히 알아야 할까?"라는 의문이 제기된다. 경험과학과 실험과학에서 이런 의문에 대한 답을 찾을 수 있다. 따라서 이제부터 경험과학과 실험과학에 대해 살펴보기로 하자.

그러나 과학에 대해 본격적으로 살펴보기 전에, 어떤 '환상적인' 주장이 증언과 증거를 근거로 내세우며 우리에게 동의를 강요할 때 비판적 사고가 절실하게 필요하다는 사실을 잠깐 살펴보려 한다. 이른바 흄의 원리(Hume's maxim)이다.

비판적 사고를 위한 소중한 도구: 흄의 원리

인간은 교활하면서도 어리석은 존재이기 때문에, 나는 지극히 경이로운 사건을 자연법칙을 위반한 희귀한 사례라고 생각하기보다는 인간의 경쟁에서 비롯한 결과라고 생각하고 싶다.
— 데이비드 흄

철학자 데이비드 흄은 「기적에 관하여」란 논문으로, 그 시대를 뒤흔들던 신학 논쟁에 뛰어들었다. 이 논문에서 흄은 이른바 '기적'을 평가하는 데 기준으로 삼을 만한 논증을 제시했다. 이 원칙은 일반적 상식을 뛰어넘는 모든 주장에 적용될 수 있어, 비판적으로 생각하는 사람에게는 반드시 필요한 도구 중 하나이다.

흄의 지적에 따르면, 어떤 종교에서나 기적이 종교의 진정성을 뒷받침하는 증거로 제시된다. 그러나 대부분의 사람이 그런 기적을 직접 보지도 그런 기적에서 혜택을 누리지도 못했기 때문에, 기적은 순전히 증언만을 근거로 믿는 수밖에 없다. 그런데 기적이 대체 무엇일까?

흄의 설명에 따르면, 기적은 신의 뜻에 따라 행해지는 자연법칙의 위반이다. 우리는 경험을 근거로 자연법칙을 믿는다. 따라서 우리가 믿는 자연법칙은 틀릴 수 있다. 그런데 기적에 관련된 증언도 경험에 근거한 것이다. 그렇다면, 우리는 두 사건의 확률을 비교해봐야 한다. 하나는 자연법칙을 위반하는 사건이 일어났을 확률이고, 다른 하나는 증인(혹은 정보를 전달하는 사람)이 착각했거나 우리를 속이려고 시도했을 확률이다. 이처럼 문제에 올바르게 접근하면, 두 번째 확률이 더 높다는 결론이 내려진다. 우리는 경험을 통해 배운 사실들을 동원해 경험을 뒷받침할 수 있다. 예컨대 우리 감각의 인식이 취약하고, 증인들의 말이 모순되며, 종교들이 주장하는 기적들이 앞뒤가 맞지 않을뿐더러, 동시에 모두 진실일 수 없다는 걸 경험적으로 알고 있다. 또한 우리에게는 불가사의한 것을 믿으려는 욕망, 기적의 증인으로 선택받고 싶은 욕망이 있으며, 남을 속이려는 욕망도 있다.

흄은 기적에 대해 다음과 같이 설명했다.

기적은 자연법칙의 위반이다. 그리고 자연법칙은 확실하고 변하지 않는 경험으로 이루어지기 때문에, 사실 자체로써 기적을 부정하는 증명은 경험에 입각한 논증만큼이나 완전하다. 모든 사람은 죽기 마련이다, 납은 그 자체로는 공중에 떠 있을 수 없다, 불은 나무를 태우고 물에 의해 꺼진다 등과 같은 사건을 사실과 진배없는 것으로 받아들이는 이유는 무엇일까? 이 사건들이 자연법칙을 따르는 것으로 여겨지고, 이 법칙들의 위반, 달리 말하면 자연법칙을 방해하는 기적을 바라는 이유가 무엇이겠는가? 자연의 일반적인 과정에서 일어나는 현상은 어떤 것도 기적으로 여겨지지 않는다. 건강해 보이던 사람이 갑자기 죽더라도 그 죽음은 기적이 아니다. 그런 죽음이 예삿일은 아니지만 빈번히 목격되는 현상이기 때문이다. 그러나 죽은 사람이 다시 살아난다면 그것은 기적이다. 어떤 시대, 어떤 지역에서도 그런 일은 목격된 적이 없기 때문이다. 따라서 어떤 기적적인 사건에나 그에 반대되는 일반적인 경험이 있기 마련이다. 그렇지 않으면 그 사건이 기적이라 불릴 수 없을 것이다. 동일한 경험이 반복되면 증거가 된다. 따라서 기적이라 여겨지는 사건을 직접적으로 부정하는 완전한 증거가 어딘가에 있을 수 있다. 그런 증거는 그보다 우월한 반증(反證)에 의해서만 부인될 수 있을 뿐이므로, 기적은 믿을 것이 못 된다.

따라서 "증거로 확증하려는 사실보다 증거 자체가 거짓일 가능성이 더 기적에 가까운 경우가 아니라면, 어떤 증거로도 기적을 확증할 수 없다. 이런 경우에도 서로를 부인하는 논증의 다툼이 있기 마련이고, 다툼에서 이긴 논증은 패한 논증을 꺾은 후에 남은 힘만큼만 우리에게 확신을 준다."라는 분명한 결론이 내려지고, 이런 결론은 우리 모두가 눈여겨봐야 할 원칙이다. 누군가 죽은 사람이 다시 살아난 걸 보았다고 내게 말하면, 나는 그 사람이 나를 속이려는 걸까 아니면 그 사람도 속고 있는 걸까, 혹은 그 사람이 말한 사건이 정말로 일어났던 것은 아닐까 곰곰이 생각하게 된다. 나는 두 가능성을 저울질해보고, 내가 찾아낸 우월한 근거에 맞추어 내 나름의 결정을 내리고 나머지 하나를 거부한다. 따라서 어떤 사람이 말하는 사실보다 그의 증언이 거짓일 가능성이 더 기적에 가까워야, 그때서야 비로소 그가 내 믿음과 견해에 영향을 끼친다고 말할 수 있다.[16]

이런 논증은 자연법칙에 반하는 기적보다 훨씬 광범위하게 적용되기 때문에 일반화될 수 있고, 당연히 일반화돼야 한다. 벨기에의 이론 물리학자 장 브리크몽은 이른바 '확대된 흄의 원리'를 다음과 같이 재정리했다.

> 지적 사기꾼과 점성술사와 동종요법가에게는 물론이고 과학자에게도 다음과 같은 질문을 제기해야 한다. 당신이 잘못 생각했거나 나를 속이려는 가능성보다 당신의 주장이 맞을 가능성이 높다고 내가 믿어야 할 이유가 무엇인가? 과학자들은 정밀한 실험을 언급하거나, 그들의 이론이 과학기술에 적용된 사례를 제시해 문외한도 이해할 수 있게 이 질문에 대답할 수 있다. 그러나 지적 사기꾼이나 점성술사 등은 이렇게 대답할 수 없다.
> 게다가 흄이 제기한 것처럼, 일종의 기적에 근거한 많은 이론들이 제기하는 문제들을 어떻게 처리할 것인가? 만약 내가 동종요법을 믿는다면, 동종요법에 버금가는 효과를 지녔다고 알려진 신앙으로의 치유를 대서양 건너편에서 믿지 않을 이유가 무엇인가? 티벳이나 인도의 점성술보다 우리나라의 점성술을 고집해야 할 이유는 무엇인가? 이런 모든 믿음은, 타당하면서도 똑같은 정도로 타당하지 않은 증언에 근거를 둔다. 달리 말하면, 우리 사회에서 뭐든 곧이곧대로 받아들이는 듯한 사람들이 바다 건너에서 온 믿음에는 무척 회의적인 모습을 띤다. 색다른 믿음에 대한

그들의 회의적인 태도를 정당화하는 논증이 어린 시절부터 그들에게 심어진 믿음이나, 그들의 주변에 깊이 스며든 믿음에는 적용되지 않기 때문에 그들의 태도는 일관되지 않다.[17]

칼 세이건은 "범상하지 않은 주장에는 범상하지 않은 증거가 요구된다."라고 말했다.[18] 이 말도 흄의 원리에 못지않은 황금원리라 할 수 있다.

4장 과학

과학을 과학적으로 의심하고 성찰한다

과학자가 남다른 이유는 그가 무엇을 믿느냐에 있지 않고, 어떻게 왜 그것을 믿느냐는 데 있다.
— 버트런드 러셀

내가 평생 일하면서 깨달은 것이 하나 있다면, 우리 과학 전체가 현실 세계에 비교하면 원시적이고 유치하지만 그래도 우리에게 가장 소중한 보물이란 것이다.
— 알베르트 아인슈타인

사실과 증거가 중요하다는 생각 대신에 모든 것이 주관적인 관심과 관점에 불과하다는 생각이 득세하는 현상은 미국의 대외정책 다음으로 우리 시대를 짓누르는 반주지주의의 가장 두드러진 해악적 현상이다.
— 래리 로던

여는 글

과학은 우리 문화에서 중요하면서도 독특한 위치를 차지한다. 과학, 정확히 말해서, 과학의 산물인 테크놀로지는 우리 삶의 거의 모든 부분에 영향을 끼친다. 그러나 과학의 성과와 개념 및 방법론에 대해 아는 사람은 거의 없는 실정이다.

사이비과학, 심지어 반(反)과학적인 믿음이 이해가 되지 않을 정도로 많은 분야에서 여전히 굳건한 위치를 차지하고 있으며 점점 확산되는 것은 이런 이유 때문이다. 게다가 사이비 과학자들이 과학과 합리성을 열렬히 비난한 후에 과학과 합리성을 표방하는 경우도 드물지 않다. 점성술사들은 과학이 환원주의적이고 억압적이어서 숨 막힌다고 비난하면서, 점성술도 어엿한 과학이라고 주장한다.

게다가 오늘날 일부 학계와 지식인 세계에서는 합리성, 요컨대 과학이

지향하는 합리성의 근본을 공격하고 있다. 그들의 공격에 따르면, 과학과 이성은 서구의 지배, 남성의 지배, 자본주의의 지배 등 이런저런 형태의 지배적 이데올로기를 탐욕스레 감추려는 핑곗거리이다. 또한 이런 분석들은 초과학적이고 비상식적인 주장에 호의적인 상대주의를 옹호하기도 한다. 이런 상대주의에 따르면 과학은 많은 가능성 중 하나에 불과하다. 요컨대 정치적이고 사회적인 하나의 '구성 요소'일 뿐이지 진실에 다가가는 특별한 수단은 아니다. 과학이 무엇이고 어떻게 기능하며 과학의 결과가 어떻게 얻어지고 검증되는지 정확하게, 또 철학적으로 만족스럽게 설명하기 힘들고, 때로는 불가능하다는 점에서 이런 결론이 쉽게 힘을 얻는다. 하기야 인식론(epistemology)이란 학문이 그런 의문을 어떻게든 설명해보려 했지만 지금까지 만족스런 성과를 거두지 못한 것이 사실이다 (epistemology란 단어는 그리스어에서 '지식'을 뜻하는 episteme와 '연구'를 뜻하는 logos가 결합된 단어로 과학과 과학의 원리 및 방법론과 결과에 대한 비판적인 연구를 뜻한다).

> **인식론의 난제**
>
> 20세기 초에 일부 사상가들은 과학을 합리적인 노력이라고 올바로 생각했지만, 경험을 근거로 지식을 합리화하는 이론에 (새롭게 부각된) 형식논리학을 접목시키면 과학을 수월하게 기술하고 과학의 합리성도 완전히 설명할 수 있으리라고 잘못 생각했다. 따라서 결국 그들은 자신들의 생각이 틀렸다는 걸 인정해야 했다. 흔히 '헴펠의 역설'(Hempel paradox)이라 불리는 예를 통해, 우리가 인식론에서 부딪치는 뜻밖의 어려움에 대해 살펴보자.
> 과학자들은 어떤 과정을 거쳐 결국 어떤 명제를 참이라 받아들일까?
> 인식론에 조예가 깊지 않은 과학자들은 이 질문에 "처음에는 어떤 명제가 가정으로 주어진다(여기에서 '어떻게'는 그다지 중요하지 않다). 그 후에

자료가 수집된다(자료를 어떻게 수집하느냐도 크게 중요하지 않다). 여하튼 수집된 자료가 가정을 확인해주면 그 가정이 맞을 확률이 높아지고, 그렇지 않으면 가정이 맞을 확률이 줄어든다."라는 식으로 대답한다.

이런 대답은 상식과도 부합하지만, 까마귀와 관련된 유명한 예를 통해 더 확실하게 이해할 수 있다.

우리가 "모든 까마귀는 검다."라고 가정했다고 해보자. 그래서 까마귀 한 마리를 보았고, 실제로 까마귀가 검다는 걸 확인했다. 이런 관찰은 가정을 확인해준다. 그렇다고 가정이 참이라고 결론 내릴 수 있을까? 반드시 그렇지는 않다. 한 마리의 까마귀를 관찰한 결과를 모든 까마귀에 일반화할 수는 없기 때문이다.

이쯤 되면 어려움이 예감된다. 아무리 많은 까마귀를 관찰해도 유한수를 벗어나지 못하기 때문에, 논리적으로 생각하면 관찰 결과를 모든 까마귀에 일반화할 수는 없다. 하지만 이 문제는 일단 접어두자. 검은 까마귀 한 마리를 관찰한 결과로 모든 까마귀는 검다는 가정이 맞을 확률이 높아졌다는 사실이 중요하다. 검은색을 띤 까마귀를 계속 관찰할 때마다 그 확률은 점점 높아진다.

그러나 논리학자이며 철학자인 카를 헴펠이 연구한 놀라운 역설이 있다. 우리가 지금까지 살펴본 직관적인 확인에 의문을 제기하는 역설이다.

헴펠은 명제를 계산하는 논리법칙 중 하나인 '대우'(contraposition)를 사용했다. 대우법칙은 그다지 어렵지 않다. "이것이면 저것이다."라는 명제는 논리적으로 "저것이 아니면 이것이 아니다."라는 명제와 같다는 논리법칙에 불과하다. 무슨 말인지 모르겠는가? 그럼 더 자세히 설명해보자. 논리학자들이 말하는 것처럼 "P이면 Q이다."라는 조건 명제로 시작해보자. 구체적으로 "비가 오면 인도가 젖는다."라는 명제를 예로 들어보자. 이 명제의 대우는 "Q가 아니면 P가 아니다."이므로 "인도가 젖지 않았으면 비가 온 것이 아니다."가 된다.

다시 까마귀로 돌아가자. "뭔가가 까마귀이면 그것은 검다."라는 가정의 대우 명제는 "뭔가가 검지 않으면 그것은 까마귀가 아니다."가 된다. 그런데 대우 명제는 논리적으로 처음 명제와 동일하기 때문에, 처음 명제를 확인해주는 관찰은 반드시 대우 명제도 확인해주기 마련이다. 이 관계를 쉽게 이해하기 위해서 양말 상자를 생각해보자. 양말 상자가 옷장 위에 놓여 있어 상자 안을 들여다볼 수 없다면, 양말을 하나씩 꺼내 확인하는 수밖에 없다. 검은 양말은 모두 260밀리미터라고 가정해보자. 이 가정을 확인하기 위해서 당신이 상자에서 양말 하나를 꺼냈다. 검은색이고 260밀리미터였다. 따라서 가정이 확인된다. 다시 양말 하나를 꺼냈다. 이번에는 푸른색이고 250밀리미터였다. 당신이라면 어떤 결론을 내리겠는가?

여기에서 헴펠의 역설이 등장한다. "모든 까마귀는 검다."라는 명제는 "검지 않은 것은 모두 까마귀가 아니다."라는 명제와 논리적으로 동치이기 때문에, 초록색 개구리 한 마리를 관찰한 결과에서 모든 까마귀가 검다는 명제가 확인된다고 결론지어야 할 듯하다. 엄격하게 말하면 그렇다. 어떤 대상이든 관찰해서 그 대상이 검지 않으면 모든 까마귀가 검다는 명제가 확인된다고 결론지어야 한다!

그런데 논란의 여지가 없어 보이는 논리학을 이용하면, 부엌에 앉아 다채로운 색을 띤 식기를 관찰하는 것만으로도 조류에 대한 결론을 내릴 수 있게 된다. 이상하지 않은가? 새를 관찰하려고 힘들게 여기저기 돌아다닐 필요가 없을 정도로 조류학자의 작업을 이렇게 단순화한다면, 그에 상응하는 대가를 치러야 한다! 고민거리가 여기에서 끝나지 않기 때문이다. 영리한 독자는 이미 눈치챘겠지만, 초록색 개구리 한 마리를 관찰한 것은 모든 까마귀가 검다는 명제를 확인해주는 데 그치지 않고, 똑같은 논리에서 모든 까마귀가 희다는 명제까지 확인해줄 수 있다.

과학의 합리성을 되살리려는 노력들이 이처럼 실패하는 걸 보고, '이론가'들은 과학에 대해 깊이 생각해보지도 않은 채 과학은 합리적인 노력이 아니라는 엉뚱한 결론을 내리기도 한다. 이는 솔직히 말해서 비합리적인 부분이 있는 현대 인식론에서 비롯된 비극이다.

나는 "Contre le charlatanisme universitaire", *Possible*, 26권 2호, 2000년 여름, pp. 49-72에서 이런 비합리적인 인식론에 대한 내 의견을 밝혔다.

과학과 사이비과학이 제기한 많은 문제들은 한결같이 복잡하다. 때문에 여기에서 그 문제들을 모두 언급할 수도 없을뿐더러, 그중 일부만을 철저하게 다루기조차 힘들다. 이 책에서는 과학과 사이비과학을 비판적 관점에서 접근하려는 사람들이 취해야 할 기본적인 자세와, 지적인 자기 방어를 위한 도구를 제시하는 데서 그치려 한다. 그래도 이 책을 끝까지 읽고 나면, 비판적인 관점을 취할 때 부딪칠 수밖에 없는 비현실적인 인식론 이론, 우리에게 제시되는 이상하고 비상식적인 '이론', 그리고 과학 연구 들을 비판적으로 판단하는 힘을 갖게 될 것이다.

이를 위해 네 단계로 나누어 접근할 생각이다.

첫째 단계에서는 과학자들이 가정을 검증할 때 어떻게 하는지를 간단하지만 구체적으로 설명한다. 단순화해서 말하면, 과학은 문제를 제기하고 그 문제에 대한 답을 찾기 위해 현실 세계를 탐구하는 방법이다. 이 단계를 제대로 이해하려면 세 가지 개념을 완전히 알아야 한다. 제어된 변수가 있는 실험, 대조군이 있는 실험, 이중맹검실험이다.

둘째 단계에서는 과학의 개념을 명확히 정의해보려 한다. 실험과학 혹은 경험과학을 정의하고, 인식론을 이해하는 데 필요한 몇 가지 다른 개념들도 정의한다.

셋째 단계에서는 일련의 질문을 제시하고, 우리에게 주어지는 연구 결과의 타당성을 평가하는 데 도움을 주는 원칙들을 살펴볼 예정이다.

마지막 단계에서는 초과학적인 현상을 옹호하는 사람들이 조금도 수그러드는 기색 없이 줄기차게 우리에게 받아들이라고 요구하는 이상한 이론들을 평가하는 데 도움을 주는 모델을 제시한다.

당신의 지갑을 지켜내는 3가지 과학 실험법

당신이, 앞에서 언급한 제임스 랜디 재단과 같은 조직의 책임자라고 상상해보자. 당신이 이끄는 도깨비 방망이 재단이 초자연적이고 신비한 능력을 입증해 보이는 사람에게 5만 달러의 상금을 내걸었다.

어느 날 아침, 당신은 한 도전자의 편지를 받았다. 지팡이로 수맥을 찾아내는 사람이었다. 편지에서 도전자는 평범한 막대기만 있으면 지하에서 수맥을 찾아낼 수 있다고 말했다(수맥을 찾을 때는 전통적으로 개암나무 막대기를 쓴다). 막대기를 한 팔쯤 앞으로 내밀고 걷다 보면 막대기가 갑자기 눈에 띄게 움직이기 시작하는데, 그런 움직임은 발밑에 물이 있다는 신호이기 때문에 그곳을 파면 틀림없이 물을 발견할 수 있다는 설명이었다.

도전자는 당신이 그런 상금을 내걸어 놀랐다며 농담이 아니기를 바란다고 말했다. 그리고 자신이 상금의 주인이 될 거라고 확신했다. 물론 그는 당신이 수표를 작성하기 전에 자신의 능력을 입증해야 한다는 것도 알았다. 그러나 수맥 찾기는 오랜 전통을 지닌 기술인 까닭에 그 능력을 입증하는 건 그다지 어려운 일이 아니었다. 거의 모든 인간 사회에서 까마득한 옛날부터 시행되고 알려진 기술이었다. 따라서 그는 자신의 능력이면 충분히 상금을 받을 수 있으리라 확신했다.

도전자는 오랜 경력이 있어 이미 15곳에서 우물을 찾아낸 적이 있었다. 그래서 그는 자기 덕분에 우물을 갖게 된 땅주인들의 목록을 덧붙였다. 그 정도라면 그의 능력을 입증하기 충분한 듯했다. 게다가 그는 동네 사람들 사이에서 수맥을 찾는 사람으로 유명해서 우물이 필요한 사람은 누구나 그에게 전화를 걸어 수맥을 찾아달라고 부탁하며, 자신은 지금까지 한 번도 실패한 적이 없다고도 말했다. 그리고 자신의 주소를 밝히며 그곳으로 상금을 보내달라고 정중히 부탁했다.

당신이라면 그에게 상금을 지급하겠는가?

물론 상금을 지급하기 전에 증거를 확인해야 한다. 당연히 그래야 한다. 그런데 어떤 순서로 해야 할까?

도전자는 하나의 결론을 뒷받침하기 위해서 여러 주장을 펼쳤다. 논리적으로 생각하려면, 첫째로 그 결론이 무엇인지 정확히 규정할 수 있어야 한다. 결국 도전자는 결론을 주장하는 것이고, 그것을 뒷받침하려고 온갖 논증을 펼치고 있기 때문이다. 다음에는 그런 논증들을 찾아내 타당한가를 판단해야 한다.

도전자는 자신에게 막대기 하나로 수맥을 찾아내는 능력이 있다고 주장한다. 이런 결론을 뒷받침하기 위해서 그런 기술이 옛날부터 시행됐고, 자신도 여러 번 성공했다고 말한다. 당신이라면 이 정도의 논증에 만족해서 그에게 상금을 보내겠는가? 그럴 수는 없다. 우선 그의 주장이 분명하지 않다. 언제, 어디서, 어떻게, 어떤 조건에서 성공했는지 밝히지 않았다. 따라서 그의 편지를 읽는 순간, 온갖 의문이 떠오르기 마련이다. 게다가 개인이나 집단, 심지어 사회 전체가 오래전부터 진실이라 여기며 인정했던 전통적인 지혜가 거짓으로 밝혀진 예도 수두룩하다. 또 인간이 쉽게 자기기만과 착각에 빠지며, 잘못 보고 잘못 기억하고 잘못 판단한다는 것도 널리 알려진 사실이다. 게다가 거짓 증언은 언제나 가능하다.

이 모든 것을 고려해서 당신은 도전자의 주장을 조사하기로 결정했다. 그래서 도전자가 제시한 목록에서 10명의 증인을 만났다. 그들은 한결같이 믿음직해 보였고, 도전자가 우물 위치를 정확히 알려주었다고 확인해주었다. 이쯤 되면 도전자에게 상금을 지급해야 할까?

아직은 아니다. 도전자가 모든 경우에 물이 있는 곳을 정확히 짚은 게 사실이더라도 다른 요인들이 개입될 수 있었다고 의심해봐야 한다. 예컨대 그가 순전히 운으로 물을 찾아냈을 가능성도 배제할 수 없다. 그가 수맥을 찾은 지역에서는 어디에나 물이 있었을 수도 있고, 물이 있을 만한 곳을 뜻하는 지표를 그가 의식적으로든 무의식적으로든 알아내는 능력이 탁월했기 때문일 수도 있다.

이런 가능성들을 배제할 수 없는 상황에서, 더구나 이런 가능성들이 관찰된 사실만이 아니라 도전자의 논증까지도 설명하기 때문에, 당신은 그에게 상금을 지급하기 전에 그런 요인들로 도전자가 물을 찾아낸 게 아니라는 걸 확인해야 한다. 이때 당신은 '오컴의 면도날'(Ockham's razor)에 따라, 가장 경제적으로 설명할 수 있는 방법을 찾아야 한다. 달리 말하면, 최소한의 조건으로 설명할 수 있는 방법을 찾아내야 한다. 관찰된 현상을 단순하고 널리 알려진 요인들로 충분히 설명할 수 있다면, 잘 알지도 못하는 힘을 구태여 개입시킬 이유가 무엇인가?

> **오컴의 면도날**
>
> "보다 적은 수의 가정으로 설명이 가능하면 그보다 많은 수의 가정을 세우지 말라."
> "필요하지 않은 경우에까지 많은 것을 가정하면 안 된다."
>
> 　윌리엄 오브 오컴(1285?~1349)이 주장한 원칙이다. 오컴은 프란체스코회 수도자로 그 시대에 가장 영향력 있는 철학자였다. 교황 요한 22세에게 파문당하자, 오컴은 교황이 이단자라고 증명하는 논문으로 맞섰다.
>
> 　흔히 '오컴의 면도날'이라 일컬어지는 이 원칙은 비판적 사고에 큰 영향을 끼친 중세 철학의 하나이다. 그러나 오컴이 아직까지 살아 있다면, 이 원칙이 현대 사회에서 사용되는 방식에 대해 흔쾌히 동의했을지는 의문이다. 이 절약법칙은 처음에 '보편 논쟁'(Battle of Universals)에서 사용됐다. 오컴을 비롯한 많은 철학자가 이 원칙을 내세워, 보편은 개체에서 추상하여 얻은 공통의 이름일 따름이고 실재성은 없다는 유명론(nominalism)을 옹호했다. 그러나 현대에 와서 오컴의 면도날은 절약법칙 혹은 경제법칙으로 변했다. 오컴의 면도날은 방법론적인 동시에 존재론적이기 때문에 가장 단순한 설명을 추구하고, 가장 적은 수의 논리를 취하라고 권한다. 이 원칙은 과학에서도 무척 유용하지만, 초과학자들의 주장을 검증하는 데도 유용하게 쓰인다. 외계인이 지구에 내려와 이집트에 피라미드를 세웠고, 이스터 섬에 석상을 세웠다는 건 누구도 입증할 수 없다. 반면에 화성인을 개입시키지 않고 이 현상들을 설명한다면, 그런 설명이 당연히 채택돼야 한다.

　이 모든 것을 고려하면, 어떤 주장을 검증할 것인지 결정하고, 그 주장을 검증하는 데 사용할 주장의 타당성을 확인해주는 조건과 결과를 명확히 해야 한다. 당신은 그 주장에 대해 어떻게 생각하는가? 이쯤에서 어떤 방법론을 적용할 때 흔히 부딪치는 어려움을 만나게 된다. 이런 경우에는 과학에서 하듯이, 문제를 체계화해야 한다. 그것이 출발점이다. 어떤 주장을 검증하는 법을 이런 식으로 생각해서 찾아내는 것이 과학의 방법이며, 이는 인간이 문제에 부딪칠 때 공통적으로 떠올리는 방법이기도 하다. 유일한 차이가 있다면, 과학의 경우에 이 방법이 엄격하고 집요하게 추구된다는 점이 다를 뿐이다.

그것이 바로 실험인데, 이 개념의 근본은 매우 단순하다. 간단히 말하면, 어떤 주장이 실재하고 옳은 것인지 확인하려는 노력이 있어야 한다는 것이다. 그러나 그 과정은 실제로는 무척 복잡하다. 일단 관찰하기가 어렵기도 하고, 가정된 것이 관찰된 것에서 정말로 일정한 역할을 한 것인지 확인도 해야 하기 때문이다. 이런 과정이 때로는 끔찍할 정도로 복잡하다.

이런 어려움을 우리에게 살짝 맛보게 해주는 동시에 어려움을 극복할 수 있는 방법들을 우리에게 알려주는 3가지 실험 검증법을 차례로 살펴보자. 바로 제어된 변수가 있는 실험, 대조군이 있는 실험, 이중맹검실험이다. 이에 대해 알고 나면 과학자가 정확히 무엇을 하는지 조금이나마 이해할 수 있을 것이고, 그 후에는 과학적 개념까지도 한층 정확히 정의하려는 신중한 태도를 갖게 될 것이다.

수맥 찾기: 제어된 변수가 있는 실험

다시 수맥을 찾는 사람의 얘기로 돌아가자.

결과에 대한 다른 가능한 설명은 일단 배제하고, 그 결과가 동일한 조건에서 항상 일어나는지만 확인하고자 한다고 해보자. 이를 위해서는 변수를 조직적으로 통제하는 실험을 해보면 된다.

제임스 랜디는 수맥을 찾는 사람들을 실제로 검증해보았다. 랜디는 검증에 참여한 수맥 탐지인들에게 다음과 같은 조건을 제시했다(그들도 받아들였다). 사방 10미터 내에 물이 있을 만한 어떤 지표도 없는 시골 땅의

지하 50센티미터에 3개의 플라스틱 관을 묻어두었다. 3개의 관은 A지점부터 B지점까지 각각 다른 방향으로 이어졌고, 물은 하나의 관에만 흘렀다. 이런 조건은 수맥 탐지인들에게도 공지했다. 그들은 막대기만으로 물의 방향을 탐지해서 말뚝들로 표시해야 했다. 관에서부터 일정한 거리 안에 표시된 말뚝은 성공한 걸로 인정했다. 도전자들에게는 각각 30개의 말뚝이 주어졌고, 각 도전자는 세 번까지 시도할 수 있었다. 그 밖의 다른 조건들은 무시하더라도 통계적 분석을 해내기엔 충분했다. 순전히 우연만으로 누구나 상당수의 말뚝을 올바른 위치에 표시할 가능성도 있었다. 따라서 도전자들은 물을 찾는 데 탁월한 능력이 있다는 걸 입증하기 위해서라도 우연보다 나은 성적을 거두어야 했다. 여하튼 검증받기 전에 도전자들은 이런 조건들을 받아들이겠다고 문서로 합의했고, 검증을 성공적으로 통과할 수 있을 거란 자신감까지 피력했다. 게다가 거의 모든 말뚝을 정확한 위치에 표시할 수 있을 거라고 자신 있게 말하기도 했다.

그러나 랜디가 1979년 3월 22일부터 31일까지 이탈리아에서 4명의 수맥 탐지인을 검증한 결과는 통계로 분석할 필요조차 없었다.[1] 첫 도전자는 처음에는 30개 말뚝 중 1개, 두 번째 시도에서는 2개만을 맞혔다. 세 번째 시도에서는 처음 시도할 때와 똑같은 방향을 따라가다가 도중에 포기했지만 6개를 맞혔다. 여하튼 실패였다.

둘째 도전자는 58개의 말뚝을 표시했고, 2개밖에 맞히지 못했다.

셋째 도전자는 시작조차 못하고 허둥거렸고, 마지막 도전자는 그야말로 검증에 종지부를 찍었다. 따라서 랜디는 수표책을 꺼낼 필요조차 없었다.

그 후로도 유사한 실험이 있었지만 결과는 똑같았다. 이는 무엇을 의미할까? 첫째, 단순한 증거를 경계해야 한다는 뜻이다. 둘째, 어떤 능력이든 스스로 증명되지는 않는다는 뜻이다. 그렇다고 그 능력이 존재하지 않는다고 단정할 수는 없다. 끝으로, 수맥 탐지인들이 그런 기술을 시행할 때 일어나는 현상을 설명하려는 노력 자체는 흥미로울 수 있다는 뜻이다. 어떤 식으로든 주변에 물이 있었기 때문에 그들은 물을 찾아낸 것일 수 있다. 하지만 막대기가 움직이는 건 어떻게 설명해야 할까?

그 현상에 대한 가장 그럴듯한 설명은 '관념운동 효과'(ideomotor effect)이다. 요컨대 수맥 탐지인이 자기암시에 걸려 무의식적으로 미세하게 움직인다는 말이다. 수맥 탐지인이 사용하는 도구의 모양에서도 관념운동 효과의 타당성이 설명된다. 수맥 탐지인들은 Y형 나뭇가지의 Y로 벌어진 양끝을 손으로 쥐고 앞으로 내민다. 이런 형태로 잡기 때문에 막대기는 무척 불안정해서, 손목이 조금만 움직여도 크게 반응할 수밖에 없다.

그런데 다른 초능력으로 당신의 상금에 도전한 사람이 있었다. 이번에는 어떤 초능력이었을까?

신비의 피라미드: 대조군이 있는 실험

새로운 도전자는 전자기장 피라미드를 발명했다면서 당신에게 상금을 요구했다. 동봉한 사진에서 금속 조각들이 피라미드 모양으로 모여 있는 게 뚜렷이 보이기는 했다. 그는 그 피라미드로 이집트의 위대한 스승들이 보내는 우주 에너지를 받아들여 엄청난 일을 해낼 수 있다고 했다. 피라미드의 에너지가 면도날을 기적적으로 보존하고 복원하기 때문에 면도날의 수명이 연장된다고 예를 들어 설명했다. 실제로 전에는 10일밖에 사용하지 못하던 면도날을 이제는 20일 동안이나 사용한다는 말도 덧붙였다.

당신이라면 그에게 상금을 지급하겠는가?

당연히 증거를 요구해야 한다. 여하튼 편지에 주어진 증거에 따르면, 그 발명가가 자신의 발명품을 믿지 않을 이유는 없다. 그러나 당신 입장에서는 그런 에너지가 반드시 존재한다고 생각해야 할 어떤 이유도 없다. 도전자가 똑같은 상표의 면도날을 전보다 더 오래 사용한 후에도 더 나은 상태에 있다고 생각할 가능성은 얼마든지 있을 수 있다. 게다가 당신 친구 하나가 미심쩍어하면서도 재미 삼아 똑같은 피라미드를 산 적이 있었지만 면도날의 수명을 조금도 연장시키지 못하기도 했다. 따라서 이 도전자는 자기암시적 확신 때문에 피라미드의 효과를 부정하는 현상을 애써 모른 척했을 가능성이 컸다.

이런 경우에는 면도날 둘을 모든 면에서 똑같이 사용한 후에, 하나는 피라미드에 넣어두고 다른 하나는 평소처럼 보관하면서 둘의 상태를 비교하기만 하면 된다. 이때 눈에 띄는 차이가 관찰되면 피라미드가 어떤 역할을 했을 거라고 짐작할 수 있다. 하지만 이런 실험은 다수의 면도날을 대상으로 행해져야 한다. 보관 방법에 따라 면도날의 상태가 우연히 상대적으로 더 나을 수도 있고 더 나쁠 수도 있기 때문이다.

그렇게 하자면 기술적으로나 방법론적으로 고약한 문제가 많이 대두된다. 예컨대 피라미드에 보관하는 면도날들과 그렇지 않은 면도날들, 두 군(群)이 무작위로 충분하게 추출한 똑같은 표본이라는 걸 확신할 수 있어야 한다. 면도날의 표본 추출은 그나마 쉽다. 하지만 사람의 도움이 반드시 필요한 이번 실험에서는, 적절한 실험자 표본을 구성하는 것도 쉽지 않은 일이다. 또 두 군의 면도날이 모든 점에서 똑같은 방식으로 사용돼야만 한다. 피라미드에 보관하느냐 하지 않느냐만 다를 뿐이다. 게다가 면도날의 마모 상태를 객관적으로 측정할 수 있어야 한다.

당신이 어떻게든 이 모든 조건을 만족시켰다고 해보자. 그럼, '대조군이 있는 실험'(experimentation with a control group)이 가능할 수 있다. 과학이 거둔 성과 중 하나인 수준 높은 실험법이다. 이 실험의 원칙은 무척 간단하다. 실험군과 대조군으로 나누어 실험군에는 어떤 조치를 취하는 반면에 대조군에는 어떤 조치도 취하지 않는다는 점만 다를 뿐 다른 모든 면에서는 똑같다. 그 후에 두 군의 결과를 비교하고 통계학적 기법으로 차이를 분석해서, 관찰된 차이가 어느 정도나 의미 있고 중요한지 결정하게 된다.

이와 같은 연구에서는 군의 구성에 주의를 기울여야 한다. 두 군이 동일하지 않으면 실험군에 가해진 조치 때문에 차이가 생긴 거라고 단정할 수 없다. 교육계에서 널리 인정받는 어떤 잡지에 발표된 연구를 예로 들어보자. 이 연구는 문헌들에서 자주 인용되며, 퀘벡에서 실제로 단행된 교육개혁의 원인이 되기도 했다. 하지만 오류를 찾아내는 감각을 최대한 높여, 이 연구가 타당하지 않다고 생각할 만한 이유를 찾아보라.

2학년 10학급이 1년간 진행되는 프로젝트에 참여했다. 그들에게는 사회구성주의적 지식 이론과, 전국 수학교사 협의회의 권고안을 전반적으로 따른 교육이 주어졌다. 1년의 과정이 끝난 후에, 프로젝트에 따라 교육을 받은 10학급의 결과와 일반 교육을 받은 8학급의 결과가 비교됐다. 표준화된 시험의 결과가 비교됐고, 학생의 계산 능력과 산수에 대한 개념 이해력, 수학을 잘하는 비결에 대한 학생의 의견 및 개인적인 목표를 평가하기 위해 고안된 방법으로도 비교됐다.

이 프로젝트에는 세 학교가 참여했고, 학교마다 프로젝트에 참여한 교실과 그렇지 않은 교실이 따로 운영됐다. 프로젝트에 참여한 교실과 그렇지 않은 교실의 비율은 세 학교에서 각각 5:2, 3:2, 2:4였다. 각 학교는 2학년 학생들을 독서성취도에 따라 반을 나누었고, 대부분의 학생이 백인이었지만 사회경제적인 배경이 다양한 편이었다. 10명의 2학년 교사가 프로젝트에 자원해 참여했고, 예정된 교육 과정에 맞추어 가르쳤다. 프로젝트에 참여하지 않은 교실의 교사들은 애디슨 웨슬리 출판사에서 발간한 2학년 교과서로 수학을 가르쳤다. 두 교실 모두에서 하루에 45분씩 수학을 가르쳤다.[2]

잘못된 부분을 찾아냈는가? 잘했다! 자원한 교사를 실험군에 속한 교실에 배치했기 때문에 두 군은 비교될 수 없다. 그 이유는 자명하다. 그런 연구에 자발적으로 참여한 교사라면 특별한 관심도 쏟았을 것이고 동기 부여도 충분했을 것이다. 또한 특정한 선입견도 있었을 것이다. 따라서 어떤 교육 방법을 사용했더라도 그들이 상대적으로 동기가 떨어지는 교사들에 비해 더 나은 결과를 거둘 가능성이 높았다. 이 요인이 어느 정도 작용했을 가능성을 배제할 수 없기 때문에 이 연구는 과학적인 가치를 갖지 못한다.

대조군을 가정할 수 있다면 이런 실험은 어디에서나 가능하다. 예컨대 치료법을 평가하는 데도 사용될 수 있다. 이 경우에는 선입견을 배제하기 위해서 모든 피실험자가 똑같은 치료(예컨대 동일한 약)를 받지만, 그들이 실험군에 속하는지 대조군에 속하는지는 알지 못한다. 실험군에 속한 사람에게는 진짜 약이 주어지지만, 대조군에게는 설탕 덩어리에 불과한 위약(僞藥), 즉 '플라시보'(placebo)가 주어진다. *placebo*는 라틴어로 '즐겁게 해드리겠습니다.'라는 뜻이다.

그런데 또 다른 도전자가 당신에게 편지를 보냈다. 이번에는 상당히 진지한 도전이었다. 유럽에서 보낸 이 편지에는 한스라는 말이 계산도 하고 날짜도 맞히는 등 기막힌 일을 해낸다는 내용이 씌어 있었다. 이제 꼼짝없이 5만 달러를 내놓아야 할 것 같았다. 당신에게 편지를 보낸 도전자는 한스가 학자들에게 이미 검증을 받았으며, 학자들이 상식적으로는 한스의 능력을 설명할 수 없다고 확인해주었다는 사실까지 덧붙였다. 도전자의 말이 맞는다면, 어떤 속임수도 없었다. 예컨대 도전자가 한스에게 6에 6을 더하라고 말하면 한스가 발굽을 12번 굴려 12라고 답했다. 따라서 한스를 천재적인 말이라고 믿을 수밖에 없었다. 학자들이 확인했다니 믿지 않을 도리가 없었다. 당신은 지갑을 열어야 할 것만 같았다. 하지만 말 주인에게 상금을 지급하기 전에 당신이 직접 가서 확인해보기로 결정했다.

'영리한 한스'로 불린 이 말에 대한 얘기는 흥미진진한 실화인데, 여기에서 방법론에 대한 많은 교훈을 얻을 수 있다.[3]

덧셈을 하는 말: 이중맹검실험

한스를 찾아가면서 당신은 작년에 시도했던 검사법을 생각해냈다. 점판(占板)을 이용해서 죽은 사람과 대화할 수 있다고 믿는 경찰관들의 모임에서 시도한 검사법이었다. 당신 기억에, 점판은 문자와 숫자가 쓰인 매끄러운 판에 불과했다. 요컨대 점치는 사람이 플랑셰트(삼각대에 한 자루의 연필이 달려 있는 작은 자동 기록 실험 기구로, 여기에 손을 얹어 연필을 잡고 어떤 생각에 집중하면 연필이 자동적으로 기록한다 하여 심령 연구에서 쓰임—옮긴이)에 손을 올려놓고 죽은 사람에게 질문을 하면, 플랑셰트가 혼자서 움직인다. 여하튼 점치는 사람의 말에 따르면 플랑셰트가 저절로 움직이면서 문자들을 기록하고, 그 문자들을 연결하면 죽은 사람의 대답이 된다는 것이다.

어떤 경찰이 "르클레르크 순경, 가장 후회되는 게 뭔가?"라고 묻고는 죽은 르클레르크 순경에게 "곤봉이요. 징을 박은 구두보다 훨씬!"이라는 대답을 들었다고 말했다.

당시에 당신은 '관념운동 효과'로 그 현상을 설명할 수 있으리라 생각했고, 그런 생각을 확인할 만한 기막힌 생각을 해냈다. '경찰들의 말대로 죽은 사람이 플랑셰트를 움직인다면, 경찰이 질문에 대한 대답을 모르거나 점판을 보지 않아도 죽은 사람이 올바로 대답하지 않을까?'라는 생각이었다. 예컨대 경찰의 눈을 수건으로 가린다면 어떻게 될까? 경찰의 주장이 맞다면, 그래도 결과는 달라지지 않아야 했다. 죽은 사람은 플랑셰트를 이용해 언제나 올바른 대답을 할 수 있어야 했다. 또 질문하는 경찰이 고대 그리스어를 모르지만 플라톤에게 질문을 하면 어떻게 될까? 플라톤은 고대 그리스어를 잘 했을 테니까, 누군가에게 부탁해 고대 그리스어로 플라톤에게 질문하며 고대 그리스어로 대답해달라고 부탁해도 올바른 대답을 얻을 수 있어야 했다(요컨대 외계인이나 특별한 능력을 지닌 영혼들과 교감을 한다는 사람들에게 항상 과장되고 막연한 말만 내뱉지 말고 가끔은 분명하고 입증 가능한 놀라운 소식을 전해달라고 요구할 수 있어야 한다). 이런 식으로 실험해본 결과 경찰들은 참담하게 실패하며 얼굴을 붉혔다. 그들은 아무런 의미도 찾을 수 없는 문자들의 나열로 대답했을 뿐이었다.

그런 일이 있은 후, 당신은 자폐증 아이를 둔 부모가 연루된 재판에 증인으로 출석했다. 자폐증 아이의 부모는 치료사의 치료법이 순전히 사기이고, 그들에게 덧없는 희망을 불어넣어주며 돈을 갈취했다고 비난했다. 한편 치료사는 자폐증 아이와 얘기를 나눌 수 있었다고 주장했다. 그가 아이의 손을 쥐고 질문을 하면 아이가 컴퓨터 자판기를 이용해 그의 질문에 대답을 했다면서 조금도 물러서지 않았다. 예컨대 아이가 부모를 무척 사랑하며, 자신의 몸에 갇힌 채 빠져나올 수 없어 한없이 안타깝다고 말했다고 주장했다. 그 순간, 법정 곳곳에서 탄성이 울렸다. 치료사의 주장이 사실이라면 정말 기적 같은 일이기는 했다. 그러나 아이의 부모는 의심의 고삐를 늦추지 않았다. 참고인으로 소환된 당신은 점판으로 경찰들을 실험했던 때를 떠올렸고, 이번에는 더 엄격하게 검증하기로 마음을 굳혔다. 아이만이 대답을 알고 있을 질문을 던졌는데, 역시 특별한 결과를 얻지 못했다.

따라서 한스의 경우에도 그런 방법으로 검증해볼 수 있으리라 예상했다. 한스가 아무리 영리하더라도 말에 불과했다. 그렇다면 한스가 주인의 입술이 꼼지락대며 움직이는 모양을 보고, 발굽질을 멈춰야 할 때를 정확히 알아차리는 것일 가능성이 컸다. 그래서 당신은 이런 생각에 근거한 검증법을 고안해냈다. 예상은 적중했다! 한스가 영리한 말인 건 분명했지만, 세상에 떠도는 이유로 영리한 것은 아니었다. 한스의 행동을 설명하기 위해서 한스가 산수를 안다고 가정할 이유는 어디에도 없었다.

당신이 생각해낸 방법은 '이중맹검실험'(double-blind experiment)이었다. 예컨대 어떤 약을 실험한다고 해보자. 이중맹검실험은 피실험자가 자신이 실험군에 속했는지 대조군에 속했는지 모를 뿐 아니라(단순맹검실험), 실험을 관리하는 사람(진짜 약이나 위약을 피실험자에게 주는 사람)이나 결과를 평가하는 사람도 실험 결과에 영향을 끼칠 만한 실마리를 피실험자에게 본의 아니게라도 제공하지 못하도록 어떤 군에 속했는지 모르게 설정한 경우를 말한다.

지금까지 우리는 방대한 주제를 수박 겉핥기식으로 살펴보았을 뿐이다. 그래도 지금까지 언급한 얘기를 바탕으로 과학적인 마음가짐과 과학적인 접근 방법이 무엇인지 조금이라도 파악했기를 바란다. 과학은 세상을 공적인 관점에서 체계적으로 이해하려는 노력이라 할 수 있다. 이 책에서 강조하며 독자에게 이해시키려는 것도 바로 과학적인 사고방식이다.

그러나 과학은 지금까지 살펴본 것처럼 단순히 방법론적인 것만을 뜻하지는 않는다. 이런 점에서 과학의 의미를 좀 더 자세히 살펴보기로 하자.

과학을 과학답게 만드는 과학적 생각법

> 과학 덕분에 우리는 많은 의문에 엄격하고 객관적으로 대답할 수 있다. 그러나 과학적이고 객관적으로 대답되는 의문만이 의문을 제기할 만한 의문인 것은 아니며, 우리 인간이 스스로에게 제기해야 하는 중요한 의문인 것도 아니다. 또 우리가 깊이 고민하며 답을 찾아야 할 유일한 의문은 더더욱 아니다.
> – 마농 보네르 가야르

여기에서는 전문적이고 까다로운 문제들을 다룬다. 일부는 전문가들 사이에서 아직도 뜨겁게 논쟁 중인 문제이기도 하다. 그러나 과학적으로 사고하기 위해서는 이런 문제들에 접근하는 데 필요한 몇몇 기준을 반드시 알아야 한다. 이 부분을 더 깊이 공부하고 싶은 사람은 책 뒤에 덧붙인 참고문헌에서 인식론에 관련된 책들을 참조하기 바란다.

'과학'(science)이란 단어가 여러 뜻으로 쓰이기 때문에, 신중하게 사용해야 쓸데없는 혼란과 논쟁을 피할 수 있다는 걸 기억해두자. 예컨대 과학은 기술적으로 응용된 분야를 가리키기도 하고, 때로는 공학이나 과학기술 혹은 응용과학 자체를 가리키기도 한다.

그럼, 과학이란 대체 무엇일까?

과학이란 무엇인가

과학은 객관성을 지향하는 지식의 한 형태이다. 이 목표를 성취하기 위해 과학은 다양한 수단을 동원한다. 우리가 앞에서 대략적으로 살펴보았던 논리적인 방법과 경험적인 방법을 사용할 뿐 아니라, 관찰한 결과를 체계화하고 개념을 수학화해서 하나의 뜻으로 정리하며, 실험을 공개적으로 반복하기도 한다. 그러나 과학은 인간의 행위이기 때문에 오류에서 완전히 벗어날 수 없다. 분명한 이유가 있어 확실한 것이라 여겨지던 과학적 명제라도 언제든 수정될 수 있다. 달리 말하면, 과학적 진실은 틀렸을 가능성을 완전히 배제할 수 없다. 종교나 사이비과학과 달리, 과학에서는 절대적으로 확실한 것이 없기 때문이다. 따라서 과학에는 결국 수정될 수밖에 없는 명제들만이 존재한다.

과학은 현상을 연구한다. 구체적으로 말하면, 과학에 의해 구성되고 드러난 대상을 연구한다. 때로는 그런 현상을 단순히 관찰하기 위해 필요한 지식을 확보하는 데도 엄청난 지적인 노력이 요구된다. 또한 과학은 복잡한 장치를 떠올려준다. 심리학적으로 말하면, 과학 속에서 우리는 일상의 경험에서 얻는 대상에 대한 일반적인 지식이나 사고방식과의 단절을 경험한다. 고전적인 기계역학에 따르면, 모든 물체는 똑같은 법칙에 따라 낙하한다. 관성의 법칙에 따르면, 일정하게 직선으로 움직이는 물체는 다른 어떤 힘도 개입되지 않을 경우에만 일정하게 직선으로 계속 움직인다. 이런 기본적인 법칙들조차 우리가 경험을 통해 얻은 일반적인 지식, 즉 우리의 직관과 크게 어긋난다.

과학은 현상에 대한 지식 획득을 추구한다. 이를 위해, 과학은 현상들의 관계를 추적해 법칙으로 요약한다. 이런 현상들과 법칙들도 '이론'이라는 커다란 틀 안에서 설명되고 이해된다. 이론은 개념들의 관계망이라 생각하면 된다. 과학적인 방법이란 상식을 끝까지 단호하게 밀고 나가는 것임을 인정한다면, 그것을 통해 얻은 지식들이 왜 결코 평범하지 않은 지 이해할 수 있을 것이다. 게다가 과학적인 사실과 법칙과 이론은 우리의 직관과 어긋나기 일쑤이고, 때로는 우리의 상식으로 받아들이기 어려운 경우도 있다. 끝으로 과학은 연구 대상인 현상을 이론과 법칙으로 예측하고, 심지어 현상의 원인과 결과를 조작해서 현상 자체를 통제할 수도 있다.

지금까지 과학의 대표적인 특징들을 살펴보았다. 이제부터는 과학의 다양한 분류에 대해 알아보기로 하자.[4]

과학은 편의상 형식과학(formal science)과 응용과학으로 나눌 수 있다. 논리학과 수학이 포함되는 형식과학은 경험 세계에 대해 어떤 언급도 하지 않으며, 명제의 형태만을 다룬다고 말할 수 있다. 예컨대 논리 명제 P나 not P가 '비가 온다.', '비가 오지 않는다.'로 해석될 수 있어 타당하다는 걸 안다고 해서, 그런 지식이 실제 날씨에 대해서 무언가를 말하는 것은 아니다.

한편 응용과학은 세상에 실제로 존재하는 현상에 초점을 맞춘다. 동물학, 인류학, 생물학, 균류학, 화학 등이 응용과학에 속한다. 응용과학은 일반적으로 사회·인문과학과 자연과학으로 구분된다. 그러나 자연인류학이나 정신생물학 등과 같은 일부 학문은 똑 부러지게 구분하기 힘들다.

과학은 방법론에 따라 분류되기도 한다. 형식과학은 일련의 공리 체계를 가정으로 제시하고 거기에서 정리를 추론해내는 동시에, 그렇게 얻은 체계가 형식적 기준(일관성과 완비성 등)을 만족시킨다는 걸 확증하는 방법을 사용한다. 따라서 형식과학은 가설연역법(hypothetical deductive method)을 사용한다고 말할 수 있다. 한편 응용과학 중에는 관찰로 만족하는 분야들이 적지 않다. 예컨대 고전 천문학은 관찰의 과학이었다. 그러나 그런 응용과학도 실험을 꿈꾸고 실험을 조작할 수 있는 수준에 이르려고 애쓰며, 일부 분야는 이미 그런 수준에 이르렀다.

한편 과학은 현재의 지위, 달리 말하면 발전의 수준에 따라 분류되기도 한다. 시간이 지나면서 과학의 발전 수준은 높아지며 추상화되어간다. 발전 수준이 가장 낮은 단계의 과학은 순전히 분류의 수준에 그친다. 달리 말하면, 그런 과학은 관찰의 결과를 분류하는 데 만족한다. 균류를 연구하는 균류학이 대표적인 분류학이다. 다음 단계에서 과학은 귀납적인 성격을 띠며, 관찰 결과를 근거로 법칙을 세우고 일반화 작업을 시작한다. 현상과 법칙을 포괄적으로 설명하는 이론이 세워질 때 과학은 연역적인 성격을 띠게 된다. 끝으로 응용과학의 개념과 법칙 및 이론이 가설연역적인 방법으로 제시될 정도로 발달된 과학은 공리적인 성격을 띠게 된다.

과학의 3가지 기본 전제

경험·실험 과학은 합리적이지만 엄격한 의미에서는 증명되지 않는 3가지 전제에서 출발한다. 3가지 전제는 다음과 같다.[5]

1. 우리의 믿음과 주장, 감정과 의견, 개념적 기준과는 상관없이 실제로 존재하는 세계가 있다.
2. 일부 명제는 이처럼 실제로 존재하는 세계(의 상태)에 대해 말한다. 현실 세계에서 실제로 관찰된 현상과 일치하느냐 않느냐에 따라 그 말은 참이거나 거짓이다.

3. 우리는 이 세계에 대해 발견했다고 생각하는 것을 다른 사람들에게 전달할 수 있고, 다른 사람들은 그것을 검증하기 위해 노력할 수 있다.

1번 전제는 현상계에 대한 전제로, 거의 모든 철학자와 과학자 및 대부분의 사람이 받아들이는 형이상학적인 입장이다. 이 전제는 현상계에 대한, 또는 현상계를 알기 위한 최적의 방법에 대한 명제가 아니라, 모든 지식의 필수 조건이다. 또한 이 전제는 외적인 현상계의 규칙성을 설명해줄 수 있는 가장 단순한 가정이면서 동시에 가장 쉽게 확인되는 가정이기도 하다. 저명한 수학자이며 공상과학 소설가인 마틴 가드너는 이 전제를 다음과 같이 보충해 설명했다.

> 드물게 예외적인 존재도 있지만 모든 과학자와 철학자 및 보통 사람이 뻔뻔한 현실주의자인 이유가 무엇일까? 이제부터 그 이유를 살펴보자. 어떤 과학적 논리도 현실 세계만큼 멋들어지게 확인해주지 못했다. 안드로메다은하가 모든 사진에서 소용돌이 모양을 띠는 이유, 모든 전자가 똑같은 이유, 물리학 법칙들이 동경이나 런던 심지어 화성에서도 똑같은 이유, 생명이 진화하기 전에도 물리학 법칙은 있었고 모든 생명이 멸종한 후에도 물리학 법칙들은 존재할 수밖에 없는 이유, 인간이면 누구나 눈을 감고도 정육면체에서 8개의 모서리와 6개의 면과 12개의 변을 느낄 수 있는 이유, 또 아침에 일어나도 침실이 똑같아 보이는 이유를 어떤 논리도 현상계만큼 간단하게 설명해주지 못한다.[6]

2번 전제는 '진리대응론'(correspondence theory of truth)으로, 현실 세계에 관한 명제는 현실 세계에서 실제로 관찰된 현상과 일치하느냐 않느냐에 따라 참과 거짓이 결정된다는 원칙을 가리킨다. 진리대응론은 상식이며, 대다수의 철학자와 과학자도 받아들이는 이론으로 무척 다양한 방법으로 표현된다. 예컨대 아리스토텔레스는 "진실을 말한다는 것은, 존재하는 것은 존재한다고 말하고 존재하지 않는 것은 존재하지 않는다고 말하는 것"이라고 했다.[7] 스콜라 철학자들에게 진실은 우리 생각과 사물 간의 일치나 조화를 뜻했다.

그러나 진리라는 개념의 의미와, 진리를 결정하는 기준 및 과정을 구분해야만 한다. 이 말이 무슨 뜻인지 더 정확히 설명해보자.

진리대응론을 받아들인다는 것은, 명제와 현실이 일치함으로써 명제의 속성이 참이 된다는 생각을 인정한다는 뜻이다. 논리학자 알프레드 타르스키(1901~1983)는 이런 생각들을 체계적으로 정리했다. 예컨대 눈이 하얗다면 "눈은 하얗다."라는 명제는 참이다. 이 경우에는 인용부호를 없애면 진리가 간단히 결정된다. 그러나 대응성, 즉 진리가 존재하는지 판단하기 위한 기준과 과정을 결정하기 위해서, '진리이다.'라는 게 무엇을 뜻하는지 아는 것만으로는 충분하지 않은 때가 있다. 그 뜻이 간단히 파악되는 경우도 있지만 어려운 경우도 있고, 심지어 불가능한 때도 있다. 그러나 진리라는 개념의 의미는 언제나 똑같다. 마틴 가드너의 예를 인용해 구체적으로 설명해보자. 까다롭기 그지없는 개념을 단순화시켜 설명하는 가드너의 능력에 경의를 표하지 않을 수 없다.

내가 당신에게 52장의 카드 한 벌을 보여준다고 해보자. 나는 카드의 앞면이 보이지 않게 펼친 후에 무작위로 한 장을 집어 든다. 카드의 앞면을 확인하지 않고, 곧바로 그 카드를 책상의 구석에 밀어 놓는다. 그리고 종이에 그 카드에 대해 "이 카드는 하트 퀸이다."라고 쓴다. 이 명제의 경우에 '진리이다.'라는 게 무슨 뜻일까? 신중하게 대답해보라. 거듭 말하지만, 이 명제가 진리라는 걸 우리가 '어떻게' 알 수 있느냐를 물은 게 아니다. 과학자나 철학자 혹은 보통 사람에게 이 실험을 해보면, 그 카드가 하트 퀸인 경우에만 명제가 진리라는 데 모두가 동의한다. 그런데 그 카드가 하트 퀸인지 아닌지를 우리가 어떻게 판단할 수 있을까? 이 질문에는 누구나 카드를 뒤집어보면 하트 퀸인지 아닌지 알 수 있다고 대답할 것이다.

'일치'라는 진리의 의미와, 진리를 결정하는 기준과 과정이 구분된다는 게 이 예를 통해 한층 분명해졌다. 둘의 구분은 무척 중요하다. 그 기준과 과정을 결정해서 적절한 판단을 내리기 어려운 때도 있지만, 진리의 의미는 언제나 똑같다.

이제 내가 따로 떼어 놓은 카드를 다시 집어 들어 다른 카드와 섞는다고 해보자. 아직 아무도 그 카드가 어떤 카드인지 보지 못했다. 나는 다른 종이에 '이다.'를 '이었다.'로 바꿔, "그 카드는 하트 퀸이었다."라고 쓴다. 진리라는 관점에서 보면, 이 명제의 의미는 전혀 변하지 않았다. 그러나 명제가 진리인지 아닌지 결정하기는 한층 어려워졌다. 그래도 책상에 대고 문댔기 때문에 그 카드에서는 상대적으로 많은 나무 입자가 발견될 가능성이 높다. 또 내가 카드를 만졌기 때문에, 내 엄지와 집게손가락의 지문이 그 카드의 앞뒤에 묻어 있을 거라고 추정할 수도 있다. 그런 흔적들이 하트 퀸에서, 오직 하트 퀸에서만 발견된다면, "그 카드는 하트 퀸이었다."라는 명제는 진리라고 말할 수 있다. 하지만 어느 정도나 확실한 것일까? 그런 결정을 내리게 된 근거는 무엇일까? 그 근거는 얼마나 확실한 것일까? 이런 의문은 과학자들의 몫이다. 인식론자들은 해결할 수 없는 까다롭기 그지없는 문제이다.

끝으로 내가 카드들을 다시 상자에 넣고, 모닥불에 던져 완전히 태워

버렸다고 해보자. 이 경우에도 진리라는 관점에서 보면 "그 카드는 하트 퀸이었다."라는 명제의 의미는 변하지 않지만, 명제가 진리인지 결정할 수 있는 방법은 사라지고 없다.

3번 전제는 현실 세계에 대해 언급하는 명제들을 언어로 다른 사람에게 전달하는 가능성과, 실험을 거듭해서 명제의 진위를 확인하는 가능성을 강조해준다.

이런 과학적인 전제들, 즉 원칙들은 우리가 말하고 행동할 때도 자연스럽게 받아들여야 하는 원칙들이다. 가령 내가 멕시코를 여행할 계획이어서 멕시코의 기후를 알려고 어떤 책을 참조한다면, 그 책의 저자가 위의 세 원칙에 충실했을 거라는 전제하에서 그 책을 읽기 마련이다. 따라서 내가 가고 싶어 하는 물리적인 장소가 존재하고, 그 장소는 나와 다른 사람들의 의지와는 상관없는 속성을 지닌 곳이라 가정한다. 또 내가 읽는 책이 그곳의 실제 기온을 소개하고 있다면, 그 책이 그곳의 기온에 대해 진실을 말하는 것이라 전제한다. 또한 내가 직접 그곳에 달려가 그곳의 기온을 확인할 수도 있다.

끝으로 이번에는 우리에게 유용하게 쓰일 수 있는 방향에서 과학을 구분해보자. 먼저 관습이나 사회·정치적 현실과 관련된 과학을 구분하고, 다음으로는 과학이나 사이비과학의 이면(裏面)과 관련된 구분을 시도해보자.

연구의 대가

과학이 사회·정치·경제적 환경에서 인간에 의해 행해지는 사회적 행위라는 말은 따로 설명이 필요 없을 정도로 당연한 얘기이다. 하지만 이런 정의는 무척 중요한 사실이며, 어떤 분야의 연구에 투자하고 어떤 방향으로 연구하느냐를 결정하는 데, 심지어 연구 결과에도 중대한 영향을 끼친다. 따라서 비판적으로 생각하는 사람은 이런 사실을 항상 의식하고, 그런 요인들이 영향을 끼쳤는지 끼치지 않았는지를 면밀히 살펴야 한다.

그렇다고 과학의 합리성을 부인한다거나, '선험적으로' 모든 연구를 왜곡시키는 것처럼 보이는 경제적 이득을 연구자가 무모하게 추구한다는 뜻은 아니다. 다만, 경제적 이득을 비롯한 이런저런 이익의 추구가 연구의 진행 방향과 결과의 발표에 영향을 끼칠 수 있다는 가능성을 항상 염두에 두고 비판적인 눈으로 지켜봐야 한다는 뜻이다.

담배회사에서 연구비를 지원받아 담배의 위험을 축소하거나 부인했던 과학의 수치스런 역사는 누구나 기억하겠지만, 나는 여기에서 다른 예를 들어보려 한다. 많은 논란을 불러일으키며 최근 들어 큰 걱정거리로 대두한 제약회사의 문제이다. 특히 제약회사의 연구가 논란의 중심이었다. 이 사례는 비판적으로 생각하는 사람이 어디에 관심을 두어야 하는지 보여주는 완벽한 예이다.

과학자들이 속임수를 쓴다면

지난 20년 동안 과학계에서는 많은 사기극이 벌어졌다. 몬트리올 퀘벡 대학교의 사회학자 이브 쟁그라와 몬트리올 대학교 심리교육연구소의 세르주 라리베의 주장에 따르면, 주로 생물학과 의학에서 사기극이 벌어졌다.

의학계는 자료 조작을 포함한 전체 사기극의 52퍼센트를 차지해 불명예스런 1위에 올랐다. 세르주의 지적에 따르면, 자료 조작은 과학사의 초창기부터 세계 전역에서 보편적으로 규탄을 받던 현상이기도 하다. 자연과학은 실험 결과를 조작하는 만행으로 전체 사기극의 26퍼센트를 차지했고, 인문·사회 과학은 22퍼센트를 차지했다.

사기극 중에서 상대적으로 덜 중요하지만 결코 용서할 수 없는 실수인 자료 조작이 차지하는 비율에서도, 의학계가 81퍼센트를 차지해 압도적으로 1위에 올랐다. 그에 반해 자연과학에서는 19퍼센트에서, 인문과학에서는 10퍼센트에서 자료 조작이 발견되었다. 이브 쟁그라는 "과학계에서 기만 행위가 증가하고 있다는 증거는 과학 저널에 실린 논문이 취소되는 사례가 증가하는 데서도 찾아진다. 시간에 쫓기는 출판의 압력 때문에 '정오표'가 증가하는 사례도, 사기극까지는 아니지만 의심스런 자료를 은폐하고 있다는 증거로 해석된다. 논문들을 철저히 조사하면 절반가량에서 의심스런 자료가 발견될 거라고 생물학자들이 주장하는 실정이다."라고 말했다.

생명을 다루는 학문이 가장 큰 영향을 받는 이유가 무엇일까? 생명과학 분야의 경쟁이 치열하고, 이 분야에 종사하는 연구원의 수가 압도적으로 많기 때문이다. 따라서 연구 보조금을 따내려는 경쟁은 그야말로 전쟁이지만, 지난 몇 년 동안 연구 보조금은 거의 증가하지 않았다. 이브 쟁그라의 지적대로 "1973년 석유 위기가 닥치기 전까지 대학 연구소에 할당된 연구비는 엄청났다. 그러나 오늘날 돈은 부족한 반면에 연구원은 훨씬 많아졌다."

출처: P. Gravel, "De Ptolémée à Newton et Poisson: Des scientifiques moins rigoureux que leur discipline", *Le Devoir*, 2002년 11월 16일, B3면.

8년 전, 세계 최고의 의학전문지 《뉴잉글랜드 저널 오브 메디신》은 제약회사와 대학 연구소 간의 우려스런 밀월관계와 그로 인한 이해관계의 갈등 및 연구 결과에 끼치는 영향을 다룬 사설을 연속으로 게재해, 그때까지 전문가들에게만 국한됐던 이 문제를 공론화했다. 그 권위 있는 의학전문지까지, 논문을 심사하기 위해서 제약회사와 아무런 관계도 없는 전문가를 구하는 데 애를 먹을 정도였다. 요즘엔 누구도 이런 현실이나 이런 현실의 부정적인 의미를 의심하지 않는다. 사태가 이 지경까지 진행된 과정은 무척 단순하다. 제약회사들이 대학 연구소에 보조금을 지급한다.

연구를 하려면 엄청난 돈이 필요하기 때문이다. 이런 의존관계를 무기로, 제약회사들은 연구 과제를 지정하고, 때로는 연구 결과에도 영향을 끼치는 유리한 지위를 차지하려 한다. 비판적으로 생각하는 사람이라면, 이런 관계가 어떤 비극적 결과를 불러올지 충분히 짐작할 수 있을 것이다. 올리비에리 박사의 사건은 그 결과를 잘 보여주는 대표적인 예이다.

토론토 병원에 근무하는 혈액학자로 토론토 대학교에서 연구교수로도 근무한 낸시 올리비에리는 데페리프론이란 신약에 대한 연구를 진행하고 있었다. 그녀는 그 신약에 위험한 부작용이 있다는 걸 발견하고, 그 사실을 발표해 세상에 알리고 싶었다. 그러나 문제가 있었다. 그 연구가 데페리프론을 생산하는 제약회사 아포텍스에서 연구비를 받아 진행되었기 때문이다. 아포텍스는 논문의 발표를 금지시키고, 관련 환자들에게 연구 결과를 알리는 것조차 막아달라는 법률 소송을 제기했다. 안타깝게도 올리비에리 박사는 병원에서도 대학에서도 보호받지 못했다. 두 곳 모두에서 진실과 연구원의 독립보다는 제약회사의 연구비 지원을 더 염려한 탓이었다. 2년간의 조사가 있은 후에야 조사위원회가 보고서를 발표했다. 보고서에 따르면, "공적 기관이 민간기업의 금전적 지원에 의존하기 때문에" 생긴 불미스런 사건이었다.

올리비에리 사건은 빙산의 일각에 불과하다. 역시 토론토 대학교의 저명한 정신분석학자인 데이비드 힐리도 우울증 치료제 전반에 대해, 특히 프로작과 관련한 발언 때문에 계약을 해지당했다. 캐나다 대학교수 협의회의 제임스 터크 사무총장은 "캐나다 전역에서 수십 건의 유사한 사례가 있다."며, 이런 상황이 확대되고 있어 전반적인 상황을 조사하기 위한 위원회를 발족시킬 거라고 발표했다. 퀘벡 대학교수협회의 장 루아 회장이 "민간기업의 간섭으로 대학 연구소가 중병에 걸렸다. 연구원들이 국가의 지원을 받지 못하는 까닭에 제약회사의 자금과 물질적인 지원에 의존할 수밖에 없는 실정"이라며 경각심을 불러일으켰다.

끝으로 과학과 사이비과학의 이면과 관련된 부분을 살펴보자.

사이비과학을 골라내는 기준

> 당신이 어떤 사이비과학을 인정하시는지 먼저 말씀해보시지요. 그럼 내가 당신의 인식 수준에 대해 말씀드리겠습니다.
> – 마리오 분헤

비판적으로 생각하기 위해서는 과학이 무엇인지 정확히 알아야 한다. 그래야 과학과 사이비과학을 구분할 수 있기 때문이다. 진짜 지폐를 정확히 알아야 위조지폐를 구분해낼 수 있다는 논리와 같다. 그러나 20세기에 큰 족적을 남긴 저명한 인식론자 카를 포퍼(1902~1994)의 글에서도 확인되듯이, 과학과 사이비과학을 구분하기는 생각만큼 쉽지 않다.

포퍼는 빈에서 살던 당시, 빈만이 아니라 유럽 전역을 떠들썩하게 만든 혁명적 사상들을 깊이 연구했다. 첫째로 생산력의 발달과 계급투쟁에 근거해 역사를 변증법적 유물론으로 해석한 마르크스주의가 있었다. 마르크스주의자들은 그런 관점에서 끌어낸 법칙들을 바탕으로 인간의 과거와 현재를 분석했고, 미래에 필연적으로 닥칠 수밖에 없는 모습, 즉 공산주의의 도래를 예언했다. 둘째로는 무의식이란 개념을 제시한 정신분석학이 있었다. 정신분석학은 충동과 억압, 이드(id, 본능적 충동의 근원)와 자아와 초자아 등의 개념을 도입해 인간의 심리 구조를 정형화했고, 또한 이런 개념들을 이용해 꿈과, 본심을 드러내는 실언 및 많은 행동을 해석해냈다. 심지어 정신분석학은 몇몇 질병을 치료할 수도 있다고 주장했다.

끝으로 새로운 물리학이 있었다. 아인슈타인이 발표한 일반상대성이론이 대표적인 예이다. 세 경우에서 똑같이 추상적이고 일반적인 범주들이 하나의 이론적인 틀에서 언급되며 어떤 현상을 설명하고 예측하는 데 이용되고 있기 때문에, 마르크스주의와 정신분석학과 물리학이 얼핏 보면 유사해 보인다.

포퍼는 위의 세 이론을 구분하는 기준에 대해 고민한 끝에 관찰의 결과와 이론이 부분적으로 '모순'될 수 있다는 가능성이, 물리학은 과학이지만 나머지 둘은 과학이 아니라고 규정할 수 있는 기준이라고 주장했다.

달리 말하면, 포퍼는 과학을 판별하는 기준으로 왜곡 가능성을 제시한 것이다. 요컨대 어떤 예측이 있다면, 그 예측이 경험을 통해 검증될 수도 있고 반박될 수도 있는 가능성이 과학과 과학 아닌 것을 나누는 기준이란 뜻이다. 과학 이론은 잘못됐다는 걸 증명할 수 있기 때문에 왜곡될 수도 있다. 그러나 마르크스주의자들과 정신분석학자들은 경험에서 그들의 생각을 확인해주는 현상만을 발견할 뿐이다. 경험이 그들의 이론을 부정하지는 않는다. 포퍼의 견해에 따르면, 이런 점이 사이비과학의 특징이다. 그의 견해는 무척 흥미롭지만, 안타깝게도 한계가 있다.

이해를 돕기 위해서 다음의 예를 생각해보자. 천문학자들이 관측한 천왕성의 궤도는 뉴턴의 기계역학으로 계산해 예측한 결과와 달랐다. 계산할 당시에는 뉴턴의 역학이 과학 이론을 대표하는 모델이었지만, 경험에 의해 이론이 잘못된 것으로 밝혀진 것이다. 그러나 물리학자들과 천문학자들은 뉴턴의 역학을 포기하지 않았다. 오히려 그들은 경험을 통해 이론을 구해낼 단서를 찾아 나섰다. 그 과정에서 그때까지 알려지지 않아 계산에 넣지 않은 행성이 있을 거란 가능성이 제기됐다. 애덤스와 르베리에는 아직 발견되지 않은 행성의 중력을 가정하면, 천왕성의 관측 궤도와 이론으로 예측한 궤도가 일치한다고 주장했다. 요컨대 새로운 행성의 인력을 계산에 넣으면 둘의 차이가 해결된다는 것이었다. 실제로 그 행성이 훗날 발견됐고, 해왕성이라 명명됐다.

캐나다에서 활동한 아르헨티나 출신의 철학자 마리오 분헤의 예를 따라, 나는 과학과 사이비과학이 하나의 기준에서 구분된다고 생각하지 않는다. 터무니없는 거짓말에 불과한 사이비과학에서부터 시작해 원형과학 (proto-science, 과학의 틀을 갖추어가는 과학)과 덜 확실한 과학을 거쳐 가장 견실하고 믿음직한 과학까지 이어지는 연속선상에서 과학과 사이비과학이 구분된다고 생각한다. 따라서 둘을 구분하는 기준은 많을 수밖에 없다. 분헤에 따르면 사이비과학은 다음과 같은 특징을 갖는다.[8]

- 사이비과학의 연구 분야는 사이비 과학자들에 의해 정해진다. 사이비 과학자들은 창조적이고 비판적인 연구 집단이라기보다는 종교 집단에 가깝다.
- 사이비과학이 존재하는 사회는 상업적인 이유 때문에 사이비과학을 옹호하거나, 사이비 과학을 포용하는 듯하면서도 그것을 소외시킨다.
- 사이비 과학자들은 실체가 없거나 실체가 있다는 걸 증명할 수 없는 대상이나 속성 및 사건을 다룬다.
- 사이비과학의 전반적인 관점은 영혼과 같은 비물질적인 대상을 인정하는 존재론, 초자연적인 현상의 인식 가능성을 받아들이고 권위자의 말에 무작정 의지하며 자료를 임의적으로 만들어내도 상관없다고 생각하는 인식론, 교리를 지키기 위해 진리에 대한 자유로운 탐구를 방해하는 윤리 의식 등으로 요약된다.
- 사이비과학의 형식적 토대는 무척 취약하고 기만적이며, 순전히 장식

물에 불과하다.
- 사이비과학의 학문적 배경은 존재하지 않거나 무시할 수 있을 정도이다. 사이비 과학자는 과학에서 (거의) 아무 것도 배우지 않으며 과학에 아무런 기여도 하지 않는다.
- 사이비과학이 다루는 문제는 본질적으로 허황되며, 현실적인 문제를 다루더라도 연구할 만한 가치가 없는 것이다.
- 사이비과학의 주장은 보편적으로 확인된 가정을 제시하지 않는다. 그들의 주장은 과학적 가정과 대립되는 억측에 불과하고, 대부분의 주장이 그릇되고 증명되지 않는다.
- 실제의 현상을 설명하거나 예측하기 위해 법칙을 찾아내고, 그 법칙을 활용하는 방법에 대한 연구는 사이비과학의 목표가 아니다.
- 사이비과학은 재확인되지 않는 방법이나, 이미 입증된 이론으로 뒷받침되지 않는 방법을 사용한다. 비판이나 경험론적인 검증을 달갑지 않게 생각한다. 따라서 연구의 범위가 자연스레 확대되지 않는다.
- 끝으로 사이비과학은 일반적으로 제자리를 맴돌 뿐이고, 연구 결과 때문이 아니라 내부의 문제나 외부의 압력에 의해서만 변한다. 달리 말하면, 사이비과학은 전통에 얽매여 벗어나지 못한다.

대표적인 사이비과학들, 예컨대 홍채진단법, 반사요법, 점성술, 다이어네틱스, 필적학 등을 위의 기준에 맞추어 검증해보는 것도 무척 흥미롭고 보람 있는 연습이 되리라 생각한다. 뒤에서 소개하는 SEARCH 모델을 이용하면 한층 체계적으로 사이비과학의 가정과 '이론'을 비판적인 관점에서 조사할 수 있다.

비판적으로 생각하는 사람이라면 다루려는 과학의 발전 정도, 논증의 진지성과 사실의 중요성(특히 연구의 중요성)을 기준으로 과학적 주장들에 대한 자신의 생각을 결정해야 한다. 또한 모든 과학적 주장이 절대적으로 확실한 것은 아니기 때문에 경쟁관계에 있는 주장들의 신뢰도에 따라 회의적인 논증을 전개할 수 있어야 한다. 과학적인 연구 분야에서 (거의) 모든 전문가가 합의한 견해까지 의심하며 진실은 다른 데 있다고 생각한다면 불합리한 태도이겠지만, 전문가들의 의견이 제각각인 때는 판단을 유보하는 것이 합리적인 자세이다.

어떤 가정과 주장 및 이론이 명확하고 정확하며, 상호주관적으로 검증할 수 있을 때, 또 그런 검증을 통해 그것들이 참으로 증명되거나 적어도 부분적으로는 참이라 여겨질 때만 과학적이라고 말할 수 있다. 따라서 비판적으로 생각하는 사람이라면 가정과 이론 등을 평가할 때 이런 조건들을 항상 염두에 두어야 한다.

루이스 본과 시어도어 시크는 이런 평가를 체계적으로 시행하기 위한 5가지 기준을 제시했다.[9]

1. 검증 가능성: 가정과 주장과 이론이 검증 가능한가? 어떤 가정이나 이론이 참인지 거짓인지 판단할 방법이 있는가? 그렇지 않다면, 그런 가정이나 이론은 시시하고 무가치할 가능성이 크다.
2. 생산성: 모든 조건이 똑같을 때 관찰 가능하고 정확하며 의외의 새로운 예측을 해낼 수 있는 가정이나 이론이 더 낫다.
3. 적용 범위: 모든 조건이 똑같을 때 상대적으로 많은 현상을 설명하고 적용되는 범위가 넓은 가정이나 이론이 더 낫다.
4. 단순성: 일반적인 규칙에 따르면, 상대적으로 불확실한 면이 적고 변수도 적은 가정이나 이론이 더 낫다.

5. 순응성: 일반적으로 인정된 지식과 일치하는 가정이나 이론이 그렇지 않은 가정이나 이론보다 더 낫다.

> **사이비과학의 덫**
>
> 라이프 테크놀로지 국제 연구소가 신개념 부적 사이오닉 카발라 캡슐을 여러분에게 소개합니다.
>
> 사이오닉 카발라 캡슐은 네 부분으로 되어 있으며, 지금까지 경험하지 못한 초강력 부적입니다.
>
> 사이오닉 카발라 캡슐에는 카발라의 마법적 제문 중에서 가장 신성한 제문, 즉 하느님의 72가지 이름으로 작성된 제문이 쓰인 조그만 두루마리가 들어 있습니다.
>
> 사이오닉 카발라 캡슐에는 아우룸 솔리스라는 흰색의 오르무스(불가사의한 치유력을 가진 금(gold)으로 알려져 있다―옮긴이) 가루가 들어 있습니다. 우리가 우주의 창조적 핵과 생각을 주고받게 해주는 에너지를 포착하는 신비로운 안테나처럼 기능하며, 영력을 키워주고 강력한 치유력을 지닌 가루입니다.
>
>
>
> 사이오닉 카발라 캡슐에는 예루살렘에 있는 라헬의 무덤에서 구한 붉은 실 조각도 들어 있어, 이 캡슐을 몸에 지니면 어떤 악령도 침범할 수 없습니다.
>
> 사이오닉 카발라 캡슐에는 특별한 에테르 자기장인 오르곤 에너지를 방출하는 카두시우스 코일이 들어 있습니다. 이 코일은 마법력과 신통력을 지닌 '잃어버린 큐빗'의 길이로 만들었습니다. 그것의 정확한 길이는 고대 문헌이나 현대 문헌 어디에서도 찾아볼 수 없어 '잃어버린 큐빗'이라고 불리지

> 만, 극소수의 개인과 과학자가 정확한 길이를 알고 있어 우리가 되살려냈습니다.
> 이런 비밀을 지닌 부적이 단돈 90달러! 운송료와 포장비를 포함한 가격입니다.
>
> 출처: http://www.lifetechnology.org/kabbalahcapsule.htm

꼼꼼한 검토를 위한 5가지 기준

실험 결과를 신중하게 검토하고 싶다면, 아래에서 주어진 질문 전부는 아니더라도 대부분에서 답을 찾아보려고 노력해야 한다.

일반적이지만 반드시 필요한 질문

누가 이 연구를 했는가? 그들은 해당 분야에 대해 훈련을 받은 믿을 만한 연구자들인가? 누가 연구비를 지원했는가? 연구비 지원이 결과나, 결과를 제시하는 방법에 영향을 끼쳤는가? 해당 과학과 연구 분야는 어느 정도나 발전했는가? 연구자들이 전반적으로 인정하고 확증한 지식이 이 분야에서 두루 사용되는가? 이 연구 결과가 어디에 발표됐는가? 믿을 만한 출판물인가? 그 출판물에 실린 논문들은 해당 분야의 전문가들이 평가하고 심사하는가? 이 연구는 어떤 주제, 어떤 문제를 다루었는가? 어떤 결론을 내리고 있는가?

연구 대상, 혹은 연구 문제

연구 문제(research question)가 어떻게 정리됐는가? 명쾌하게 제시됐는가? 그 질문에 대답하는 게 가능한가? 연구 문제를 제시할 때 사용된 어휘가 편향성을 띠지는 않는가? 사용된 개념들에 대한 정의가 주어졌는가? 일반적인 정의인가? 합리적인 정의인가? 만약 편향성을 띤다면, 제시된 연구 문제나 연구 주제에 어떤 가치관을 암묵적으로 받아들이거나 인정하고 있는가? 그런 편향성이 연구에 영향을 줄 수 있는가? 중요한 정보를 언급하는 걸 빠뜨리지는 않았는가? 참고문헌의 조사가 완전한가? 연구자들이 자신의 연구가 참고문헌에 언급된 내용과 어떤 점에서 비슷하고 다르다고 설명하는가?

연구 방법

표본은 충분한가? 모집단을 대표하는가? 표본이 어떻게 수집됐는가? 제어된 변수가 있는 실험을 했다면, 편향성을 방지하기 위해 어떤 조치를 했는가? 대조군을 둔 실험이 필요했는데도 그 실험을 하지 않았다면, 그 이유를 어떻게 설명하고 있는가? 반면에 대조군을 둔 실험을 했다면 이중맹검실험을 했는가? 이중맹검실험이 올바로 행해졌는가?

자료의 분석

어떤 측정 방법이 사용됐는가? 측정된 자료들이 어떻게 정의됐는가? 측정 방법의 신뢰성과 유효성에 관련된 자세한 설명이 있는가?

결론

요약이 정직하게 작성됐는가? 연구가 처음에 제기한 문제에 답을 하고 있는가? 자료가 다른 식으로 해석됐을 수도 있는가? 그렇다면, 다른 해석의 가능성을 언급하고 그 가능성을 배제한 이유가 설명됐는가? 평가의 5가지 기준, 즉 검증 가능성, 생산성, 적용 범위, 단순성, 순응성을 충실하게 적용했는가?

SEARCH 모델

과학에 대한 얘기를 마무리하기 전에, 이상하고 미심쩍은 모습으로 우리에게 흔히 제시되는 이론과 주장과 가정을 엄격하고 조리 있게 평가하는 데 도움이 되는 모델을 소개한다. 시어도어 시크와 루이스 본이 고안하고 개발한 모델로, 이상한 것들을 올바른 눈으로 볼 수 있도록 도와준다. 무척 유용하면서도 중요한 모델이기 때문에 비판적으로 생각하려는 사람에게는 반드시 필요한 도구이다.

일반적으로 SEARCH라 일컬어지는 모델이다. 먼저 이 모델이 어떤 것인지 알아보고, 다음에 동종요법이란 구체적인 대상에 적용해보자.

SEARCH 모델은 4단계로 이루어진다.[10]

1. 어떤 주장인지 명확히 정리하라(State the claim).
2. 그 주장의 증거를 조사하라(Examine the Evidence for the claim).
3. 다른 가정들을 생각해보라(Consider Alternative hypotheses).
4. 타당성의 기준에 맞추어, 각 가정을 평가하라(Rate, according to the Criteria of adequacy, each Hypothesis).

좀 더 자세히 설명해보자.

1단계는 어떤 주장이나 명제를 가능한 한 명확하게 진술하는 것이다. 그 이유는 간단하다. 명확하게 이해되지 않는 명제, 무슨 뜻인지 정확히 알 수 없는 명제를 비판적으로 평가할 수는 없기 때문이다. 그런데 우리에게 주어지는 명제들은 부정확하고 불명확하기 일쑤이다. 따라서 1단계는 명제를 명확하게 정리하는 단계이다. '요컨대 주장되는 내용이 정확히 무엇인가?'

2단계는 그 주장을 뒷받침하기 위해 제시된 증거와 논증을 조사하는 단계이다. 증거와 논증이 타당한가? 증거는 믿을 만하고 신빙성이 있는가? 물론, 적절한 판단을 내리기 위해서는 그 주장에 관련한 정보와 지식이 중요하다.

3단계는 가능한 다른 가정들을 생각해보는 단계이다. 제시된 가정 이외에 다른 가정으로도 그 주장을 뒷받침할 수 있는가? 성급히 결론을 내리지 않아야 한다. 다른 식의 설명을 생각해보고, 즉시 다른 가능성이 생각나지 않더라도 하나쯤은 있을 거라고 전제하고 신중하게 접근하는 편이 낫다.

마지막 4단계는 타당성의 기준에 따라 각 가정을 평가하는 단계이다. 타당성의 기준은 앞에서 다룬 평가의 기준, 즉 검증 가능성, 생산성, 적용 범위, 단순성, 순응성을 뜻한다.

이 모든 과정이 합리적이고 융통성 있게 진행돼야지, 기계적이고 독단적으로 진행돼서는 안 된다.

이제 이 모델을 구체적인 대상, 즉 동종요법에 적용해보자.

독일 의사 사무엘 하네만(1755~1843)이 도입한 동종요법은 오늘날 상당히 널리 퍼진 치료법이다.[11] 퀘벡도 예외가 아니다. 동종요법가들은 그 치료법이 효과가 있다고 말하겠지만, 비판적으로 생각하는 사람이라면 치료 사례 이상의 것까지 살펴봐야 한다.

동종요법 치료약은 다음과 같은 방법으로 제조된다. 효과가 있는 성분을 식물과 같은 것에서 추출해 10배의 물에 희석한다. 이렇게 희석한 약물을 다시 10배의 물에 희석한다. 따라서 물과 유효성분의 비율이 100 대 1이 된다. 이런 식으로 희석할 때마다 잘 섞이도록 흔들어준다. 일반적으로 동종요법에서 쓰는 약 하나에는 30X라 표기되어 있다. 이는 30번 희석해서 복용해야 한다는 뜻이다. 따라서 물과 유효성분의 비율은 1,000,000,000,000,000,000,000,000,000,000 대 1이 된다. 30C라 표기된 약들도 있다. 이런 약은 매번 100배의 물로 희석시켜야 하므로, 물과 유효성분의 비율은 10^{60} 대 1이 된다. 희석된 약물에 유효성분의 분자가 하나라도 들어 있기는 한지 의심스럽다.

여하튼 '효과 있다'는 걸 설명하려고 동종요법가들은 생물학과 화학에서 확인되지도 않고 심지어 불가능하다고 판단되는 효과(예를 들어 '물의 기억') 및 생명력이나 조화 등과 같은 미스터리한 개념까지 들먹인다.

이상한 치료법이란 생각이 들지 않는가? 그렇다! 조금만 관심을 갖고 연구해보면 동종요법이 2가지 원리를 근거로 한다는 걸 확인할 수 있다.

하나는 "비슷한 것이 비슷한 것을 치료한다."라는 원리이다. 이른바 '동종질환동종치료법'(similia similibus curantur)이다. 다른 하나는 복용량이 적을수록 효과가 좋다는 원리이다. 요컨대 동종요법가들은 몸에 질병을 일으키는 물질을 극소량만 복용하면 그 질병으로 고생하는 환자를 치료할 수 있다고 생각한다.

이런 원리들에 대해 어떻게 생각하는가? 직접 SEARCH 모델을 적용해 동종요법의 타당성을 검증해보라.

가장 먼저 동종요법가들이 주장하는 내용을 분명하게 정리해보라.

다음 단계로는 그들이 주장을 뒷받침하기 위해 제시하는 증거들을 조사해야 한다. 많은 치료 사례와, 동종요법을 옹호하는 사람들이 증거로 제시하는 연구 보고서를 만날 것이다. 하지만 대부분의 연구가 반대세력만이 아니라 중립적인 연구자들에 의해서도 방법론적으로 잘못된 것으로 밝혀졌다

그럼, 동종요법으로 효과를 본 사람들의 증언을 설명하는 다른 가정을 생각해낼 수 있겠는가? 누구라도 한두 개쯤은 다른 가정을 생각해낼 수 있을 것이다. 하지만 우리가 삶에서 겪는 대부분의 질병, 특히 동종요법에서 다루는 질병들은 시간이 지나면 저절로 낫는 질환인 걸 기억해야 한다. 또 우리가 어떤 약을 복용할 때는 효과가 있으리라는 믿음만으로도 치료 효과를 갖기 때문에 약물을 평가할 때는 위약 효과를 고려해야 한다.

끝으로 타당성 기준에 따라 각 가정을 평가해서 결론을 내린다.

5장 미디어

누구를 위한 보도인지 꼼꼼하게 따진다

국민에게 권력을 주면서도 정보를 차단한다면 그보다 무분별한 짓은 없다. 정보가 없다면 권력의 오용이 불을 보듯 빤하기 때문이다. 주권자가 되기를 원하는 국민이라면 정보에서 얻는 힘을 갖추어야 한다. 국민이 정보를 갖지 못하거나 정보를 획득할 수단을 갖지 못할 때 국민의 정부는 광대극이나 비극, 어쩌면 둘 모두의 서곡에 불과하다.
- 제임스 매디슨

비판적으로 생각하는 습관이 한 사회에서 보편화되면 비판적 사고가 사방으로 확대돼나갈 것이다. 비판적 사고는 삶의 문제와 직접적인 관계가 있기 때문이다. 비판적으로 생각하는 법을 훈련받은 사람들은 선동가의 말에 좌지우지되지 않는다. 비판적으로 생각하는 사람들은 뭔가를 믿기 전에 충분한 시간을 두고 따져보며, 완전히 단정하지 않고 가능한 것 혹은 있음직한 것이라 여긴다. 그들은 증거를 기다리고, 그에 관련된 다른 사람의 주장이나 확언에 영향받지 않은 상태에서 증거를 평가한다. 그들은 선입견에 호소하는 사람들이나 온갖 감언이설로 꾀는 사람들에게 흔들리지 않는다. 이런 비판적 능력을 키우는 교육이 있을 때만 훌륭한 시민을 양성해낼 수 있다.
- 윌리엄 그레이엄 섬너

텔레비전에서는 누구도 진실을 말할 수 없다. 많은 사람이 텔레비전을 지켜보고 있기 때문이다.
- 콜뤼슈(프랑스 배우)

여는 글

> 물론 국민은 전쟁을 원하지 않는다. 그러나 결국에는 국가의 지도자들이 정책을 결정한다. 민주국가이든 파시스트 독재국가이든, 의회국가이든 공산주의 독재국가이든 국민을 어떤 체제로든 끌어가는 건 쉬운 일이다. 목소리를 내든 말든 국민을 지도자들처럼 생각하도록 끌어갈 수 있고, 그렇게 하기는 쉽다. 국민에게 우리가 공격받고 있고, 반전주의자들을 애국심이 부족하다고 비난하며, 그들이 조국을 위험에 빠뜨릴 거라고 말하면 충분하다. 이런 방법은 어떤 나라에서나 통한다.
> – 헤르만 괴링(뉘른베르크 전범 재판에서)

    미디어는 학교와 더불어, 우리가 비판적 사고를 학습하기에 최적인 공간이다. 미디어가 세상에서 일어나는 모든 사건까지는 아니어도 중요한 사건들은 보도한다고 생각하는 사람이 대다수이다. 또한 미디어가 우리에게 전해주는 내용은 기자들이 독자적으로 조사한 노력의 결실이기 때문에 미디어에서 보도하는 내용도 기자들의 독자적인 결정이라고 많은 사람이 생각한다. 그리고 미디어는 완전히 중립적인 입장에서 보도하기 때문에, 사실과 의견이 분명하게 구분되어 전달된다고 생각하는 사람도 많다.
    그러나 서구의 미디어에 대한 불만이 점점 높아지는 실정이다. 특히, 시청률 경쟁에 몰두해 선동성과 선정성이란 위험한 줄타기를 계속한다는 비난이 거세다. 게다가 수년 전부터는 매체의 집중화 현상도 불안 요인으로 더해졌다. 그러나 미디어의 행태와 그들이 민주적인 삶에 끼치는 영향에 대해 근심하는 데는 근본적으로 다른 이유가 있다. 강력한 영향력을 지닌 제도적 기관들이 민주주의를 이상한 방향으로 생각하는 경향을 띤다는 사실이 그것이다. 그런 기관들은 국민에게 정보를 제공하는 것보다 국민을 소외시키는 편이 낫다고 주장한다. 달리 말하면, 국민을 정치적인 삶의 주체가 아니라 방관자로 만들어야 한다는 뜻이다. 이런 이유에서도 우리는 미디어의 보도를 비판적으로 분석하는 안목을 하루바삐 키워야 한다. 예를 들어 설명해보자.

1990년 8월 2일, 이라크가 쿠웨이트를 침략했다. 유엔은 거의 유례가 없을 정도로 신속하고 단호하게 이라크의 야만적인 침략을 비난하며 8월 6일에 이라크에 제재를 가했다.[1]

1990년 가을에는 군사 개입의 가능성에 대한 토론이 격렬하게 벌어졌다. 사담 후세인을 오랫동안 소중한 친구이자 우방이자 모범적인 무역 파트너로 여기던 미국까지 군사 개입을 적극 찬성하고 나섰다.

그때 우리 모두의 기억에 아직도 생생하게 남아 있는 사건이 벌어졌다. 당신이 신문을 건성으로 읽었더라도 그 사건은 분명히 기억하고 있을 것이다. 어떤 사건이었겠는가?

'나이라'라는 15세의 소녀가 워싱턴 하원 인권위원회에 출두했다. 하원의원들과 미국 국민은 어린 쿠웨이트 소녀가 눈물을 뚝뚝 흘리며 끔찍한 공포의 현장을 증언하던 모습에 어찌할 바를 몰랐다. 나이라는 자신이 자원봉사자로 일하던 병원에 이라크 군인들이 급습해 인큐베이터를 빼앗아 깨뜨리는 바람에 312명의 유아가 산모 병동의 바닥에서 고통스럽게 죽어가던 모습을 생생하게 증언했다.

텔레비전은 그 소식을 세계 전역에 방송했다. 어제까지 미국의 소중한 친구였던 사담 후세인이 8월 2일 이후로 '바그다드의 도살자'로 변했고, 나이라의 증언이 있은 후에는 '히틀러보다 사악한 폭군'으로 전락했다.

이라크 전쟁을 지지하던 사람들은 나이라의 증언을 최대한 이용하며, 이라크에 제재를 가하는 수준에서 멈추고 갈등을 정치적으로 해결하려던 사람들을 공격했다. 당시 이라크는 8월 중순경에 유엔에 평화적인 해결책을 제안하기도 했다.

나이라의 증언이 있은 후, 수 주 동안 조지 H. W. 부시(아버지 부시) 대통령은 대외연설에서 나이라가 증언한 사건을 5번 정도 언급했고, 그때마다 '그 끔찍한 잔혹 행위'가 '히틀러의 환생'을 떠오르게 한다고 말했다.[2] 또 전쟁 가능성에 대한 토론이 있을 때도 7명의 공화당 상원의원이 나이라의 증언을 언급했다.

전쟁 개시 여부를 결정하는 동의안은 결국 5표 차로 통과됐다. 엄격하게 말하면 전쟁이라 할 수도 없는 폭격이 시작됐고, 미국인들은 그것을 전폭적으로 지지했다. 베를린 장벽이 무너진 이후로 크게 변한 국제 여론도 이라크 전쟁을 지지하는 쪽으로 돌아섰다. 부시 대통령은 그런 변화를 꿰뚫어 보았다. 1991년 2월 2일 NBC의 〈나이틀리 뉴스〉에 출연해서는 "미국은 다시 신임을 얻고 있다. 우리는 허튼소리를 하지 않는다."라고 자신감에 찬 어조로 말했다.

하지만 나이라의 증언과 그 끔찍한 사건이 의심스럽다는 소문이 조금씩 들려오기 시작했다. 이제 우리는 당시 사건에 관련된 사람들을 합리적으로 추론해낼 수 있는 만큼 확실하게 당시 사건을 재구성할 수 있다.[3]

나이라는 본명이 '나이라 알 사바'로, 워싱턴 주재 쿠웨이트 대사의 딸이었다. 나이라는 그 병원과 아무런 관계도 없었다. 또 나이라가 증언한 사건은 그 병원에서 일어나지도 않았다. 한마디로 나이라의 증언은 거짓이었다. 워싱턴에 있는 홍보회사 힐앤놀튼의 주도 아래 치밀하게 준비되고 연출된 사기극이었다. 힐앤놀튼은 나이라를 완벽하게 훈련시켰다. 심지어 그녀의 증언을 입증해줄 사람들까지 훈련시켰다. 미국의 전쟁 개입을 원하던 쿠웨이트인들과 1000만 달러짜리 계약을 체결했기 때문이었다. 어찌 보면, 힐앤놀튼은 홍보회사답게 고객의 요구에 따라 자신들의 일을 충실하게 해냈을 뿐이다.

미디어 평론가들에게 흔히 쏟아지는 비난과 달리, 앞에서 언급한 얘기는 음모론과 아무런 관계가 없다는 점에 주목해야 한다. 홍보회사의 조작이 음모에 대한 일반적인 정의와 일치하지만, 그 사실이 백일하에 드러났기 때문에 비밀이라 할 만한 것이 없다. 실제로 위에서 언급한 내용은 완전히 공개되어 있어 누구라도 확인해볼 수 있다. 그러나 그렇게 하자면 시간과 끈기가 필요하다. 또한 미디어가 아닌 다른 정보원(情報源)에 접근해 정보를 구하는 법을 알아야 하고, 모든 정보를 비판적인 관점에서 접근하는 법도 배워야 한다. 끝으로 관련된 기관들에는 무엇이 있으며, 그 기관들이 어떤 구조로 운영되는지도 알아야 한다. 거듭 말하지만 여기에는 어떤 음모도 없다. 내가 이 책에서 언급하는 미디어의 특징은 관련된 기관들의 경영방식과 역할, 또 그런 기관들과 기관 운영자들의 동기로 자연스럽게 설명된다. 따라서 미디어의 음모론을 운운하는 것은, 모든 기자가 배신자이고 언론사의 사주가 기자들에게 보도지침을 내려 그대로 따르도록 한다는 주장만큼이나 어리석고 근거 없는 얘기이다.

그러나 정보를 전달하는 방법과 미디어를 운영하는 방법에 제도적이고 구조적인 조건이 존재해서, 그런 조건이 무엇을 어떻게 보도하느냐에 큰 영향을 끼치는 것은 사실이다. 따라서 흔히 은폐되는 사건들에 대한 놀라운 정보를 미디어에서 찾아낼 수 있다고 생각하면서, 그런 조건이 무엇이고 어떤 영향을 끼치는지 살펴볼 필요가 있다. 그런 정보는 사실이고 무척 중요할 수 있다. 따라서 그런 정보를 찾아내기 위해서는 신문을 꼼꼼하게 읽고, 무엇을 찾아야 하는지 알아야 한다. 예컨대 내가 아는 바에 따르면, 나이라 사건의 진실은 퀘벡에서는 딱 한 번 보도됐다.[4] 그 사건을 보도한 신문기자 주니드 칸은 "충격적인 증언으로 투표 전날 하원위원회를 발칵 뒤집어놓은 어린 나이라는 쿠웨이트 로비 단체와 계약한 홍보회사 힐앤놀튼이 프로파간다를 위해 이용한 워싱턴 주재 쿠웨이트 대사의 딸에 불과했다."라고 고발했다.

내가 나이라의 얘기로 5장을 시작한 이유는, 여기에서 다루려는 주제들이 이 사건과 밀접한 관계가 있기 때문이다. 여기에서 다룰 주제들을 순서대로 간략하게 살펴보자.

정보가, 민주주의를 표방하는 사회에서 정치적으로 중요한 쟁점이라는 사실은 새삼스레 말할 필요도 없을 것이다. 하지만 힐앤놀튼과 같은 홍보회사들이 어떤 존재이고 어떤 역할을 하는지 아는 사람은 거의 없다. 홍보는 민주적인 삶과 정보 제공이란 개념에서 잉태됐지만, 현실에서는 완전히 다른 개념으로 쓰인다. 이런 이유에서라도 우리는 실질적인 민주주의와 이론적인 민주주의 간의 괴리를 파악할 수 있어야 한다. 따라서 '민주주의란 무엇인가?'에서는 민주주의라는 개념에 대해 본격적으로 살펴볼 예정이다.

현재의 미디어는 홍보회사와 역사적 배경이 유사하다. 오늘날 미디어는 거대기업으로 변해, 그들이 어떻게 운영되는지 알고 이해하려면 주도면밀한 조사가 필요하다. 이런 조사를 꼼꼼하게 하면, 미디어의 프로파간다 모델은 무엇이고, 미디어가 실제로 어떻게 운영되며, 이상적이고 선언적인 민주주의가 아닌 우리가 살아가는 민주주의에서 그들이 여론을 어떻게 형성해가는지 등을 밝혀낼 수 있다. 촘스키와 허먼은 이런 생각들을 체계적으로 정리해 미디어의 프로파간다 모델을 만들어냈다. 이 부분은 '미디어는 우리를 어떻게 선동하는가?'에서 자세히 살펴볼 것이다.

이 모든 것을 알고 나면, 비판적으로 생각하는 사람은 미디어의 보도에 분명히 드러나는 은폐와 편향성에 당연히 주의를 기울일 것이다. 또 미디어가 본질적으로 어떤 역할을 하는지 알기 때문에, 미디어에는 물론이고 일반적인 정보 제공처에도 비판적인 태도를 체계적이고 엄격하게 유지하기 위해 다양한 방법을 동원해야 할 것이다. 이를 위해 '미디어에 비판적으로 접근하기 위한 31가지 전략'에서는 실제 민주주의와 이론적인 민주주의 간의 괴리를 메우기를 바라는 이에게 반드시 필요한, 비판적인 태도를 유지하고 계발하는 데 유용한 방법들을 소개한다.

민주주의란 무엇인가?

민주국가에서 매스커뮤니케이션이란 개념과 제도의 많은 부분이 강력한 프로파간다적 토양에 뿌리를 두고 발전했다는 말을 처음 듣는 사람은 그 말을 이해하기도 인정하기도 힘들 것이다.

미국에서 프로파간다를 위한 대대적인 실험이 1차세계대전 중에 있었다. 대다수가 전쟁을 반대하던 미국 국민을 전쟁으로 유도하기 위해서 공공정보위원회(Committee on Public Information, 위원회 의장이었던 조지 크릴의 이름을 따서 '크릴위원회'라고도 불림)가 조직된 때였다. 크릴위원회는 완벽한 성공을 거두었다(크릴위원회에서는 팸플릿, 카툰, 잡지, 영화, 상징물 등을 통해 '끔찍하고 잔인한 독일 민족'의 이미지를 미국인에게 심어주는 데 성공했다. 발족한 지 6개월 즈음 지났을 때, 평화를 사랑하던 미국인들은 '독일'이라는 말만 들어도 으르렁거리는 광적인 전쟁지지자들로 탈바꿈되어 있었다.―옮긴이). 이를 토대로 지금도 민주국가에서 활용되는 많은 기법과 방법이 생겨났다. 보도자료를 통해 대대적으로 알리고, 특정 계층을 겨냥해 감정에 호소하며, 영화를 이용하고, 지역의 여론 주도자를 포섭하며, 시민단체를 흉내 낸 가짜 단체를 조직하는 수법 등이 대표적인 예이다.[5]

크릴위원회에서 가장 영향력 있는 위원이었고, 1930년 이후로 세계에서 가장 존경받는 미국 언론인으로 손꼽히는 월터 리프먼(1889~1974)은 크릴위원회의 임무를 "민주주의 실현에서의 혁명"이라 미화하며, "소수의 책임자"가 직권으로 국민의 합의를 끌어내지 못할 때 정책 분야를 책임진 "지적인 소수"가 국민의 합의를 도출하는 책임을 떠맡아야 한다고 주장했다.

이처럼 "건전하게 형성된 국민 여론은 갈피를 잡지 못하는 무리(즉 국민)의 안달과 분노로부터 보호받아야 한다. 그런 무리는 무지하면서도 참견하기를 좋아하는 외부자이기 때문에 참여자가 아니라 구경꾼의 역할에 그쳐야 한다." 홍보 산업을 탄생시킨 이런 생각에 담긴 의미는 분명했다. 요컨대 위험한 민중을 통제하기 위해서라도 국민 여론은 위에서부터 과학적으로 조작되고 통제돼야 한다는 것.[6]

지그문트 프로이트의 조카, 에드워드 버네이즈(1891~1995)[7]도 정치 선동을 목적으로 한 홍보 산업의 발전에 핵심적 역할을 한 인물이다.[8] 버네이즈가 크릴위원회에서 많은 교훈을 얻었다는 데는 의심할 여지가 없다. 버네이즈는 『여론은 어떻게 만드는가』(Crystallizing Public Opinion), 『합의를 조작하기』(The Engineering of Consent), 『프로파간다』(Propaganda) 등 많은 중요한 저서에서, 새로운 민주주의를 연구하던 크릴위원회에서 고안하고 발전시킨 기법으로 "군대가 군인들의 몸을 엄격히 관리하듯이 국민의 정신을 관리할 수 있다."라고 말했다.[9]

버네이즈가 홍보 분야에서 거둔 업적은 그야말로 전설적이다. 1929년 부활절, 그는 뉴욕 5번가에서 여성에게도 흡연권을 보장하라는 여성들의 시위를 조직해 여권신장운동에 동참하는 듯했다. 그러나 같은 시기에 그는 럭키스트라이크와 아메리칸타바코 등 담배회사들의 의뢰를 받아, 담배가 치명적인 물질이라는 증거를 감추는 홍보 작업에 열중하고 있었다.

1950년대에는 유나이티드프루트 사를 위해 일하면서, 라틴 아메리카의 공산화가 미국에 끼칠 위험성을 미국인에게 알리는 데 주력했다. 미국 언론에 거짓 정보를 '주입하고', 고결하고 자애로운 얼굴 뒤로 본래의 의도를 감춘 거짓 시민단체를 조직해, 과테말라가 유나이티드프루트 소유의 땅을 몰수한 것처럼 미국인들이 믿게 만들었다. 결국 1954년 6월에 CIA의 지원을 받은 쿠데타 세력이 민주적으로 선출된 과테말라 정부를 전복시키며, 버네이즈의 프로파간다는 상상 이상의 성공을 거두었다.[10]

민주주의와 정보라는 개념이 현실 세계에서 실질적으로 어떻게 받아들여지는 눈여겨봐야 한다. 이런 민주주의에서 대다수의 국민은 참여자가 아니라 구경꾼이다. 또한 국민에게 전달되는 정보는 민주주의를 실질적으로 운영하는 사람들의 입맛에 맞추어진 정보이다. 이런 정보는 국민의 눈과 귀를 딴 곳으로 돌리는 것이 목적이다. 따라서 국민이 세상을 대략적으로만 이해하도록 정보가 단순화된다. 국민이 깊이 알면 권력자들에게 이로울 것이 없기 때문이다. 이런 관점에서, 권력자들이 말하는 건강한 민주주의는 대부분의 국민이 머릿속에 순진하게 담고 있는 민주주의와 완전히 다르다.

미디어 전문가로 명망이 높았던 해럴드 라스웰(1902~1978)은 1930년대에 출간한 『사회과학 백과사전』(Encyclopedia of Social Sciences)의 초판본에서, 보통 사람도 자신의 이익과 필요를 결정할 수 있으므로 자신에게 맞게 스스로 선택할 수 있다고 생각하는 '민주주의의 독단'에 빠지지 않는 게 중요하다고 역설했다. 라스웰은 그런 생각이 완전히 잘못된 거라며, 민중에게는 그들을 대신해서 결정을 내려줄 엘리트 계급이 필요하다고 주장했다. 민주주의를 곧이곧대로 이해하는 사람들에게 그의 주장은 생소하게 들릴 수 있다. 그러나 라스웰은 "민중을 통제할 물리적인 힘이 없어도 여론을 이용하면 민중을 완벽하게 통제할 수 있다."라는 아주 편리한 해결책을 제시했다.

오늘날 홍보회사들은 정치와 경제 분야에서 막강한 힘을 행사한다. 그들은 기업과 정부 및 그들에게 돈을 내는 조직을 위해 일한다. 호주의 사회심리학자 알렉스 캐리는 "20세기에는 정치적으로 크게 3가지 발전을 이루어냈다. 민주주의와 기업권력의 성장, 그리고 민주주의로부터 기업의 권력을 보호하기 위한 프로파간다의 성장이다."라고 현실 세계를 신랄하고 정확하게 분석했다.[11] 어떻게 이보다 20세기를 더 정확하게 요약할 수 있겠는가!

홍보회사의 역사와 역할에 대해 더 이상 왈가왈부하지 않더라도, 이쯤이면[12] 전반적인 정보, 특히 미디어의 정보를 비판적인 안목에서 접근하기 위해서는 경계심을 품어야 한다는 결론을 어렵지 않게 내릴 수 있을 것이다.

미디어는 우리를 어떻게 선동하는가?

> 정보가 이름값을 하려면 누구에게나 제공돼야 한다는 게 정보의 권리라면, 정보는 당연히 모든 시민에게 투명하게 비판받을 의무도 있다.
> – 마농 보네르 가야르

　정보가 완전자유시장에 별다른 제동장치도 없이 전달되는 모든 자유민주주의국가에서, 다양한 형태로 나타나는 미디어의 집중 현상은 이제 부인할 수 없는 지경이 됐다. 거의 모든 학자가 미디어의 집중 현상을 인정하고 우려하지만, 안타깝게도 미디어의 정치적 영향력을 정확히 측정한 학자는 거의 없다. 여기에서는 미디어의 정치적 영향력에 대해 집중적으로 다루어보려 한다.

　미디어의 집중 현상은 크게 두 방향으로 나뉘지만 둘은 밀접한 관계가 있다. 하나는 신문, 라디오, 텔레비전, 잡지, 출판 등과 같이 미디어가 소수의 소유자에게 집중되는 현상이고, 다른 하나는 이런 매체들이 하나의 기업 울타리에 들어가 정보를 재사용하고 덧붙이는 수준에서 벗어나지 못하는 현상이다.

퀘벡의 활자 매체 집중 현상

기업	일간지	잡지, 주간지, 출판사 등	보조금(2002~2003)
GESCA(파워 코퍼레이션의 자회사)	퀘벡 주에서 프랑스어로 발간되는 일간지 발행부수의 52%: La Presse(몬트리올), Le Nouvelliste(트루아 리비에르), La Tribune(셰르브루크), Le Soleil(퀘벡), Le Droit(가티노), La Voix de l'Est(그랑비) 등	지역별 주간지: Progrès Dimanche(사그네), Le Citadin(사그네), La Voix de l'Est Plus(그랑비), La Nouvelle(셰르부르크) 출판사: Éditions La Presse 등	?
Empire Québécor	캐나다 전체에서 발간되는 일간지 발행부수의 21%, 프랑스어로 발간되는 일간지 발행부수의 45%: Le Journal de Montréal, Le Journal de Québec, 24 Heures	Chaîne Sun(캐나다에서 발간되는 17종의 일간지, 영어로 발간되는 일간지 발행부수의 17%), Vidéotron et Réseau TVA, Messageries Dynamiques 잡지: 7 Jours, Clin d'oeil, Décoration chez-soi, Dernière Heure, Échos vedettes, Femme d'aujourd'hui, Femme Plus, Filles d'aujourd'hui, Le Lundi, Les idées de ma maison, Rénovation-bricolage, TV Hebdo 출판사: Éditions du Trécarré, Éditions Logiques, Éditions Québécor, Éditions CEC, Éditions Libre Expression, Éditions internationales Alain Stanké	3,428,199달러 7 Jours: 489,865달러
Groupe Transcontinental	일간지 Le Métro(50% 이상의 지분 참여), 캐나다에서 일간지 10종, 주간지 70종 중 59종이 퀘벡에서 발간된다. 그 59종이 퀘벡에서 발간되는 주간지 총 수의 30%를 차지하고 발행부수에서는 42%를 차지한다.	Les Affaires, Journal économique de Québec, Commerce, PME, Finance et Investissement, Investment Executive Forces, Connexions Affaires, ieMoney, Journal Golf, Golf International, The Hockety News, Hockey Business News, Preview Sports, Fantasy Football, Fantasy Baseball, NBA Basketball, National Sports Review, Pro Football, College Football, College Basketball, Bill Mazeroski Baseball, Ultimate Pool, En Voiture, Backspin, Elle Québec, Elle Canada,	9,805,640달러 Elle Québec: 503,177달러

기업	일간지	잡지, 주간지, 출판사 등	보조금(2002~2003)
Rogers Communications	라디오와 텔레비전 방송국, 케이블 방송국, 인터넷 서비스, 전화 사업 등에 주로 참여	Coup de pouce, Canadian Living, Madame Homemaker's, Décormag, Style at home, Vancouver Magazine, Western Living, Computing Canada, Direction Informatique, Info Tech, Computer Dealer News, eBusiness Journal, Info Systems Executive, Technology in Government, Communications and Networking, TV-Hebdo(Québécor와 함께 50% 지분 소유), TV-Guide, Le Bel Âge, Good Times Canada, Capital Santé, Sympatico Netlife Canada, Journal Constructo, Québec Construction, Le Monde de l'électricité, Éclairage Plus, Québec Construction International / Canadian Business, Châtelaine(영어판), Flare, l'Actualité, le Bulletin des agriculteures, Maclean's, Marketing Magazine, Money sense, Ontario Out of Doors, Profit, Today's parents	10,617,045달러 l'Actualité: 833,166달러
Le Devoir Inc.	일간지 Le Devoir (발행부수: 1만 8000~2만 5000)	–	?
Canwest Global	The Gazette		
La Terre de chez nous	–	주간지: La Terre de chez nous(발행부수: 4만 5000)를 비롯한 농업 관련 잡지들	?

앞의 표는 퀘벡 라발 대학교의 미디어 연구소가 정리한 것이다. 표에서 보듯이 퀘벡에서는 제스카, 퀘베코르, 트랜스콘티넨탈 그룹, 로저스 커뮤니케이션스 등과 같은 소수의 기업이 활자 매체의 대부분을 장악하고 있다.

비판적인 평론가들은 기업화된 미디어의 선동적이고 선정적인 보도를 주로 비난한다. 이런 비난에는 충분한 근거가 있다. 따라서 지난 수년 전부터 미디어에서 우리에게 무차별적으로 쏟아내는, 리얼리티란 이름으로 포장된 쓰레기 같은 텔레비전 프로그램이나 새로운 형식의 오락물이 끼치는 영향을 여기에서 장황하게 살펴볼 필요는 없다.

이런 현상에 동의하면서도 문제의 핵심을 다룬 사람은 거의 없었다. 많은 학자가 예견한 것처럼, 대기업화된 미디어가 사회에서 점점 영향력을 키워가고 있으며 또 우리를 즐겁게 해준다는 사실은 누구나 알고 있다. 따라서 이런 현상이 심각한 건 사실이지만 그렇다고 가장 큰 문젯거리는 아니다. 더 큰 문젯거리는, 미디어가 공공의 토론장을 발전시키는 데 중요한 정치적 도구 역할을 해야 하는데도 불구하고 현실을 은폐하는 프로파간다 역할에만 몰두하며 본연의 역할을 포기하고 있다는 사실이다. 즉 텔레비전이 리얼리티 쇼를 비롯한 짜증스런 오락물을 제작하는 데 많은 돈을 쏟아붓는 현상도 달갑지는 않지만, 진정한 비극은 매일 저녁 고정된 시간에 방영되는 뉴스에 있는 것이다. 뉴스를 보면 국민에게 올바른 정보를 정확히 보도해야 한다는 미디어의 정치적인 소명의식을 망각한 듯하다.

내가 아는 한, 에드워드 허먼과 노엄 촘스키가 이 문제를 가장 설득력 있고 깊이 있게 다루었다. 위에서 직관적으로 언급한 가정을 체계적으로 추적해 증명한 그들의 주장을 대략적으로 정리해보자.[13]

허먼과 촘스키의 주장에 따르면, 미디어는 구조적이고 제도적인 수많은 요인들에 큰 영향을 받는다. 따라서 그 요인들이 어떻게 작용하느냐에 따라, 매체가 현실 세계를 보도하는 방식이나 대외적으로 홍보하는 가치와 규범과 견해 들이 전부는 아니어도 크게 달라진다. 구체적으로 말하면, 허먼과 촘스키는 미디어가 우리 사회에서 프로파간다 역할을 어떻게 해내는지 분석한 모델을 제시했다. 그들은 『여론조작: 매스미디어의 정치경제학』(Manufacturing Consent: The Political Economy of the Mass Media)에서, "미디어는 국가의 운영과 특별한 이해관계가 있는 부분을 지원하기 위해서, 또 민간 분야의 이익과 특별한 관계가 있는 부분을 지원하기 위해서 동원된다. ······미디어가 무엇을 선택하고 강조하며 빠뜨렸는가를 분석해보면(때로는 영민한 식견과 통찰력이 요구된다) 대부분의 경우 그 이유를 분명히 이해할 수 있다."라고 말했다.[14]

2009년, 검열 대상인 25가지 보도

매년 '프로젝트 센서드'(Project Censored)는 미국의 주류 언론에서 은폐된 사건들을 면밀하게 검토하고 사실관계를 확인한 후에 '상위 25건의 목록'을 발표한다. 대부분의 사건이 주류 언론에서 구석진 곳에 한두 번쯤 언급되고 묻혀버렸지만, 대안 언론에서는 다루어진 사건들이다. 또한 연구기관이나 통신사의 보고서를 통해서도 확인되는 사건들이다. 이런 목록을 읽고 나면 놀랍기도 하지만 화가 치밀어 오르기도 한다. 중요한 사건인데도, 주류 언론이 아닌 다른 곳에서 정보를 얻지 못한다면 대부분의 국민이 모르고 살아가는 수밖에 없다. 2009년에 발표된 검열 대상이던 사건들을 예로 들어보자.

 1. 미국의 점령으로 이라크에서 100만 명 이상이 사망했다.
 2. 안보와 성장을 위한 협조: 군사화되는 NAFTA(북미자유무역협정).
 3. 인프라가드의 사업을 대신해주는 FBI.

4. 미국은 라틴아메리카에서 '추잡한 전쟁'을 다시 시작하고 있는가?
5. 반전주의자들의 재산 차압.
6. 국내 테러리즘 방지법.
7. 사기와 인신매매로 전락한 초청 노동자 프로그램.
8. 대통령령은 은밀히 변경될 수 있다.
9. 이라크와 아프가니스탄 수의사들의 증언.
10. CIA의 고문에 공모한 APA(미국심리학회).
11. 엘살바도르의 수돗물 민영화와, 범세계화된 테러와의 전쟁.
12. 낙오학생방지법으로 수십 억 달러를 부당 모금한 부시의 패거리.
13. 이라크에서 사라진 수십 억 달러의 행방.
14. 핵폐기물 처리 방법.
15. 세계 전역의 노예화 현상.
16. 노동조합권의 연례 조사.
17. 유엔의 토착 원주민 권리에 관한 선언.
18. 청소년 감호소에서 자행되는 잔혹 행위와 사망 사건.
19. 가축의 멸절과 싸우는 토착 목축업자와 소규모 낙농업자.
20. 급증한 마리화나 흡연자.
21. 핵무기 선제공격을 고려 중인 NATO(북대서양조약기구).
22. 미국의 식량 원조를 거부한 국제 원조 구호 기구.
23. 제약회사와 결탁한 FDA(식품의약청).
24. 9·11사태와 테러와의 전쟁에 의문을 제기한 일본.
25. 뉴욕 주 주지사 엘리엇 스피처와 부시의 감추어진 관계.

각 항목의 자세한 내용은 http://www.projectcensored.org/top stories/category/y-2009를 참조할 것.

요컨대 허먼과 촘스키의 프로파간다 모델에서 제시되는 기준들은 미디어의 보도 방향을 미리 결정하는 요인들이 된다. 따라서 미디어의 보도는 공권력에 유리한 방향으로 이분법화된다. 이런 조직적이고 고도로 정치적인 이분화 현상은 미디어에서 다루는 논제만이 아니라 기사의 깊이와 질에서도 확인된다. 따라서 프로파간다 모델을 알면 미디어의 보도 방향을 예측할 수도 있다. 허먼과 촘스키의 논의를 따라가며, 우리의 예측이 실제 기사와 일치하는지 살펴보도록 하자.

허먼과 촘스키의 모델에서는 5가지의 기준이 제시된다.

첫째 기준은 미디어의 규모와 소유권과 수익원이다. 기업이나, 기업을 지배하는 부자가 소유한 미디어는 편향성을 띨 가능성이 크다. 벤 바그디키언은 1983년에 출간한 『언론 독점』(Media Monopoly)에서 이미 미국 미디어들의 독점화 현상을 우려했다.[15] 당시 바그디키언은 50개 기업이 미국 미디어의 과반수를 지배한다며, 그런 현상을 걱정해야 하는 납득할 만한 이유를 제시했다. 시간이 지난 후 재판을 발행할 때마다 바그디키언은 똑같은 이유로 똑같은 걱정을 감추지 않았다. 단 하나 변한 것이 있다면, 미디어를 소유한 기업의 수가 꾸준히 줄어들었다는 점이다. 50개에서 28개로, 다시 23개로 줄었던 것이 14개로, 또 10개로 줄어들었다. 『언론 독점』의 최근 판을 보면, 5개의 기업이 미국 미디어의 과반수를 지배하는 실정이다. 여기에서 미디어에는 텔레비전, 신문과 잡지, 할리우드의 영화사, 출판사가 포함된다.

> **캐나다 언론에서 다루지 않은 10가지 중요한 사건(1993~1995)**
>
> 1. 캐나다의 수질과 공기에 악영향을 끼칠 가능성이 있던 미국의 환경정책(1995).
> 2. 전리층을 변화시키려던 미군의 정책(1995).
> 3. 멕시코의 인권 학대(1995).

4. 애버츠퍼드 인터내셔널 에어쇼와 무기 판매의 관련성(1995).
5. 소말리아에의 인도적 개입과 석유 탐사 사이에 어떤 관계가 있었을까 (1993)?
6. 보수당이 21년이나 무리 없이 시행되던 세법을 개정해 부자들에게 수백만 달러의 세금을 감면해주었다(1993).
7. 캐나다와 인도네시아 독재 정권과의 밀월관계(1993).
8. 언론을 소유한 기업과 권력층과의 관계(1993).
9. 특허권을 두고 GATT(관세 및 무역에 관한 일반 협정)와 다툰 제3세계 (1994).
10. 화이트칼라와 기업의 범죄.

출처: R. A. Hackett, Richard Gruneau et al., *The Missing News: Filters and Blind Spots in Canada's Press*, Canadian center for Policy Alternatives/Garamond Press, Ottawa, 2000.

둘째 기준은 광고에 대한 미디어의 의존 정도이다. 미디어는 대중에게 정보를 파는 곳이라기보다 기업에게 대중을 파는 곳이다. 많은 사람이 짐작조차 못하겠지만, 신문사는 수입의 70퍼센트를 광고에서 얻고, 텔레비전 방송국은 광고비가 수입의 90퍼센트 이상을 차지한다. 광고주는 방송국이나 신문사가 자신에게 유리한 환경을 조성해주기를 바란다. 그렇다고 광고주가 미디어에 직접 개입해서 영향력을 행사할 필요는 없다. 이른바 역학관계를 통해 광고주는 원하는 것을 얻는다. 물론 광고주가 광고를 제공하는 방송국이나 신문사에 특별한 요구를 하는 때도 있다. 바그디키언은 프록터앤갬블이, 군인을 비방하거나 기업계가 선량하고 '종교적인' 공동체가 아닌 듯이 표현하는 방송에는 광고하지 않겠다고 방송국을 위협한 사례를 제시했다. 새삼스레 말할 필요도 없겠지만, 이런 기준이 대안적이고 비판적인 매체에 어떤 영향을 끼칠지 충분히 짐작할 수 있다.

시청자를 확보해 코카콜라를 도와라

텔레비전에 대해서는 이러쿵저러쿵 말할 수 있다. 그러나 비즈니스적 관점에서는 현실적이어야 한다. TF1(프랑스 공영 방송사)의 기본적인 역할은 코카콜라를 돕는 것이다. 예컨대 그들의 제품이 잘 팔리도록.

광고를 효과적으로 전달하기 위해서는 시청자들의 뇌를 사로잡아야 한다. 우리 방송의 목적도 시청자의 뇌를 사로잡는 것이다. 달리 말하면, 두 광고 사이의 프로그램으로 시청자들을 즐겁고 편안하게 해주는 것이다. 결국 우리가 확보한 시청자의 여유 시간을 코카콜라에 파는 셈이다.

이런 시간을 확보하는 것만큼 어려운 일은 없다. 따라서 끊임없이 변화를 추구해야 한다. 정보가 급속도로 교환되고 증가하며 소멸되는 환경에서도 인기 있는 프로그램을 끊임없이 찾고 유행을 좇아야 하며, 시청자의 경향을 찾아 헤매야 한다.

텔레비전은 기억이 없는 산업 활동이다. 텔레비전 산업과 자동차 산업을 비교하면, 자동차의 생산 과정은 텔레비전 산업에 비해 훨씬 느리다. 어떤 자동차가 성공을 거두면 자동차회사에서는 적어도 그 여유를 만끽할 수 있지만, 우리는 어떤 프로그램이 성공을 거두더라도 그럴 틈조차 없다.

매일 모든 프로그램이 시청률에 신경을 곤두세워야 한다. 24시간 내에 초 단위로 고객을 '파악하는' 산업은 우리밖에 없을 것이다.

출처: *Les Dirigeants lace au changement*, Éditions du huitième jour, Paris, 2004에 실린 TF1의 최고경영자, 파트릭 르 라이 인터뷰.

돼지 구유를 휘저어라

광고는 돼지 구유에 막대기를 넣고 휘젓는 짓이다.
– 조지 오웰

크게 보면 광고에는 두 종류가 있다. 하나는 약속을 하는 광고로, 욕구를 채워주고 두려움을 완화시켜준다고 약속한다. 이런 광고에서는 해당 제품이 약속을 지킬 수 있는 '이유'가 일반적으로 제시된다. 다른 하나는 우리를 관련 제품이나 기업에 공감하도록 유도하면서 상품을 판매하는 감성 광고이다. 물론 대부분의 광고에서 두 방법을 적절히 결합시키지만……, 다음과 같은 이유에서 우리는 광고를 곧이곧대로 믿어서는 안 된다.

1. 광고는 관련 제품의 결함에 대해서는 언급하지 않는다. 따라서 광고를 그대로 믿으면 우리는 은폐된 정보와 관련한 오류를 경험할 수 있다. 예: 약을 처방전 없이도 구입할 수 있다고만 광고하지 부작용에 대해서는 언급하지 않는다.
2. 광고는 이성에 직접적으로 호소하는 방법보다는 다양한 심리적 기법을 동원한다. 예: 재밌는 광고를 반복적으로 노출시키면서 공감대를 끌어낸다.
3. 광고는 종종 기만적인 수법을 사용한다. 잘못된 인식을 심어주기 일쑤이며, 진실을 말할 때도 마찬가지이다. 이를 위해 '족제비 말', 즉 애매모호한 표현을 사용한다.
4. 과대 광고가 많다. 예: '세계 최고의 신문.'
5. 광고는 전문용어나 기만적인 유머를 사용한다. 예: 하얀 눈보다 더 희다.
6. 광고는 소비자가 엉뚱하게 추론하도록 유도한다. 권위자를 내세워 소비자의 합리적인 추론을 방해한다.
7. 광고는 우리의 가치관에 영향을 끼쳐, 관련 제품으로 쉽게 채울 수 있는 가치관으로 바꾸도록 유혹한다.

정당 후보자들과 그들의 정책도 결국에는 광고되고 판매되는 상품이어서, 유권자의 공감을 얻기 위한 이미지 만들기 작업을 흔히 거친다는 사실을 깨달아야 한다.

출처: H. Kahane, *Logic and Contemporary Rhetoric: The Use of Reason in Everyday Life*, pp. 228–229.

셋째 기준은 정보원(情報源)에 대한 미디어의 의존 정도이다. 정부와 기업, 압력단체와 통신사가 대표적인 정보원이다. 따라서 이런 구조적 관계로 인해 미디어와, 그들에게 정보를 제공하는 기관들 간에는 관료적이고 이념적이며(ideological) 경제적인 공생관계가 형성될 수밖에 없다. 이는 이해관계의 일치에서 비롯되는 공생관계이다.

넷째 기준은 '플랙'(flak, 2차세계대전에서 연합군 폭격기를 격추하기 위해 하늘에 쏘아올린 대공포를 말하는 군사용어가 미디어 현상을 설명하는 데 쓰임—옮긴이), 즉 힘을 지닌 쪽이 미디어를 길들일 목적에서 미디어에 가하는 공격이다. 그 공격의 결과 미디어에서는 일반적으로 인정받는 신뢰할 만한 출처가 존재한다고 밝히면서 오로지 그런 출처에서만 인용하고 그들의 전문적인 식견을 신뢰해버림으로써, (미디어의 중요한 기능인) 힘들여 비판하는 일을 최소화하는 경향을 보인다. 그런 정보와 전문가의 말을 무조건 사실로 인정하며, 그 밖의 말은 주관적인 논평이나 의견에 불과하기 때문에 별다른 가치가 없는 것으로 여기는 것이다. 하지만 그 전문가들의 논평만이 아니라 미디어에서 언급되는 모든 의견 역시 앞에서 언급한 조건들에 의해 크게 제한받는다.

허먼과 촘스키가 제시한 다섯째 기준은 '반공산주의'(anticommunism)이다. 이 명칭에서도 미디어가 좌파와 사회주의자 및 진보주의자의 관점에 상당한 악의를 품고 있다는 사실을 짐작할 수 있다.

이 모델의 이점 중 하나는 미디어에 실제로 실린 보도를 바탕으로 모델을 검증해볼 수 있다는 점이다. 실제로 검증해보면, 관찰되는 결과가 예측과 놀라우리만치 일치한다. 참여민주주의적 관점에서 보면, 이는 모든 국민에게 알려져야 할 사실이 거의 알려지지 않거나 아예 알려지지 않는다는 뜻이며, 한편으로 널리 알려져서 논의돼야 할 사건들이 해석조차 되지 않는다는 뜻이다.

● **애버츠퍼드 인터내셔널 에어쇼, 알고 계시나요?**

미디어는 사건과 사건에 대한 해석을 습관적으로 둘로 나누어서 한쪽을 강조하고 다른 한쪽은 약화한다. 그러나 이런 현상이 항상 뚜렷하게 드러나는 것은 아니다. 어떤 경우에는 사건 자체가 완전히 은폐되기도 하며, 그런 사건을 구태여 거론하는 것이 마뜩잖은 짓으로 여겨지기도 한다.

캐나다가 군사용 무기 판매에 연루되는 경우가 이런 사례의 대표적인 예이다.

사실, 세상에 흔히 알려진 캐나다의 이미지는 점잖은 캐나다, 평화를 사랑하는 캐나다이다. 그러나 이런 인식을 철저하게 분석하거나 객관적으로 관측한 적은 없다. 예컨대 국방예산에서 평화유지에 할애된 몫은 극히 적으며 무기 판매액과는 비교조차 되지 않는다. 장담컨대 캐나다는 세계에서 무기를 가장 많이 수출하는 국가 중 하나이다.

애버츠퍼드 인터내셔널 에어쇼는 두 눈을 부릅뜨고 분석해볼 만한 구체적인 사례이다. 이 무기 박람회는 1961년부터 밴쿠버에서 개최되고 있으며, 지금은 무기를 사고파는 국가들에게는 세계적으로 널리 알려진 장터이다. 70개국 이상에서 수천 명의 대표단과 무기상이 살상용 무기를 제작하는 기업들을 만나려고 달려온다.

이런 무기 박람회를 언론이 다루지 않는 이유가 무엇일까? 답은 너무나 분명해서, 조금만 생각하면 누구나 예측할 수 있다. 프랑스어를 쓰는 퀘벡과 영어를 쓰는 캐나다를 구분해서 살펴보자.

퀘벡에서 나는 이런저런 방법으로 자료 은행을 뒤졌지만 1985년 이후로 애버츠퍼드 박람회를 다룬 기사는 손가락으로 꼽을 정도밖에 없었다. 어떤 기사도 비판적이지 않았다. 무기 판매를 언급한 기사는 아예 없었으며, 단순히 항공 관련 박람회라고 소개하는 정도에서 그쳤다. 예컨대 "퀘벡 주 밴쿠버 출장소가 세계적인 영향력을 지닌 행사에 참석했다."《레 자페르》, 1995년 9월 9일, 9면), "캐나다가 아시아 시장에 눈을 돌려 구매자들과 빈

> 번히 접촉하고 있다."(《르 드부아르》, 1996년 9월 6일, A8면), "봄바디어를 비롯한 우리 기업들이 관심을 끌며, 항공기 엔진 부품 시장에서 상당한 점유율을 차지할 듯하다."(《라 프레스》, 1997년 8월 6일, B7면) 등이었다.
>
> 달리 말하면, 박람회는 일자리를 만들어내는 행사이며, 대중은 그렇게 알고 있으면 충분하다는 뜻이다.
>
> 영어를 쓰는 캐나다, 특히 브리티시컬럼비아 주로 눈을 돌리면 약간 다르다. 밴쿠버가 그 주에 있기 때문에 박람회가 대중의 눈에서 벗어나지 못할 듯하다. 그럼 결과는 어떨까? 역시 무기 판매는 언급되지 않는다. 군사적인 부분은 한마디도 언급되지 않는다. 박람회가 미디어에 어떻게 소개됐는지 연구한 정치학자 론 다트가 지적했듯이, 홍보회사가 준비한 서류대로 박람회는 '가족과 함께 즐기기에 적합한 공간'으로 언론에서 소개된다.
>
> 세너가 거둔 눈부신 성공작이다.

주류 언론에서는 다루지 않아 믿을 만한 대안 정보원인 '제트네트'(ZNet)에서 수집한 무기 관련 최신 기사를 예로 들어보자. 미군은 엄청난 양의 탄약을 지금도 사용하지만 앞으로도 계속 사용할 예정이어서 미국 내의 군수 기업에서만 탄약을 제공받아서는 수요를 감당할 수 없는 실정이다. 이에 따라 미군은 외국 기업에서 탄약을 제공받기로 계약을 체결했다. 퀘벡 몬트리올에 본사를 둔 SNC-라발랭도 미군의 선택을 받아 르 가르되르에 있는 공장에서 탄약을 생산하기로 했다. 이 사실은 퀘벡 주민 모두에게 중대한 사안이기 때문에, 적어도 내 생각에는 이 소식이 퀘벡 주민에게 알려지고 그들 사이에서 논의돼야 마땅했다. 하지만 언론에서는 지금까지 단 한 줄도 다루지 않았으며, 앞으로도 이와 비슷한 소식은 보도되지 않을 것으로 예상된다.

지금까지 살펴본 사례들에 프로파간다 모델을 적용해 간략하게 결론을 내리면, 다음과 같이 정리할 수 있을 듯하다.

　기업화된 미디어는 정치 엘리트와 미디어를 소유한 엘리트의 관점을 소개하고 옹호하며 널리 알리려는 경향을 점점 짙게 띤다. 두 엘리트 계급의 관점이 희한하게도 일치하기 때문에 미디어의 방향은 언제라도 예측 가능하다. 기업계와 자유무역, 국제조약과 경제의 세계화, 전쟁의 결정, 건강과 생태와 교육, 공공재에 관련된 문제 등 어떤 주제에서도 마찬가지이다. 놀랍지 않은가? 이런 현상 때문에 민주적인 토론이 극단적으로 제한될 수밖에 없고, 때로는 심각할 정도로 정보가 왜곡된다. 지배하는 쪽과 지배당하는 쪽 모두가 참여하는 민주주의가 사라지고, 이제는 딴 곳을 쳐다보며 묵묵히 따르는 방관자의 민주주의만 남은 듯하다.

　이런 분석에서 어떤 결론을 내릴 수 있겠는가?

　이런 분석이 맞는다면 미디어는 여러 문제 중 일부만을 택할 뿐 아니라 그 문제들까지 그들의 입맛에 맞는 가치관과 세계관으로 다룰 것이기 때문에 실상을 은폐하거나 조직적으로 왜곡할 가능성이 크다. 따라서 비판적으로 생각하는 사람은 미디어에서 무엇을 빠뜨렸고 무엇을 편향적으로 보도하는지 찾아낼 수 있어야 한다. 하지만 어떻게 그런 부분들을 찾아낼 수 있을까?

　나는 이 의문에 대한 답을 다음("미디어에 비판적으로 접근하기 위한 31가지 전략")에서 31가지로 정리해보았다.

미디어에 비판적으로 접근하기 위한 31가지 전략

> 스프링필드에서는 매일 수십 명이 총상을 당한다. 하지만 지금까지 총에 맞은 사람 중에 중요한 인물은 없었다. 나는 켄트 브록만이라 한다. 금요일 오후 3시, 지역 유지이던 몽고메리 번스가 시청에서 격렬한 다툼을 벌인 후에 총격을 당했다. 번스는 곧바로 근처 병원으로 옮겨졌지만 사망 선고를 받았다. 그 후, 번스는 더 좋은 병원으로 옮겨졌고, 그 병원 의사들은 번스의 상태를 호전시켜 '되살려냈다'.
> ─ 〈심슨가족〉, 에피소드 2F20, 1995년 5월 17일

악마의 변호사가 되라

어떤 주장에든 다른 관점이 있는지 살펴보고 그 관점을 뒷받침할 근거를 찾아 그 주장에 반박할 수 있는지 생각해보라.

단어를 바꾸어보라

기사에서 사용된 단어를 다른 단어, 예컨대 다른 어감을 지닌 단어나 아예 다른 뜻을 지닌 단어로 바꾸어보라. 그렇게 만들어낸 새로운 의미에도 동의할 수 있겠는가? 예컨대 '자유무역'을 '관리무역'으로 바꾸어보라. 이렇게 바꿔놓은 단어가 현실에 더 일치하는 경우가 비일비재하다. '교육'을 얘기하고 있다면 그 단어를 '세뇌'로 바꾸어보라. 생태나 환경보호를 얘기하고 있다면 어떤 단어로 바꿀 수 있겠는가? 직접 생각해보라.

미디어에 편지를 쓰거나 전화를 걸어라

받아들일 수 없는 말을 읽었거나 보았는가? 그렇다면 항의하라. 기자와 제작자는 대중의 비판에 민감하다.

엄격하고 정확하라

적은 어떤 수를 써서라도 당신을 설득시켜 당신의 뇌를 점령하고 싶어 한다. 경솔하게 저항하지 말라. 적극적으로 듣고 적극적으로 읽어라. 기록하고 녹화하고 오려두어라. 정확히 따지고 싶은 사건에 관련된 모든 정보를 신중히 기록하는 건전한 습관을 키워라. 누가, 무엇을, 언제, 어떤 상황에서?

춤꾼이 되라

니체가 말했듯이 개념들과 춤을 추는 훈련이 필요하다. 어떤 사건을 대중매체가 보도한 대로 받아들인 후에, 그 보도를 다른 개념적 틀에서 분석하고, 다양한 관점에서 조사하는 것도 재밌다. 언론에서 제3세계를 어떻게 설명하고 있는가? 몬트리올에서 가장 가난한 지역과 가장 부유한 지역을 어떤 눈으로 보도하고 있는가?

묵인하고 보상하는 기사를 찾아내라

언론계 사람들도 엘리트 계급에 속한다. 그들이 엘리트 계급이나, 엘리트 계급과 결탁한 사람들과 어떻게 어울리는지 눈여겨보라. 예컨대 X가 자신의 방송에 Y를 초대하면, Y는 자기의 칼럼에서 X가 쓴 책을 소개하며 보답한다. 또 Z는 자기가 주최하는 강연회에 Y를 초대하고……. 여하튼 관계가 이런 식으로 사슬처럼 엮인다.

균형 잡힌 속임수를 경계하라

1996년 미국기자협회는 그들의 윤리강령에서 '객관성'이란 단어를 삭제하고 '공평성', '균형', '정확성', '완전함', '공정함' 등과 같은 단어들로 대체했다. 그들은 윤리강령을 그렇게 바꾸면서, 많은 기자가 '객관성'이란 단어로는 그들이 추구하려는 목표나 그들에게 기대하는 목표를 제대로 표현하지 못한다고 생각하기 때문이라 변명했다. 단어를 이렇게 바꾼 데에는 중대한 의미가 담겨 있다. 객관성의 탐구는 착각에 불과하기 때문에 하나의 문제라도 다양한 관점에서 균형 잡힌 보도를 하겠다는 뜻이었다. 다양한 입장에 눈을 돌리겠다니 칭찬받아 마땅한 선언이기는 하다. 그러나 객관성의 포기는 최악의 경우에, 플라톤이 철학적으로 완벽하게 설명한 이유에서, 상대주의적 오류에 빠질 위험이 크다. 지구 온난화에 관련된 기사가 대표적인 예이다.

> **인식론적 상대주의**
>
> 옛날에는 그렇다손 치더라도 지금도 여전히 맹위를 떨치는 인식론적 상대주의에 대해 간략하게 살펴보자. 인식론적 상대주의에 따르면, 진실은 상대적이다. 비판적으로 생각하는 사람은 이 문제를 깊이 생각하고, 잘못된 상대주의의 유혹에 빠지지 않도록 경계해야 한다.
>
> 먼저, 진실은 상대적이라는 주장이 무슨 뜻인지 생각해보자. 무엇에 대해 상대적이란 것일까? 플라톤의 비판 대상이자, 인식론적 상대주의를 가장 먼저 주장한 철학자 중 하나인 프로타고라스는 "진실은 모든 것의 기준인 인간에게도 상대적이다."라고 말했지만, 그가 말한 인간이 개인인지 인간 전체인지, 아니면 사회를 구성하는 특정한 집단(예: 아테네 사람, 스파르타 사람)인지 명확히 제시하지는 않았다. 그러나 우리가 어떤 상대주의적 해석을 받아들이든 그에 따른 결론은 다른 쪽에서 받아들일 수 없을 것이기 때문에

거부되기 마련이다.

가령 진실이 개개인에게 상대적이라 한다면, 이런 주관주의는 이상한 결론에 이르게 된다. 예컨대 어떤 명제를 진실이라 믿기 때문에 그 명제가 진실이 된다면, 우리가 뭔가를 진실이라 믿는 순간부터 우리는 잘못을 범하지 않는 사람이 된다. 따라서 개인 간의 의견 차이는 불가능하고 무의미하다. 모두가 옳기 때문이다.

또한 진실이 사회 집단에게 상대적이라 한다면, 이런 사회적 상대주의도 이상한 결론에 이르게 된다. 이 경우에도 사회 집단은 어떤 잘못도 범하지 않는다. 예컨대 어떤 사회 집단이 "지구는 평평하다."라는 명제를 진실이라 생각하는 순간부터, 이 명제는 진실로 인정돼야 한다.

하비 시겔은 '상대주의적 폭죽'이란 개념으로 상대주의를 가장 확실하게 논박하고 있다. 엄격하게 말하면 상대주의의 옹호는 불가능하거나 모순되는 행위이다. 우선 상대주의를 비상대주의적 논증으로 옹호한다면, 이런 경우에는 상대주의를 옹호한다면서 실제로는 부인하고 싶어 한다는 걸 인정하는 셈이 된다. 이런 모순을 피하려고 상대주의적 논증으로 옹호한다면, 상대방이 언제라도 반박할 수 있어 상대주의를 옹호하는 것 자체가 불가능하다. 이런 이유에서 하비 시겔은 "상대주의를 옹호하기 위해서는 상대주의를 포기해야 하기 때문에 상대주의는 그 자체로 모순되고 자기 논박적이다."라고 결론지었다(H. Siegel, *Relativism Refuted*, D. Reidel, 1987, p. 9).

플라톤까지 거슬러 올라가는 이런 분석에서 우리는 무척 소중한 교훈을 끌어낼 수 있다. '우리는 오류를 범할 수밖에 없고, 우리의 지식은 사회에서 살아가는 인간이 만들어낸 것에 불과하고 제한적이지만, 상대주의에서는 모든 지식이 진실로 여겨질 수 있다. 그러나 진실을 우리와는 상관없이 존재하는 것으로 이해한다면, 그것은 모든 인식 행위를 규정하는 절대적인 근본 개념이 된다.'

그런데 지구 온난화에 대해서도 미디어의 보도 방향은 대체로 일치하는 현상을 보인다. 전문가의 의견과 압력단체의 의견이 똑같은 자리에서 비교되고 평가돼야 하는 것인 양 두 의견을 나란히 배치함으로써 균형 잡힌 보도라는 착각을 독자에게 안겨준다. 미디어를 감시하고 비평하는 단체인 '공정하고 정확한 보도'(Fairness and Accuracy in Reporting: FAIR)가 최근에 발표한 보고서에서도 이런 현상이 확인된다.[16]

비교해보라

동일한 사건을 적어도 두 나라에서 어떻게 다루고 있는지 인터넷을 활용해 비교해보라.

이데올로기의 특징을 파악하라

편향성을 파악하려면 이데올로기의 십계명을 완벽하게 알고 있어야 한다.

이데올로기 십계명

1. 특정한 사건을 보편적인 사건으로 둔갑시켜라.
2. 상품과 문화적 환경을 자연스럽게 보이기 위해서는 그와 관련된 노동을 언급하지 말라.
3. 잘못된 유추를 이용하라.
4. 객관적이란 인상을 주면서 편향성을 감추어라.
5. 어떤 문제이든 그 문제에 대해 받아들일 수 있는 한계를 신중하게 제시하라. 달리 말하면, 문제에 접근하는 선후관계를 제시하라.
6. 가능하면 단순한 것이 가장 좋은 것이란 논리를 전개하라.
7. 평범하지 않은 것도 평범하게 만들라. 예컨대 우리를 인도하는 지도자들

도 우리와 똑같은 보통 사람이라고 말하라.
8. 전반적인 현상보다 피상적인 현상을 집중적으로 다루며, 그 둘을 혼동하도록 만들라.
9. 역사가 정확히 현재의 순간과 현재의 상황에 이르렀다는 착각을 심어주어라.
10. '대안은 없다'라는 말솜씨를 현란하게 구사하는 전문가가 되라.

출처: P. Steven, *The No-Nonsense Guide to Global Media*, p. 113.

일반적인 관례를 알아야 한다

프랑스 미디어 감시단(Observatoire française des médias)이 '규정 종목'이라 칭한 것을 알아낼 수 있어야 한다.

미디어에 비판적으로 접근하려면 다음과 같은 결과를 낳는 관례와 수법에 특별한 주의를 기울여야 한다.
- 지배의식: 노동자와 사무직원, 특히 여성 노동자를 다루는 글. 이러한 글들에는 남성 우월주의와 가부장적 태도가 스며들어 있다. 필자들이 잘 알지도 못하는 서민층의 삶에 대해 온정주의적으로 생색을 내거나 경멸하는 태도를 보이며 '계급 차별 의식'과 '지적인 우월 의식'들을 드러낸다. 논설위원들은 대부분 지배계급에 속한다. 또 대부분 언론학을 전공했거나 좋은 대학 출신이다. 봉급 수준에서도 상류층에 가까워 자기도 모르게 부르주아적 의식에 길들여진다. 이런 이유에서 그들은 독특한 세계관을 키워가고 그들만의 이익을 추구하게 된다.
- 비정치화: 뉴스는 재밌어야 한다. 따라서 가십에 불과한 화젯거리도 뉴스가 된다. 과도한 개인화로 인물에 관련된 소식이 폭증하고, 때로는 개인주의에 반대한다고 주장하는 시민단체 지도자들도 본인의 승낙하에 소개된다. 정치적인 쟁점은 '정치적'으로 소개되는 반면에, 경제적인 쟁점은 이해

하기 힘들 정도로 전문적으로 작성된다.
- 띄워주기: 이른바 '엘리트 계급'의 상호 띄워주기와 묵인. 엘리트를 자처하는 사람들이 국민의 '비합리성'과 '평등주의'를 지적한다.
- 박탈: 국민에게서 발언권을 빼앗는 기술. 라디오 방송에서 시민에게 전화를 받는 프로그램, 길거리 인터뷰, 법정 증언, 전문가 앞에서의 토론, 이메일이나 전화 설문조사 등을 구체적으로 분석해보라.

출처: PLPL and Acrimed, *Informer sur l'information: Petit manuel de l'observateur critique des médias*, pp. 14–15.

뉴스를 분석하라

구독하는 일간 신문의 앞면에 실린 기사들을 한 달 동안 대조해서 분석해보라. 이 작업에 어떤 기준을 적용할지를 먼저 결정해야 한다. 가능하면 기준을 명확하게 세워야 한다. 대조표를 작성하라. 그 결과를 친구에게 보여주고 토론을 해보라. 이왕이면 사회적·정치적으로 당신과 견해를 달리하는 친구가 더 낫다. 가능하면 친구에게도 똑같은 식으로 다른 신문을 분석하게 한 후에, 둘을 비교해보라.

기자를 분석하라

한 기자가 최근에 쓴 50꼭지의 사설이나 50꼭지의 기사를 모아, 다른 관점에서 분석해보라. 어떤 주제를 주로 다루었는가? 어떤 출처를 인용했는가? 어떤 어휘를 사용하는가?

제목을 눈여겨보라

신문 기사의 제목이나 텔레비전 뉴스의 제목을 눈여겨보라. 제목이 실제 기사 내용과 일치하는가? 바림직한 제목인가, 아니면 다른 제목을 붙였을 수도 있었는가? 다른 제목을 놔두고 그 제목을 굳이 선택한 이유가 있었을까? 칼럼니스트와 논설위원은 대개 자기 글의 제목을 직접 정하지만, 기자의 경우에는 그렇지 않다.

출처를 확인하라

미디어에 뉴스를 제공하는 출처를 확인하고, 그에 대해 더 자세히 알려고 노력하라. 뉴스를 귀담아 듣고 신문을 꼼꼼히 읽는다면 프레이저인스티튜트(공공정책개발국책연구소), IMF(국제통화기금), 상공회의소, 경제개발연구원 등과 같은 기관이 빈번하게 언급된다는 걸 금방 확인할 수 있을 것이다. 어떤 일을 하는 기관들일까? 인터넷을 이용하면 어렵지 않게 알아낼 수 있다. 해당 기관의 웹사이트를 방문해서 어떤 보고서를 발표했는지 읽어보라. 또 미디어에서는 그들의 보고서를 어떻게 인용했는지 살펴보라. 누가, 언제, 얼마나 자주, 어떻게, 또 어떤 목적에서 그들의 보고서를 이용하고 있는가?

> **안녕, 숲의 친구들**
>
> '브리티시컬럼비아 숲을 위한 연대'(BC Forest Alliance)는 캐나다 브리티시컬럼비아 주의 숲을 균형 잡힌 관점에서 관리하려는 시민단체이다. 이제 그들의 주장을 진지하게 받아들여야 할 때가 됐다고 생각하지 않는가? 생태 친화적 기질이 당신의 내면에서 꿈틀거리는가? 하지만 조심해야 한다!
> '브리티시컬럼비아 숲을 위한 연대'는 다국적 홍보회사인 버슨-마스텔러가 제재소에서 발생하는 공해에 대한 국민의 불안감과 '신뢰의 부족'을 잠재우기 위해서 조직한 단체이다. 이런 '양의 탈'로 기업의 탐욕스러운 이윤 추

구를 감추려는 수법인 것이다. 국민과 관계를 맺으면서 국민을 조롱하는 홍보회사의 전형적인 수법이기도 하다.

버슨-마스텔러와 유사한 조직에 대해 더 깊이 알고 싶으면 Carl Deal, *The Greenpeace Guide to Anti-Environment Organizations*, Odonian Press, Berkeley, 1998을 참조할 것.

도시 전설을 믿지 말라

도시 전설(urban legend)을 구분하는 법을 터득하고, 그런 얘기를 곧이곧대로 믿지 말라.

너무나 그럴듯해 오히려 사실 같지 않은 도시 전설들

어떤 부부가 저녁 약속으로 외출해야 해서, 어린 소녀에게 아기를 맡기고 오븐에 닭을 넣어두라고 부탁했다. 서너 시간 후에 집에 돌아온 부부는 공포에 질려 부들부들 떨었다. 소녀는 약물에 취해 정신을 차리지 못했고, 그들의 아기는 오븐에 들어 있었다!

수학 시험에 지각한 대학생에 대한 얘기도 꽤 많이 알려진 도시 전설이다. 칠판에 세 문제가 적혀 있었다. 그 학생은 워낙에 똑똑해서 처음 두 문제를 쉽게 풀었지만 마지막 문제에서 막혔다. 진땀을 흘리면서 고민한 끝에 답안지를 제출하기 직전 해결 방법을 찾아낸 듯했고, 그 생각대로 답을 써내려갔다. 이튿날 담당교수가 그를 불렀다. 그는 마지막 문제를 완전히 날려버렸기 때문에 교수가 그를 부르는 거라고 생각했다. 하지만 교수는 그에게 처음 두 문제만 시험 문제였고 칠판에 쓰여 있던 마지막 문제는 예로 제시한 것으로 문제가 아니었다고 말했다. 게다가 그 문제는 한 세기 동안 누구도, 아인슈타인조차 풀지 못한 문제였다. 그런데 그가 그 문제를 해결해 수학의 역사에 이름을 올리게 됐다.

내친김에 하나만 더 얘기해보자. 이름을 밝힐 수 없는 어떤 패스트푸드 회사가 햄버거에 쇠고기가 아니라 지렁이를 사용한다는 얘기를 들어본 적이 있는가? 누군가의 친구의 친구가 그 비밀을 뜻하지 않게 알아냈다고 전해진다.

흥미롭고 복잡한 사회 현상들이 '현대 전설'(contemporary legend)이라 일컬어지기 때문에 이런 얘기들은 흔히 '도시 전설'이라 칭해진다.

이런 얘기들은 민중문화에서 떠돌고 되풀이되며 조금씩 변형된다. 얘기를 하는 사람은 친구의 친구에게 있었던 일이라며 얘기를 시작한다. 어떤 얘기에서나 이런 특징이 발견되기 때문에, 미국에서 이런 얘기를 수집해 연구하는 사람들은 도시 전설을 FOAF(friend of a friend, 친구의 친구)라 칭하기도 한다.

그렇다고 모든 도시 전설이 거짓말인 것은 아니다. 게다가 그런 얘기가 일어나지 않았다고 입증할 방법도 없다. 엄격한 의미에서 우리는 사실 명제의 부정을 증명할 수 없기 때문이다. 그러나 일반적인 관점에서 볼 때, 도시 전설이 실제로 일어났다는 증거는 어디에도 없다. 따라서 이런 얘기를 추적하는 사람은 거의 언제나 막다른 길을 만나기 마련이다. 친구의 친구는 존재하지 않거나, 친구의 친구도 다른 친구에게 들은 얘기라고 말하는 식이다.

이쯤에서 도시 전설에서 흔히 확인되는 특징들을 아우르는 정의를 내려보자.

도시 전설은 외전(外典)처럼 출처가 불분명하고 의심스럽지만 그럴듯하게 들린다. 또 주로 구전으로 전해지지만 요즘에는 인터넷에서도 떠돌아다닌다. 또 얘기 속의 사건을 실제로 겪은 사람에게 들은 것이니 출처가 믿을 만하다며 얘기가 사실처럼 꾸며지기도 한다. 그러나 사건을 실제로 겪었다는 사람의 이름이나 확인할 수 있는 근거를 제시하지는 않는다.

도시 전설은 상대의 관심을 끌고, 얘기하는 사람이 말솜씨를 마음껏 발휘하기에 적합한 얘기이다. 일반적으로 도시 전설에는 이상하고 예기치 못한 뜻밖의 반전이 있다. 평범한 사람들이 끔찍하고 당혹스러우며 자조적인 상황에 빠진다. 끝으로 도시 전설에는 근거 없이 만연된 두려움이나 공포심을 경계하라는 교훈이 담겨 있기도 하다.

도시 전설에 대해 더 많이 알고 싶다면, 얀 하롤 브룬반의 책들을 먼저 읽어보기 바란다. 그는 1980년대에 발표한 *The Vanishing Hitchhiker*에서 이런 얘기들에 '도시 전설'이란 이름을 붙였다. 그 후로도 그는 도시 전설을 끊임없이 수집하고 연구해서 *Too Good to Be True: The Colossal Book of Urban Legends* 등과 같은 책을 연이어 발표했다.

녹음하라

당신이 즐겨 보는 텔레비전 뉴스에서 몇 꼭지를 녹음기에 녹음하라. 녹음된 것을 플레이어에 넣고 시계를 준비하라. 어떤 주제가 어떤 순서로 보도되고, 또 각 꼭지에 할애되는 시간이 얼마인지 종이에 써 두어라. 다른 방송국의 뉴스도 이런 식으로 며칠 동안 조사한 후, 어떤 주제가 어떻게 다루어졌는지 비교하고 결론을 내려보라.

정기적으로 확인하라

국제사면위원회나 휴먼라이츠워치 등과 같은 기관의 웹사이트를 정기적으로 방문해서 어떤 소식이 실렸는지 확인하라. 특히, 위기가 닥쳤을 때는 반드시 확인하라. 주류 언론에서는 거의 다루지 않는 소중한 정보를 구할 수 있다.

끈질기게 추적하라

한 언론에서 다루는 주제와 논제를 장기간 체계적으로 추적해보라.

비교하라

한 부분을 제외한 다른 모든 부분에서 합리적으로 비교될 수 있는 두 주제를 한 언론에서 어떻게 다루는지 비교해보라. 예컨대 적이 범한 범죄 행위에 대한 보도와, 우방이 범했다는 것 이외에 다른 부분에서 거의 똑같은 범죄 행위에 관련된 보도를 비교해보라. 비교될 수 없는 사건들도 비교해보라. 노동조합 운동가가 문을 부쉈다는 이유로 기소됐는가? 그 사건에 대한 보도와 훨씬 중대한 범죄, 예컨대 사망과 관련된 범죄를 저지른 고용주에 대한 보도를 비교해보라.

받아 적어 보라

자신이 끈기가 있다고 자부한다면, 텔레비전 뉴스에서 언급되는 모든 말을 받아 적고 계량적으로 분석해보라. 어떤 주제에 몇 단어가 사용됐는가? 누가 보도했는가? 당신이 좋아하는 일간지에서는 몇 단어로 보도됐는가? 그렇게 얻은 결과를 다른 뉴스 매체와 비교해보라. 결과에 실망해서 텔레비전 뉴스를 앞으로는 절대 보지 않겠다고 결심할 수도 있다.

> **소중한 조사 도구**
>
> 핵심어, 글쓴이 등과 같은 항목을 이용하면 동시에 여러 신문과 잡지에서 자료를 조사할 수 있고, 과거의 기사까지 검색할 수 있다. 집에 앉아 인터넷을 통해 접근할 수 있어 웹사이트는 자료 조사에 무척 유용한 도구이다. 개인적으로 나는 www.eureka.cc를 자주 이용한다.

의문을 제기하라

어떤 정보에나 의문을 품어야 한다. 누가 말하는가? 글쓴이는 관련 기사와 이해관계에 있는가? 글쓴이의 가치관과 전제는 무엇인가? 다른 가능한 관점도 제시되고 있는가? 주제가 피상적으로 다루어졌는가, 깊이 있게 다루어졌는가? 현상의 원인과 복잡성을 이해할 수 있도록 역사적·사회적 반증을 제시하고 있는가?

출처가 분명한가?

인용된 출처를 명확히 밝히고 있는가? 다양한 출처를 인용하는가? 출처들은 믿을 만한가? '고위 당국자'나 '관측통'을 출처로 언급할 때는 일단 의심하라.

흥밋거리와 오락거리

기사가 선정주의와 오락지상주의로 흘러 극적인 사건과 흥밋거리를 다루면서 독자의 관심을 끄는 데만 집착하는 것 같은가? 그렇다면 정신을 똑바로 차려라. 차라리 텔레비전을 끄고 신문을 덮어버려라. 그 따위 기사는 듣지 않고 보지 않아도 잃을 게 없다.

전문가의 소속을 추적하라

누가 무엇에 대해 말하는지, 또 어떤 관점이 무시되고 다루어지지 않는지를 눈여겨봐야 한다. 따라서 미디어에 번질나게 출연해서 어떤 주제에 대해 의견을 피력하는 전문가가 어떤 기관에 소속돼 있는지 눈여겨봐야 한다.

정치철학을 공부하라

누구나 어느 정도 의식적으로 받아들인 신념 체계를 기준으로 세상을 바라본다. 이런 신념 체계는 편의상 두 유형, 즉 가치관과 세계관으로 나뉜다. 대부분의 토론이 다른 가치관, 다른 세계관의 충돌에서 비롯된다. 세상을 바라보는 관점을 결정하는 다양한 가치관과 세계관을 알기 위해서는 그에 관련된 큰 틀들을 체계적으로 공부하고 연구해야 한다. 자유의지론, 자유주의, 사회민주주의, 케인즈주의, 공리주의, 통화주의, 사회주의, 무정부주의, 페미니즘, 공산주의 등에 대해 모른다면 미디어의 보도를 비판적인 안목에서 분석할 수 없다.

언어

이 책의 1장에서 배운 것을 기억하라. 거기에서 배운 것을 적극적으로 활용할 수 있어야 한다.

숫자

이 책의 2장에서 배운 것을 기억하라. 거기에서 배운 것을 적극적으로 활용할 수 있어야 한다.

촘스키를 읽어라

촘스키가 쓴 책만이 아니라 짧은 논평도 읽어야 한다. 촘스키는 '제트네트'에 정기적으로 글을 발표하며 그곳에 개인 블로그도 운영하고 있어, 누구나 그에게 직접 질문할 수도 있다.

촘스키는 어떻게 말하는가

프로파간다가 운영되는 방식에 대해 알고 싶다면, 평론가들이 암묵적으로 인정하는 전제를 눈여겨 살펴야 한다. 이런 전제들이 이른바 '국가 종교'를 떠받치는 교리들이다.

제너럴모터스가 이익을 극대화하고 시장 점유율을 높이려 한다고 내가 주장한다면, 이는 어떤 음모론을 제기하는 것은 아니다. 상황을 분석해 얻은 결론일 뿐이다.

또 캐나다와 벨기에의 미디어가 상대적으로 개방적이라면, 이는 그 나라의 국민들이 생각하는 바가 별 문제가 되지 않기 때문이다.

우리가 알고 있는 국제 테러 작전 중에서 가장 위험한 작전은 워싱턴에서 기획되는 테러 작전이다.

뉘른베르크의 판결이 공평하게 적용된다면 2차세계대전 이후에 재임한 모든 미국 대통령이 교수형을 당해야 한다.

교육은 무지를 강요하는 제도이다.

체제에 순응하는 순간부터 당신은 순응에 따른 혜택을 누리기 시작한다. 또 믿는 편이 유리하기 때문에 스스로 말하는 것을 그대로 믿어버리고, 세뇌와 왜곡과 거짓말로 얼룩진 체제에 길들여진다. 따라서 당신은 특권층에 동의하는 일원이 되고, 그들에게 당신의 생각을 지배당하고 교화당한다. 계층을 불문하고 흔하디흔한 현상이다. 인지부조화 이론이 말하듯, 실제로 우리가 믿음과 다른 말을 하기는 무척 힘들다. 그런 사람이 있기는 하겠지만 무척 드물다. 당신은 그렇게 말해야 하기 때문에 그렇게 말하는 것이며, 또 그렇게 믿어야 하기 때문에 그렇게 믿는 것이다.

간결하게 말해야 한다. 광고 사이에, 혹은 600단어 내외로 모든 것을 말해야 한다. 간결함이 중요하다. 틀에 박힌 생각 이외에 다른 어떤 생각도 끼어들 틈을 주지 않는다는 것이 간결함의 미덕이기 때문이다.

전문가는 권력을 쥔 사람들의 합의를 세상에 알리는 사람이다.

프로파간다 모델은 미디어가, 전체주의 체제하에서 그렇듯이, 국가 운영자들의 입장을 앵무새처럼 옮길 뿐이라고 주장하는 게 아니다. 오히려 프로파간다 모델에 따르면, 미디어는 국가와 기업을 지배하는 엘리트 계급의 일치된 의견을 주로 반영하고, 정부정책의 일부에 반대하는 사람들의 의견도 전술적인 이유에서 보도한다. 프로파간다 모델은 미디어가 권력자의 이익을 보호한다고 주장하지만, 미디어가 국가 운영자들을 비판으로부터 보호한다고 주장하지는 않는다. 이런 차이를 인식하지 못하기 때문에 우리는 민주주의 체제에서 살고 있다고 착각한다.

당연한 말이겠지만, 미디어가 독립적인 위치에서 진실을 찾아내 보도하는 것이 민주주의의 원칙이다. 달리 말하면, 미디어는 지배계급의 뜻에 따라서만 세상의 모습을 보도해서는 안 된다. 미디어계의 지도자들은 편향성을 띠지 않는 전문적이고 객관적인 기준에 따라 뉴스를 선택한다고 주장하며, 지식인들에게 동의를 구한다. 그러나 권력자가 토론의 전제뿐 아니라 일반 국민이 보고 듣고 생각할 것을 마음대로 결정하며, 주기적인 프로파간다로 여론을 '관리'할 수 있다면, 민주주의 체제 운영방식의 표준이 현실 세계에 의해 부인되는 셈이다.

미디어의 편향성은 우파적으로 생각하는 사람의 선별, 내면화된 선입견, 소유권과 조직 및 시장과 정치권력에 대한 직원들의 순응에서 어렵지 않게 설명된다. 검열은 일반적으로 자체 검열이다.

무지한 대중은 소외시키고 딴 데 정신을 쏟게 하며 통제해야 한다. 새삼스레 말할 필요도 없겠지만 그들의 행복을 위해서라도 그렇게 해야 한다.

미디어는 선택하고 결정하며 신중하게 처신하고, 관리하며 축소한다. 한마디로 그들은 사회의 지배계급과 엘리트 계급에게 유리한 방향으로 일한다.

많은 기자가 자신이 어떤 힘에 종속돼 있는지 알지 못한다. 융통성 있게 일하는 기자도 있는 반면에, 양심적으로 행동하려 애쓰지만 끊임없는 저항에 부딪치는 기자도 있다.

정치에 관련된 이런 문제들이 복잡하고 분명하지 않아 난해하다는 생각은 국민을 정치적인 문제에서 멀리 떼어놓고, 중재자의 도움이 없으면 자신의 문제를 효율적으로 관리하거나 사회를 이해하기 어렵다는 인식을 심어준다. 하지만 그것은 이데올로기를 통제하는 체제가 만들어낸 착각에 불과하다.

출처: 『여론조작 — 매스미디어의 정치경제학』에서 발췌

주기적으로 다른 곳에서도 정보를 구하라

아래에 제시한 표에서 적절한 정보를 구할 수 있을 것이다. 독립적인 대안 언론과 매체만이 아니라 전문 출판물도 읽고, 그들의 웹사이트를 자주 방문해서 정보를 구하라.

선입견을 버려라

당신의 고유한 가치관과 선입견에 사로잡혀 보도를 편향적으로 해석해서는 안 된다. 누구도 선택적 지각(selective perception), 인지부조화 등에서 자유로울 수 없다.

누구에게나 고유한 가치관과 선입견이 있다는 걸 기억하라

따라서 이 책을 쓴 나까지도 의심하고 경계해야 한다. 어쨌든 내가 절대자유주의자라는 걸 감추고 싶지는 않다. 이 점을 고려해서 이 책을 읽기 바란다.

이제 앞에서 배웠던 것에서 끌어낼 수 있는 행동 규칙을 정리하는 것으로 이 책을 마무리한다.

지적인 자기방어를 위한 황금 규칙

- 미디어와 관련해서 고려해야 할 사항들
  미디어의 소유주가 누구인가?
  그런 소유관계의 영향으로 편향성을 띨 가능성이 있는가?
  광고에 얼마나 많은 면을 할애하는가?
  통신사, 여론조사, 전문가, 정부 관리, 홍보회사 중에서 어떤 정보원을 주로 이용하는가?

- 자료와 관련해서 고려해야 할 사항들
  기사를 누가 썼는가? 텔레비전이나 라디오에서 보도하는 기자는 누구인가?
  그 기자는 믿을 만한가? 편향성을 띠지는 않는가?
  내가 그 보도를 믿는 근거는 무엇인가?
  어떤 독자, 어떤 시청자를 대상으로 하고 있는가?
  어떤 전제나 가치관이 깔려 있지는 않은가?
  어떤 관점에서 말하고 있는가?
  어떤 종류의 글인가?
  · 뉴스인가?
  · 개인적인 의견인가?
  · 보고서인가?
  · 칼럼인가?
  · 사설인가?
  · 광고인가?
  · 그 밖의 것인가?

- 자료를 분석하는 방법
  자료가 어디에 배치됐는가?
  · 1면인가, 마지막 면인가?
  · 첫 뉴스인가, 마지막 뉴스인가?
  실질적으로 중요한 자료인가?
  어떤 주제, 어떤 문제를 다루고 있는가?
  해당 매체가 뉴스나 특집에서 다룬 문제에 특별한 관심을 보이는가?
  새롭게 특이한 것, 선정적인 것, 극적인 것을 지나치게 강조하지는 않는가?
  사진이나 삽화에 공간을 얼마나 할애하는가?

어떤 출처를 사용하는가?
그 출처들은 보도 내용과 관련이 있는가, 믿을 만한가, 편향성을 띠지는 않는가?
어떤 증거를 제시하는가?
그 증거들은 보도 내용과 관련이 있고 믿을 만한가, 편향적으로 제시되지는 않았는가?
어떤 주장을 펼치는가?
그 주장은 타당한가?
모순은 없는가?
사용된 어휘는 중립적인가?
제시된 증거에서 다른 결론을 끌어낼 수도 있는가?
다른 식으로 가정하거나 다른 가치관에서 바라보면 다른 결론을 내릴 수 있는가?
다른 관점에서 보면, 예컨대 다른 사회계급이나 다른 연령층 혹은 다른 성별에서 보면 증거들이 어떻게 판단되는가?
이런 식으로 관점을 다각화할 때도 똑같은 결론이 내려지는가?

나오는 글

내가 이 책에서 말하고 싶었던 것은 이제 전부 말한 듯하다. 따라서 지적인 자기방어를 위해 필요한 수단을 찾아 떠난 여행은 여기에서 끝난다.

그러나 두 가지 일이 남았다. 하나는 내가 할 일이지만 다른 하나는 당신의 몫이다.

나는 이 책을 읽은 독자들이 지적인 방어 능력을 한층 완벽하게 키워가기를 바란다. 이를 위해 뒤에 덧붙인 참고문헌에서 비판적 사고 능력을 키우는 데 적합한 책들을 정리해 소개했다.

당신이 할 일은 책의 앞으로 돌아가, 칼 세이건의 '헛소리 탐지 장치'를 다시 읽는 것이다. 세이건이 그 글에서 얘기한 지침들이 지금쯤에는 당신에게 당연하게 여겨질 수 있기를 바란다.

끝으로 칼 세이건을 인용하면서 나는 이 책을 마무리하고 싶다. 세이건이 강조한 비판적 사고의 '미묘한 균형'(delicate balance)은 우리 모두가 추구해야 할 것이기 때문이다.

우리는 모순되는 두 욕구 사이에서 '미묘한 균형'을 찾아야 할 것 같다. 하나는 우리에게 제시되는 모든 가정을 끈질기게 의심하면서 꼬치꼬치 따져보려는 욕구이고, 다른 하나는 새로운 생각을 열린 마음으로 받아들이려는 욕구이다. 당신이 모든 것을 의심하기만 한다면 어떤 새로운 생각도 받아들이지 못할 것이다. 따라서 새로운 것을 배울 기회마저 상실해서, 별난 것이 세상을 지배한다고 푸념하는 괴팍한 노인으로 늙어갈 것이다(그렇다고 당신이 전적으로 틀렸다는 얘기는 아니다). 반면에 당신이 무엇이든 믿고 눈곱만큼도 의심하지 않는다면, 결국에는 유용한 생각과 무가치한 생각을 구분하지 못하는 수준까지 추락할 수 있다. 모든 생각이 똑같이 타당하다면, 그래서 어떤 생각도 특별히 중요하지 않다면, 당신이 나아갈 방향을 어떻게 선택하겠는가.

옮긴이의 글
민주주의는 비판적 사고에서부터

　꽤 오래된 일이다. 3김이 정치를 하던 시대, 두 야당 지도자가 대통령 선거에 출마하며 "국민이 원하기" 때문이라 말했다. 당시 어떤 지식인, 어떤 기자도 그들의 출마변에 담긴 오류를 지적하지 않았다. 덕분에 우리는 진정한 민주주의의 꿈을 다시 5년 뒤로 미루어야 했다.
　우리나라가 프랑스의 거대기업을 꺾고 아랍에미리트연방에 원자력발전소를 수출하게 됐다. 이에 힘입어 정부의 녹색성장 산업에서 원자력발전이 핵심 과제로 급부상했다. 아직 우리의 발전 설비가 화력발전소 위주이기 때문에 저탄소 녹색성장을 위해서는 화석연료를 사용하는 화력발전보다 원자력이 낫다는 논리이다. 물론 환경단체는 원자력 육성 정책을 반대한다. 그들은 반대하는 이유로 고작해야 안전성 문제를 거론하며, 끔찍했던 체르노빌 사고를 예로 든다. 물론 안전성은 중요하다. 그러나 시민단체라면 시민에게 더 구체적으로 말해줄 수 있어야 하지 않을까? 더구나 현재 58기의 원자력발전소를 가동하며 소비전력의 80%를 원자력에서 얻는 프랑스에서도 앞으로 전기자동차 등 전기 수요가 폭증할 것을 대비하고 화력발전소를 대체하기 위해 사르코지 대통령이 2008년에 "새로운 원자력발전소 유럽형 가압경수로를 건설할 것이다. 핵에너지가 그 어느 때보다 미래 산업에서 매우 중요한 에너지로 부상하고 있기 때문이다."라고 밝혔다 하지 않는가.

프랑스에서 발간되는 월간지 《르몽드 디플로마티크》에서는 원자력을 반대해야 하는 이유를 구체적으로 밝혔다. 《르몽드 디플로마티크》에서 인용한 프랑스 에너지 규제위원회의 발표에 따르면 2008년에 재생 가능한 에너지 개발에 1억 유로 정도가 투자됐고, 그로 인해 7만 개의 일자리가 창출됐다. 게다가 2012년쯤에는 이 분야에서만 3만 5천 개의 지속적인 일자리가 창출될 것이라 예측했다. 원자력 산업이 지난 반세기 동안 1만 개의 일자리를 만들어냈을 뿐이란 사실을 고려하면 엄청난 숫자이다. 우리에게 체르노빌을 언급하면서 겁만 주는 데 그치지 않고(이 책에서 말한 대로 공포에 호소하는 오류를 범하지 않고) 이렇게 구체적인 수치로 말해주는 언론이나 환경단체가 있다면, 국민이 더 적극적으로 원자력발전을 반대하지 않을까. 또 일자리 창출을 외치는 정부까지도 머쓱하게 만들 수 있지 않을까.

결국 비판적 사고는 시민에게만 필요한 것이 아니다. 국민에게 정보를 전하려는 사람들, 예컨대 언론계에서 일하는 사람들이나 시민단체에서 일하는 사람들에게도 비판적 사고가 필요하다. 그러나 안타깝게도 목소리를 지닌 사람들은 한결같이 편향성을 띤 듯하다. 검은색과 흰색이 있을 뿐, 회색이 없다. 하기야 우리는 회색을 나쁜 것이라 배웠다. 그런데 회색이 무조건 나쁜 것일까(어디에서 나쁜 것인지도 의문이다)? 촘스키가 세계 최고의 지성인으로 존경받는 이유는 간단하다. 좌파 지식인이라 평가받지만 그에게는 좌파와 우파의 구분이 별 의미가 없다. 그에게 중요한 것은 '공익'이다. 공익을 위해서는 좌파도 공격하고 우파도 공격한다. 이른바 비판적 사고의 전형을 보여주는 인물이다. 그럼 비판적 사고를 위한 무기를 어디에서 얻어야 할까? 이 책에 답이 쓰여 있다. 비판적으로 생각할 수 있어야 주변의 말에 속지 않고, 지적으로 우리 자신을 지킬 수 있다. 적어도 지적으로 우리 자신을 지킬 때 주인 노릇을 제대로 할 수 있지 않겠는가. 민주주의국가는 국민이 주인인 나라이니까.

충주에서
강주헌

부록: 독립 매체

여기에서 언급됐다는 이유만으로 그 매체의 가치관을 받아들일 필요는 없다. 어떤 매체를 선택할 것인가는 전적으로 각자의 건전한 판단에 달려 있다.

인쇄 매체

Dissent

http://www.dissentmagazine.org

1954년에 창간되었다. 잡지의 이름 Dissent(의견을 달리하다)에서 짐작할 수 있듯이 이 잡지는 미국 내에 널리 퍼져 있는 정치적·지적 순응주의에 반대한다. 이 잡지의 구성원들은 이러한 마음으로 50년이 넘는 세월 동안 정치와 문화에 대한 통찰력 있고 예리한 글들을 발표해왔다. '변화 없는 그대로의 상태'(*status quo*)를 바꾸고자 하는 신념 아래에서.

La Décroisssance

http://www.ladecroissance.net

La Décroisssance(쇠퇴)는 '쇠퇴'만이 빈곤의 확대와 지구의 파멸에서 벗어날 수 있는 유일한 해결책이라 주장하며, 그 이상(idea)을 위해 실천하고 운동한다. 하지만 La Décroisssance는 홀로 이 운동을 전개하지 않는다. 대신 '지속가능한 발전'의 지지자들이 결국에는 막다른 골목에 다다를 것임을 이해시키는 토론의 장으로 사람들을 모으는 방향 지시 역할을 추구한다. '정치적 선택은 모두의 권리이며 의무'라는 원칙하에 기사로만 독자와 승부하겠다고 주장한다.

Le Couac

http://lecouac.org

　Le Couac(불협화음)은 인간의 우둔함을 조롱하고 풍자하는 잡지이다. 비판적이면서도 재밌는 자유 언론의 표본을 보여주며, 주류 언론에서 다루지 않는 시사 문제를 집중적으로 조명한다. 우리를 무시하고 속이는 사람들, 예컨대 둔한 관료들, 모순된 얘기를 지껄이는 정치인들, 비굴한 언론인들, 양심이라곤 없는 기업가들을 뾰족한 독니로 물어뜯는다.

Mother Jones

http://www.motherjones.com

　Mother Jones는 치밀한 추적보도를 통해 사회정의를 구현하려는 독립적인 비영리 언론이다. Mother Jones는 격월로 발행된다.

New Internationalist

http://www.newint.org

　신국제주의자 노동자 협동조합(NI)은 세계의 빈곤과 불평등을 고발하는 데 존재의 목적이 있다. 또한 세계 각국에서 목격되는 권력자와 힘없는 사람 간의 불공정한 관계를 집중적으로 다루며, 인간으로서 기본적인 욕구를 채우기 위해 필요한 급진적 변화를 도모하고, 세계 정의를 실현하기 위한 생각과 행동을 모색한다. New Internationalist는 한 달에 한 번 발행되는 월간지이다.

New Scientist

http://www.newscientist.com

　1956년부터 독자들에게 세상의 최신 과학 정보를 전달해왔다. 전 세계에 퍼져 있는 7개의 편집부가 지구상에서 일어나는 과학 관련 일들을 빠짐없이 수집한다.

Skeptic Magazine

http://www.skeptic.com

　학자, 과학자, 역사가, 마술사, 교수 등이 모여 결성된 '회의주의자들'(The Skeptics Society)에서는 논쟁을 불러일으키는 아이디어, 특이한 주장, 혁명적인 발상 등을 과학적으로 연구한다. 이 단체는 과학 연구소와 언론사와 협력하여 논쟁의 여지가 있는 주장들을 검증하여 그 결과를 발표한다.

전자 매체

A-Infos

http://www.ainfos.ca

자본가계급과 자본 중심적 사회 체제에 다양한 형태로 저항하며 투쟁하는 혁명적 반자본주의 행동주의자들을 위한 전문 통신사이다.

Acrimed

http://www.acrimed.org

Action-CRItique-MEDias(미디어 비평 활동)는 미디어 감시단에서 관리하는 웹사이트로 정보와 문화와 오락의 상품화에 저항하기 위해 모든 수단을 동원해 공개적으로 활동하며, 정치권력과 경제권력의 노예로 전락해 시장 사회라는 생각을 전달하는 데 열중하는 주류 언론의 일탈 행위를 비판한다.

Adbusters

http://www.adbusters.org

예술가, 활동가, 작가, 장난꾸러기, 학생, 교육자, 사업가 들이 모여 정보 세대를 위한 새로운 사회 운동을 펼치는 글로벌 네트워크이다. 현존하는 권력 구조를 흔들어 넘어뜨리고 21세기에 인류가 살아갈 새로운 변화의 길을 닦는 걸 목표로 하고 있다. 홈페이지에는 인터넷으로 탄원하는 방법과 여론을 형성하는 법부터 생태적으로 사는 법까지 다재다능한 활동가에게 필요한 다양한 정보들이 소개되어 있다. Adbusters는 사람들이 방관자적 삶을 버리고 세상을 낫게 만드는 일에 동참하기를 바란다.

Alternative Press Center(APC)

http://www.altpress.org

대안 언론에 대한 시민의식을 키우기 위해 창립된 비영리 공동체이다. 1969년에 창립된 이후로 미국에서 가장 오래된 자족적인 대안 언론의 하나로 유지되고 있다. 거의 사반세기 동안 APC에서 1년에 두 번 발행하는 Alternative Press Index는 전 세계의 대안 언론 운동에 지침 역할을 해왔다.

Counterpunch

http://www.counterpunch.org

알렉산더 콕번과 제프리 세인트 클레어가 격주로 발행하는 폭로 전문 시사통신이다. 한 달에 두 번, 기업형 언론에서는 다루지 않은 사건을 독자들에게 배달한다. Counterpunch의 기자들은 방관자가 아니다. 비리를 가차없이 폭로하고 전쟁에 미친 집단과 대기업 및 자연의 약탈자와 싸운 그들의 얘기가 Counterpunch에 실린 것을 보고 독자들이 고맙다는 편지를 보내줄 때 가장 즐거워한다.

Cybersolidaires(사이버 연대)

http://www.cybersolidaires.org

미국을 비롯한 전 세계 여성에 대한 정보가 정기적으로 갱신되는 정보의 보물창고이다. 여성에 가해지는 폭력, 종교적 근본주의에 신음하는 아프가니스탄 여성, 매춘과 성 산업을 주로 다루지만, 커뮤니케이션이 발달한 정보사회에서 여성의 지위를 확보하기 위한 세계적인 연대와 평화적인 투쟁도 다룬다.

Ecorev'

http://ecorev.org

성찰과 토론을 위한 생태 잡지. Ecorev'는 전 지구적 차원에서 사회적·생태적 변화를 위해 투쟁하는 행동주의자들을 위한 전위부대이다. 이런 투쟁에 참여하는 사람들은 생태주의자, 사회운동가, 비판적 좌파, 세계화를 반대하는 시민단체 회원이다.

Fair

http://www.fair.org

FAIR(Fairness and Accuracy in Reporting)는 미디어 감시 단체로 1986년부터 충분한 자료를 근거로 미디어의 편향성과 검열을 비판해왔다. 공익과 소수민족 및 소수의견을 소외시키는 기존 언론의 관습적 행태를 감시하고, 언론의 다양성을 촉구함으로써 수정헌법 1조를 진정으로 실현시키기 위해 노력한다. 검열을 거부하는 조직으로서 FAIR는 주류 언론에서 무시된 뉴스를 폭로하고, 입에 재갈이 물린 기자 노동자들을 위해 투쟁한다. 또한 진보적 조직으로서 FAIR는 현재 언론계를 지배하는 미디어 그룹을 해체하고 독립적인 공공 방송국을 설립하며 비영리적인 정보원을 개발하기 위해서는 구조적인 개혁이 필요하다고 믿는다.

Hacktivist news service
http://www.hns-info.net
현재의 커뮤니케이션이 정보를 제국주의적으로 축적하고 관리하는 형태라면, 인터넷을 사용하는 대안 커뮤니케이션은 국민국가라는 낡은 틀에서 벗어나 국지적이고 세계적인 차원에서 새롭고 다양한 형태로 전개되는 정치 행위이다. 이들은 전 세계적으로 번지고 있는 전쟁의 논리에 반대한다. 새로운 형식으로 투쟁, 자유와 해방, 협동과 지식의 교환, 창조와 즐거움, 정서 등을 실험하려 한다.

IndyMedias
http://www.indymedia.org
Independent Media Center는 진실을 가감 없이 정확하게 전달하기 위해서 공동으로 운영하는 지역 미디어들의 네트워크이다. 인간을 해방하는 노력에 참여하지 않는 기업형 미디어들의 왜곡에 맞서, 더 나은 세계를 만들려고 애쓰는 사람들을 향한 사랑과 열정으로 일하는 단체이다.

Infoshop.org
http://www.infoshop.org
무정부주의자들의 온라인 커뮤니티로 현대 무정부주의와 반권위주의의 모든 면을 알리는 데 주력한다.

IRIS
http://www.iris-recherche.qc.ca
사회·경제적 현황에 대한 정보를 제공하는 연구소로 2가지 목표에서 설립됐다. 첫째, 세법, 빈곤, 세계화, 민영화 등 현 시점의 사회·경제적 쟁점에 대한 연구 보고

서와 소책자 등을 발간해서 신자유주의에 반론을 제기한다. 둘째, 연구원들은 공동체 조직, 환경단체, 노동조합 등을 위해 특정한 연구를 시행하거나 보고서의 작성을 지원한다.

Observatoire des inégalités(불평등 감시단)
http://www.inegalites.fr

특정 정당이나 협회를 지지하지 않고, 국민에게 올바른 방향을 선택하도록 도와주는 비판자 역할을 한다. 따라서 많은 사람을 만나 가능하면 완전한 정보를 파악하고자 한다. 이처럼 관찰자적 위치에 있다고 해서 공공정책에 대한 입장을 표명하거나 평등을 향한 길을 주장하는 데 주저하지는 않는다. 그러나 하나의 특정한 프로그램을 옹호하는 투쟁적인 자세는 거부한다. Observatoire des inégalités의 목표는 회원들이 공유하는 가치관 내에서 열린 토론을 장려하는 것이다. 따라서 평등을 향한 길을 개척할 수 있는 의견을 지닌 모든 사람에게 발언권을 부여한다. 어떤 정당이나 노동조합도 그들에게 직접적인 지원을 받지 못한다.

OneWorld.net
http://www.oneworld.net

5대륙을 아우르며 11개 언어로 정보를 제공한다. 세계 곳곳에 마련한 거점을 활용해 지역 중심으로 뉴스가 편집되고 주제별로도 운영된다. 세계에서 가장 가난하고 소외된 사람들의 참여를 활성화하기 위해 남반구에 관련된 정보가 많다.

PR Watch
http://www.prwatch.org

Center for Media & Democracy가 연 4회 발행하는 PR Watch는 홍보 산업에 관련된 탐사보도에 주력한다. 조작을 일삼는 홍보 산업의 관례를 찾아내 척결하려는 시민과 기자 및 연구원에게 정보를 제공한다.

Rebelión(저항)
http://www.rebelion.org

Rebelión은 주류 언론에서 중요하게 다루지 않은 정보를 제공하는 대안 언론의 역할을 충실히 해낸다. 또한 주류 언론에서 발표하는 정보를 다른 관점에서 분석함으로써, 자본주의 세계에서 경제계와 정치계의 지배계급이 현재의 특권과 지위를 유지하려고 감추는 이해관계를 폭로하기도 한다.

The Alternative Information Center(AIC)
http://www.alternativenews.org
팔레스타인과 이스라엘의 연대 조직으로 팔레스타인과 이스라엘 사회의 갈등을 연구하고 정치적으로 분석하며, 그에 대한 정보를 세계에 전달하는 동시에, 사회정의와 연대 및 공동체라는 가치관에 입각해 팔레스타인과 이스라엘 간의 협조를 확대하려 한다.

Transnationale.org
http://fr.transnationale.org
다국적 기업에 대한 정보를 다루는 웹사이트이다. 살아 있는 정확한 정보가 넘쳐 흐르는 정보의 보물창고이다.

Z communications
http://www.zcommunications.org
정보를 전달하고 커뮤니티를 제공하기 위해서 매일 새로운 정보가 올라오는 대형 웹사이트이다. 주당 약 30만 명이 Z communications에 올라온 기사를 이용한다. 다양한 지역과 관련 사이트, 번역과 문서, 다른 진보적 사이트와의 연계, 일일 논평 등을 통해 정보를 제공한다.

미디어오늘
http://www.mediatoday.co.kr
1989년 전국언론노동조합연맹에서 창간했다. 한국의 언론을 작동시키는 힘의 실체와 그것들의 운동 방식을 밝히는 걸 목표로 하고 있다. 이를 위해 권력과 자본을 뛰어넘어 언론을 비평하고 그들이 왜곡하는 진실을 찾아 사람들에게 알린다.

민주언론시민연합

http://www.ccdm.or.kr

1984년 창립했다. 민주사회의 주권자인 시민들이 언론의 진정한 주인이라는 인식 아래 회원 상호간의 단결 및 상호 협력을 통해 언론 민주화와 민족의 공동체적 삶의 가치 구현을 목표로 하고 있다. 언론 감시 및 조사·연구 활동을 하고 있으며, 대중의 언론 인식 수준 향상을 위해 '언론 학교', '글쓰기 강좌', '대학 언론 강좌' 등의 교육 활동도 펼치고 있다.

민중의 소리

http://www.vop.co.kr

현장의 생생한 감동을 전하는 한국의 대표 진보언론을 표방하고 있다. 민중의 편에서 민중의 이해를 전적으로 대변하는 매체라는 정체성을 바탕으로, 민중생존권 투쟁과 자주통일의 현장에서 생생한 목소리와 감동을 전하는 활동을 한다. 인터넷 신문, 인터넷 방송, 출판, 다양한 문화 예술 사업까지 활동 영역을 넓혀가고 있다.

수유너머Weekly

http://suyunomo.net

코뮤넷 수유너머 사람들이 만드는 주간 웹진. 웹진이기 이전에 웹에 존재하는 하나의 코뮨임을 표방하며, 우리 삶을 구성하는 여러 이야기와 정보, 아이디어, 지식 등이 우리 '공동의 자산'으로 생산되길 희망한다. 권력과 돈이 아니라 "서로에게 들려주는 이야기, 더불어 누리는 지식, 함께하는 행동"을 바라며, "우리의 뉴스가, 우리의 정보가, 우리의 생각이 우리의 힘이 될 것"임을 믿는다.

진보넷

http://www.jinbo.net

사회운동을 위한 독립 네트워크를 기치로 1998년 설립되었다. 자본과 국가권력으로부터 독립적인 네트워크 기반을 구축하여 사회운동 진영이 상업적 서비스의 범위를 넘어서 보다 풍부하게 네트워크를 활용할 수 있도록 지원하고 있으며 웹메일, 커뮤니티, 블로그, 메일링리스트, 웹호스팅 등의 서비스를 제공한다. 인터넷에서의 표현의 자유는 최대화하고 지적재산권은 최소화해야 하며, 사회적 소수자들도 평등하게 정보통신 기술을 누릴 수 있어야 한다는 생각으로 정보통신의 민주화와 공공성 확보를 위해 활동한다.

비디오

Big Noise Films

http://www.bignoisefilms.com

자원봉사자로만 구성된 비영리조직. 세계 전역에서 활동하는 미디어 제작자들의 공동체인 Big Noise Films는 아름답고 열정적이며 혁명적인 이미지를 세계 전역에 전달한다.

Whispered Media

http://www.whisperedmedia.org

Whispered Media는 비디오를 비롯한 다양한 미디어 도구를 이용해 사회·경제·환경 정의를 실현하려는 단체들을 지원한다.

미디어몽구

http://www.mongu.net

2005년부터 활동한 1인 미디어. 주변에서 일어나는 일을 시작으로 사회적 이슈가 되고 있는 현장까지 분야를 가리지 않고 영상과 사진으로 생생한 현장 소식을 전한다. 주류 언론에서 보도되지 않았거나 가볍게 다룬 중요한 사건과 사회적으로 소외받고 있는 이들의 목소리를 찾아 현장을 뛴다.

서울영상집단

http://www.lookdocu.com

1982년 10월 29일 결성된 한국 독립 영화 운동 집단. 사회 진보에 대한 갈망과 영화를 통한 변화를 바라는 젊은이들이 모여 스스로를 서울영화집단으로 명명하며 출발해 현재는 서울영상집단이라는 이름으로 활동하고 있다.

주석

들어가는 글

1) 라리베(S. Larivée)가 "L'influecne socioculutrelle sur la vogue des pseuo-sciences"에서 이 문제를 다루었다. www.sceptiques.qc.ca에서 원문을 확인할 수 있다.
2) C. Sagan, *The Demon-Haunted World: Science as a Candle in the Dark*, Balantine Books, New York, 1996(『악령이 출몰하는 세상』).

1장

1) 존 설(J. Searle)은 경이적인 구조를 지닌 구강 구조를 통해 인간의 말하는 능력을 설명한다. J. Searle, *Mind, Language and Society: Philosophy in the Real World*(『정신, 언어, 사회』), p. 135를 참조할 것.
2) Gorgias, *Eloge d'Hélène*(『헬레네 송』), 여러 곳에서 인용.
3) S. Rampton and J. Stauber, *Trust Us, We're Expert*(『거짓 나침반』), 3장을 참조.
4) H. Kahane, *Logic and Contemporary Rhetoric: The Use of Reason in Everyday Life*, p. 137.
5) http://www.ofa.gov.on.ca/francais/ajt/contents.html.
6) D. Ravitch, *The Language Police. How Pressure Groups Restrict What Students Learn*, p. 10, 13.
7) Herodotus, *Historiae I*(『역사』).

8) '추출'은 과거에 사용된 철학 용어로 요즘에는 거의 사용되지 않는다. 동력인(動力因)이 어떤 질료(質料, matter)에 작용해서 그 질료에 특정한 형태를 주는 과정을 가리킨다.
9) 이 문제에 관련된 모든 자료는 '프랑스 과학정보 위원회'의 웹사이트(http://site.afis.free.fr/phpteissier/frames.php3)에서 찾아볼 수 있다.
10) E. Tessier, *Situation épistémologique de l'astrologie à travers l'ambivalence fascination/rejet dans les sociétés postmodernes*, 사회학 박사논문, 파리 소르본 대학. 논문 요약 부분.
11) Normand Baillargeon and David Barsamian, *Entretiens avec Chomsky*, Editions Ecosociété, 2002, pp. 45-46.
12) J. Scott Armstrong, "Unintelligible Management Research and Academic Prestige", *Interfaces*, vol. 10, no. 2, 1980, pp. 80-86.
13) 유명한 소칼 사건을 다룬 글은 이제 넘치도록 많지만 지면을 빌려 간단히 설명해보자. 물리학자 앨런 소칼(Alan Sokal)은 학계에서 흔히 다루는 주제인 과학과 합리성을 비판한 논문을 저명한 문화연구 학회지에 제출했고, 그 논문은 엄격한 심사를 통과해 학회지에 게재됐다. 사실 소칼의 논문은 과학에서 잘못된 주장들을 그럴듯하게 뒤섞어놓은 것에 불과했지만, 학회지의 편집자들은 그런 사실을 전혀 눈치채지 못했다. 소칼은 이런 짓궂은 장난을 통해, 일부 인문학자들이 과학에 대해 전혀 모르면서도 과학을 분별없이 비판한다는 걸 증명해 보였다. 소칼 사건에 대해 더 깊이 알고 싶다면 A. Sokal and A. Bricmont, *Impostures Intellectuelles*, Odile Jacob, Paris, 1999(『지적 사기』)를 참조할 것.
14) 여기에서 나는 폴 라자스펠트(Paul Lazarsfeld)의 고전적인 논문으로 지금도 자주 재발간되는 "Des concepts aux indices empiriques"(개념에서 경험적 지수로)의 주장을 따른다. R. Bourton and R. Lazarself, *Le Vocabulaire des sciences sociales*, Mouton, Paris, 1965를 참조할 것.
15) 동일한 속성이 동일한 관계에서 하나의 것에 속하면서 속하지 않을 수는 없다 (아리스토텔레스, 『형이상학』).
16) H. Kahane, 앞의 책.
17) 이 예는 M. S. Engel, *Fallacies and Pitfalls of Language: The Language*

Trap, p. 150에서 인용한 것이다.

2장

1) J. Best, *Damned Lies and Statistics: Untangling Numbers from the Medias, Politicians, and Activists*, University of California Press, 2001(『통계라는 이름의 거짓말』).
2) S. Andreski, *Les Sciences sociales, sorcellerie des temps modernes*, p. 143.
3) 2005년 4월 2일 기준으로 전쟁 비용은 1600억 달러로 증가했다. http://costofwar.com을 참조할 것.
4) J. A. Paulos, *Innumeracy: Mathematical Illiteracy and Its Consequences*, Vintage Paper, 1990(『숫자에 약한 사람들을 위한 우아한 생존 매뉴얼』).
5) 마술사 유리 겔러의 비밀을 폭로한 책으로는 J. Randi, *The Magic of Uri Geller*, Ballantine Books, New York, 1975가 있다.
6) R. T. Carroll, *The Skeptic's Dictionary: A Collection of Strange Beliefs, Amusing Deceptions, and Dangerous Delusions*(『회의주의자 사전』), p. 197에서 인용. 이후의 해석들도 같은 책에서 인용한 것이다.
7) D. Huff, *How to Lie with Statistics*, Norton, New York, 1954(『새빨간 거짓말, 통계』).
8) S. Rubenstein, "Millions suddenly became fat without gaining any weight", *San Francisco Chronicles*, 11 October 1996, p. A6; S. Diestler, *Becoming a Critical Thinker: A User Friendly Manual*, p. 73에서 인용.
9) 이 예는 http://members.cox.net/mathmistakes/glossary1.htm에서 인용한 것이다.
10) J. D. McGervey, *Probabilities in Everyday Life*, p. 229.
11) J. A. Paulos, 앞의 책, p. 7, 97.
12) 여기에서 '장남'은 '첫째 아들'을 뜻한다.
13) M. Gardner, *Gotcha: Paradoxes to Puzzle and Delight*(『이야기 파라독스』),

pp. 114-115.
14) J. Rose, *Le hasard au quotidien: Coïncidences, jeux du hasard, sondages*, pp. 87-88에서 인용.
15) 이 삽화는 계량적 정보를 시각적으로 표현하는 법에 대해 다룬 에드워드 터프티(Edward Tufte)의 *The Visual Display of Quantitative Information*, Gaphics Press, Cheshire, 2판, 2001에서 인용한 것이다.
16) S. K. Campbell, *Flaws and Fallacies in Statistical Thinking*, pp. 60-65.
17) D. Huff, *How to Figure It*, p. 404.
18) 위의 책, p. 405.
19) 같은 곳.
20) D. Huff, *How to Lie*, p. 61에서 인용.
21) 위의 책, p. 62
22) 위의 책, p. 63.

3장

1) 뇌를 다룬 브뤼노 뒤비크(Bruno Dubuc)의 웹사이트(http://www.lecerveau.mcgill.ca)에서 많은 예를 찾아볼 수 있다.
2) T. Hines, *Pseudoscience and the Paranormal: A Critical Examination of the Evidence*, p. 168.
3) http://www.lecerveau.mcgill.ca
4) http://www.lecerveau.mcgill.ca에서 빌려온 예들이다. 이 웹사이트에서 착시를 명쾌하게 설명한 글을 찾아볼 수 있다. 또한 착시와 관련해 가장 유명한 그림 중 하나인 〈아델슨의 체스판〉도 확인할 수 있다. 이 책에서는 색의 문제 때문에 옮겨놓지 못했다.
5) J. Nickel, "Holy Grilled Cheese?" in *Skeptical Inquirer*, 제29권 2호, 2005년 3/4월, p. 9.
6) P. Thuillier, "La triste histoire des rayons N" in *Le petit savant illustré*, pp. 58-67에서 더 자세한 얘기를 읽을 수 있다.

7) 엘리자베스 로프터스(Elizabeth Loftus)는 자신의 연구 결과들을 "Make-Believe Memories", *American Psychologist*, 2003년 11월, pp. 867-983에서 흥미롭게 통합시켰다.
8) L. Festinger, H. W. Riecken and S. Schachter, *When Prophecy Fails*, Harper & Row, New York, 1956.
9) B. R. Forer, "The Fallacy or Personal Validation: A Classroom Demonstration of Gullibility", *Journal of Abnormal Psychology*, 44, pp. 118-121; R. T. Carroll, 앞의 책, pp. 146-147에서 인용.
10) C. Snyder and al., "The P. T. Barnum Effect", *Psychology Today*, 1975년 3월, pp. 52-54; T. Schick and L. Vaughn, *How to Think about Weird Things: Critical Thinking for a New Age*, pp. 56-57.
11) 진화심리학자들은 문제가 두 번째 방식으로 제시되면 속임수를 쓰는 사람을 찾아내는 메커니즘이 훨씬 쉬워진다며, 이 사실에서 속임수를 쓰는 사람을 찾아내는 일이 진화에서 중요한 이유가 설명된다고 주장한다. 진화심리학자들의 이런 생각이 터무니없는 것은 아니다. 간단히 말하면, 인간은 소규모 집단으로 수천 년 동안 진화했고, 소규모 집단에서는 누구를 믿어야 하는지 아는 게 무척 중요했다. 그러나 이런 유형의 문제를 추상적인 논리로 형식화하는 능력과 필요성은 훨씬 나중에야 발달했다. 따라서 인간의 뇌는 추상적인 논리에 아직 완전히 적응하지 못했다고 말할 수 있다.
12) B. Shaw, *Pygmalion*(『피그말리온』), 5막.
13) R. Rosenthal and L. Jacobson, *Pygmalion in the Classroom*, Holt, Rinehart and Winston, New York, 1968(『피그말리온 효과』).
14) 위의 책, p. 180.
15) T. Schick and L. Vaughn, 앞의 책, p. 61.
16) David Hume, "On Miracles" in *An Enquiry Concerning Human Understanding*(1748), 1부.
17) http://pseudo-sciences.org/editos.251.htm
18) 세이건은 텔레비전 시리즈 〈코스모스〉에서 이렇게 처음 말했다.

4장

1) 이 실험은 J. Randi, *Flim-Flam! Psychics, ESP, Unicorns, and other Delusion*, 13장에 자세히 실려 있다.
2) P. Cobb and al., "Assessment of a Problem-Centered Second-Grade Mathematics Project", *Journal for Research in Mathematics Education*, no 22, 1991, pp. 2-29.
3) 이 유명한 사건이 밝혀낸 현상에 대해서는 T. Sebeok and R. Rosenthal, *The Clever Hans Phenomenon: Communication with Horses, Whales, Apes, and People*, Annals of the New York Academy of Sciences, 364권, New York, 1981을 참조할 것.
4) 편의상 여기에서는 로베르 블랑셰(Robert Blanché)가 *L'épistémologie*, PUF, Paris, 1981에서 제시한 분류법을 따랐다.
5) J. Searle, 앞의 책, pp. 1-37을 정리한 것이며, 더 깊이 알고 싶으면 J. Searle, *The Construction of Social Reality*, 7-9장을 참조할 것.
6) M. Gardner, "Is Realism a Dirty Word" in *The Night is Large. Collected Essays 1938~1995*, p. 423.
7) 아리스토텔레스, 『형이상학』 제4권.
8) M. Bunge, *Finding Philosophy in Social Science*, pp. 207-208.
9) T. Schick and L. Vaughn, 앞의 책, pp. 235-240.
10) 위의 책, pp. 235-243.
11) 동종요법(homeopathy)은 '유사한'을 뜻하는 homeo와 '고통'을 뜻하는 pathos가 결합돼 형성된 단어이다.

5장

1) 제재의 결과로 이라크에서만 약 50만 명의 아동이 사망했다. 수년 후 이런 제재의 결과에 대한 질문에 매달린 올브라이트 미 국무장관은 "많은 희생이 있었지만 그만 한 가치가 있었습니다."라고 대답했다. 출처: 텔레비전 프로그램 〈60분〉, 1996년 12월 5일.

2) S. Peterson, *The Christian Science Monitor*, 2002년 9월 6일에서 인용.

3) 이 사건은 John R. MacArthur, *Second Front: Censorship and Propaganda in the Gulf War*, 1993에서 자세히 설명됐다.

4) 《라 프레스》의 1992년 1월 11일, B4면에 보도됐다.

5) 크릴위원회 이후 1950년대까지 홍보회사의 역사에 대해서는 S. Ewen, *PR! A Social History of SPIN*, Basic Books, New York, 1996을 참조할 것.

6) Noam Chomsky, "Media Control", http://www.zmag.org/chomsky/talks/9103-media-control.html(현재는 깨진 링크. 다음 링크를 참조. http://www.chomsky.info/interviews/19900907.htm; http://www.thirdworldtraveler.com/Chomsky/Quotes_MediaControl.html—옮긴이)에서 인용.

7) 버네이즈는 1892년에 태어나 103세인 1995년에 사망했다. 스튜어트 이완(Stuart Ewen)은 위에서 언급한 책에서 버네이즈를 직접 만난 때의 기억을 얘기한다.

8) 이 문제에 대해서는 L. Tye, *The Father of Spin: Edward L. Bernays and the Birth of Public Relation*(『여론을 만든 사람, 에드워드 버네이즈』), Owl Books, New York, 2002를 참조할 것.

9) E. L. Bernays, *Crystallizing Public Opinion*, p. 26.

10) 이와 관련된 자세한 얘기는 L. Tye, 앞의 책과 S. Ewen, 앞의 책에서 찾아볼 수 있다.

11) A. Carey, *Taking the Risk out of Democracy — Corporate Propaganda versus Freedom and Liberty*, p. 18.

12) 홍보회사에 관련된 새 소식은 http://www.prwatch.org에서 구할 수 있다.

13) 미디어의 운영방식에 대한 분석과 비판으로는 Pierre Bourdieu(http://www.acrimed.org/article1920.html), Alain Accardo(*Journalistes au quotidein: Socioanalyse des pratiques journalistiques*, Le Mascaret, 1995; *Journalistes précaires*, Le Mascaret, 1998), Serge Halimi(*Les Nouveaux chiens de garde*, Liber-Raisons d'agir, 1997; *L'Opinion, ça se travaille*, Agone, 2002) 등을 참조할 것.

14) E. S. Herman and N. Chomsky, *Manufacturing Consent: The Political*

Economy of the Mass Media(『여론조작: 매스미디어의 정치경제학』), Pantheon Books, New York, 1988. p. xi을 참조할 것.
15) B. Bagdikian, *Media Monopoly*, Beacon Press, Boston, 1983(바그디키언의 *The New Media Monopoly*는 『미디어 모노폴리』로 번역 출간되었음).
16) M. and J. Boykoff, "Journalistic Balance as Global Warming Bias: Creating Controversy where Science finds Consensus", *Extra*, 2004년 11/12월. http://www.fair.org/index.php?page=1978.

참고문헌

일반론

ALLEN, Steve, *Dumbth: The Lost Art of Thinking with 101 Ways to Reason Better & Improve Your Mind*, Prometheus Books, Amherst, New York, 1998.

BARON, Jonathan, *Thinking and Deciding*, Cambridge University Press, New York, 1988.

BÉLANGER, Marco, *Sceptique ascendant sceptique: Le doute et l'humour — pour bien aborder les années 2000*, Éditions internationales Alain Stanké, Montreal, 1999.

BLACKBURN, Pierre, *Logique de l'argumentation*, 2nd edition, Éditions du Renouveau Pédagogique inc., Saint-Laurent, Quebec, 1994.

CANNAVO, S., *Think to Win: The Power of Logic in Everyday Life*, Prometheus Books, Amherst, New York, 1998.

CAPALDI, Nicholas, *The Art of Deception: An Introduction to Critical Thinking*, Prometheus Books, Buffalo, New York, 1987.

CARROLL, Robert Todd, *The Skeptic's Dictionary: A Collection of Strange Beliefs, Amusing Deceptions, and Dangerous Delusions*, John Wiley & Sons, Inc., Hoboken, New Jersey, 2003(『회의주의자 사전』).

CEDERBLOM, Jerry and David W. PAULSEN, *Critical Reasoning: Understanding and Criticizing Arguments and Theories*, 2nd edition, Wadsworth Publishing Company, Belmont, California, 1986.

COGAN, Robert, *Critical Thinking: Step by Step*, University Press of America Inc., Lanham, Maryland, 1998.

DAWES, Robyn M., *Everyday Irrationality: How Pseudo-Scientists, Lunatics, and the Rest of Us Systematically Fail to Think Rationally*, Westview Press, Colorado, 2001.

DIESTLER, Sherry, *Becoming a Critical Thinker: A User Friendly Manual*, 2nd edition, Prentice-Hall Inc., Upper Saddle River, New Jersey, 1998.

ENNIS, Robert H., *Critical Thinking*, Prentice Hall, Upper Saddle River, New Jersey, 1996.

FLESCH, Rudolf, *The Art of Clear Thinking*, Harper & Row Publishers, New York, 1951.

GILOVICH, Thomas, *How We Know What Isn't So: The Fallibility of Human Reason in Everyday Life*, The Free Press, New York, 1991.

HUGHES, William, *Critical Thinking: An Introduction to the Basic Skills*, Broadview Press, Peterborough, 1992.

HUME, David, *Enquête sur l'entendement humain*, Flammarion, Paris, 1983(『오성에 관하여』, 『정념에 관하여』).

LARIVÉE, Serge, "L'Influence socioculturelle sur la vogue des pseudo-sciences", 다음 웹사이트 참조 http://www.sceptiques.qc.ca/.

LEVY, David A., *Tools of Critical Thinking: Metathoughts for Psychology*, Allyn and Bacon, Needham Heights, 1997.

LEVY, Joel, *The Con Artist Handbook*, Prospero Books, Elwin Street Limited, London, 2004.

MICHAEL HECHT, Jennifer, *Doubt: A history — The Great Doubters and Their Legacy of Innovation from Socrates and Jesus to Thomas Jefferson and Emily Dickinson*, HarperCollins Publishers Inc., New York, 2004.

MONMONIER, Mark, *How to Lie with Maps*, The University of Chicago Press, Chicago and London, 1991(『지도와 거짓말』).

MOORE, Edgar W., Hugh McCANN and Janet McCANN, *Creative and*

Critical Thinking, 2nd edition, Houghton Mifflin Company, Boston, 1985.

PAUL, Richard and Linda ELDER, *A Miniature Guide For Students and Faculty to Scientific Thinking*, The Foundation for Scientific Thinking, Dillon Beach, California, 2003.

RUGGIERO, Vincent Ryan, *Beyond Feelings: A Guide to Critical Thinking*, Alfred Publishing Co. Inc., New York, 1975.

SAGAN, Carl, *The Demon-Haunted World: Science as a Candle in the Dark*, Balantine Books, New York, 1996(『악령이 출몰하는 세상』).

SAVANT, Marilyn vos, *The Power of Logical Thinking: Easy Lessons in the Art of Reasoning and Hard Facts About Its Absence in Our Lives*, St. Martin's Griffin, New York, 1997.

SCHICK, Theodore Jr. and Lewis VAUGHN, *How to Think about Weird Things: Critical Thinking for a New Age*, 2nd edition, Mayfiel Publishing Company, Mountain View, California, 1999.

SUTHERLAND, Stuart, *Irrationality: Why we don't think straight!*, Rutgers University Press, New Brunswick, New Jersey, 1992(『비합리성의 심리학』).

SWANSON, Diane, *Nibbling on Einstein's Brain: The Good the Bad & the Bogus in Science*, Annick Press, Toronto, 2001.

VALLANT, H., *La Pensée formelle*, Hatier, Paris, 1979.

WARBURTON, Nigel, *Thinking from A to Z*, Routledge, 2nd edition, London and New York, 1998.

언어

ARMSTRONG, J., "Unintelligible Management Research and Academic Prestige", *Interfaces*, vol. 10, no 2, 1980, pp. 80-86.

BOUTET DE MONVEL, Marc, *Les Procédés du discours: Pratique de la rhétorique à l'usage des candidats au baccalauréat et aux études supérieures*, Éditions Magnard, Paris, 1984.

ENGEL, Morris S., *Fallacies and Pitfalls of Language: The Language Trap*, Dover Publications Inc., New York, 1994.

KAHANE, Howard, *Logic and Contemporary Rhetoric: The Use of Reason in Everyday Life*, 4th edition, Wadsworth Publishing Company, Belmont, California, 1984.

McDONALD, Daniel and Larry W. BURTON, *The Language of Argument*, 8th edition, HarperCollins College Publishers Inc., New York, 1996.

PLANTIN, Christian, *L'Argumentation*, Éditions du Seuil, Paris, 1996.

POPELARD, Marie-Dominique and Denis VERNANT, *Éléments de logique*, Éditions du Seuil, Paris, 1998.

PRATKANIS, Anthony R. and Elliot ARONSON, *Age of Propaganda: The Everyday Use and Abuse of Persuasion*, W. H. Freeman & Co., New York, 1992.

RAVITCH, D. *The Language Police: How Pressure Groups Restrict What Students Learn*, Vintage, 2004.

WESTON, Anthony, *A Rulebook for Arguments*, 3rd edition, Hackett Publishing Company, Indianapolis/Cambridge, 2000(『논증의 기술』).

WRIGHT, Larry, *Better Reasoning: Techniques for Handling Argument, Evidence, and Abstraction*, Holt, Rinehart and Winston, New York, 1982.

수학

BENJAMIN, Arthur and Michael SHERMER, *Mathemagics: How to Look like a Genius without really Trying*, Lowell House, Los Angeles, 1993.

BEST, Joel, *Damned Lies and Statistics: Untangling Numbers from the Media, Politicians, and Activists*, University of California Press,

Berkeley, California, 2001(『통계라는 이름의 거짓말』).

_____, *More Damned Lies and Statistics: How Numbers Confuse Public Issues*, University of California Press, Berkeley, California, 2004.

BOURSIN, Jean-Louis, *Les Structures du hasard: les probabilités et leurs usages*, Éditions du Seuil, Paris, 1986.

CAMPBELL, Stephen K., *Flaws and Fallacies in Statistical Thinking*, Dover Publications Inc., Mineola, New York, 2002.

COBB, P. and al., "Assessment of a problem-centered second-grade mathematics project", *Journal for Research in Mathematics Education*, 22, 1991, pp. 2-29.

DEWDNEY, A. K., *200% of Nothing: An Eye Opening Tour through the Twists and Turns of Math Abuse and Innumeracy*, John Wiley & Sons Inc., New York, 1993.

EVERITT, Brian S., *Chance Rules: an Informal Guide to Probability, Risk, and Statistics*, Copernicus, New York, 1999.

GARDNER, Martin, *Gotcha: Paradoxes to Puzzle and Delight*, W. H. Freeman & Co., 1982(『이야기 파라독스』).

GONICK, Larry and Woollcott SMITH, *The Cartoon Guide to Statistics*, HarperPerennial, New York, 1993(『세상에서 가장 재미있는 통계학』).

HACKING, Ian, *An Introduction to Probability and Inductive Logic*, Cambridge University Press, Cambridge, 2001.

HUFF, Darrell, *How to Figure the Odds on Everything*, Dreyfus Publications Ltd, New York, 1972.

_____, and Irving GEIS, *How to Lie with Statistics*, W. W. Norton & Company, New York, 1993(『새빨간 거짓말, 통계』).

JONES, Gerald E., *How to Lie with Charts*, Excel Press, New York, 2000.

McGERVEY, John D., *Probabilities in Everyday Life*, Ivy Books, New York, 1986.

PAULOS, John Allen, *Innumeracy: Mathematical Illiteracy and Its*

　　　　　　, *Consequences*, Hill and Wang, New York, 1988(『숫자에 약한 사람들을 위한 우아한 생존 매뉴얼』).

　　　　　　, *A Mathematician Reads the Newspaper*, BasicBooks, HarperCollins Publishers Inc., New York, 1995(『수학자의 신문읽기』).

　　　　　　, *Beyond Numeracy: Ruminations of a Numbers Man*, Vintage Books, New York, 1992(『수학나라에 바보는 없다』).

REICHMANN, W. J., *Use and Abuse of Statistics*, Penguins Books, Harmondsworth, 1983.

ROSE, José, *Le Hasard au quotidien: Coïncidences, jeux de hasard, sondages*, Éditions du Seuil, Paris, 1993.

SLAVIN, Steve, *Chances Are: The Only Statistics Book You'll Ever Need*, Madison Books, Lanham, Maryland, 1998.

SOLOMON, Robert and Christopher WINCH, *Calculating and Computing for Social Science and Arts Students: An Introductory Guide*, Open University Press, Buckingham, 1994.

TUFTE, Edward, *The Visual Display of Quantitative Information*, Graphic Press, Cheshire, 2001.

경험

BRUNVAND, Jan Harold, *Too Good to Be True: The Colossal Book of Urban Legends*, W. W. Norton & Company, New York, 1999.

CIALDINI, Robert B., *Influence: The Psychology of Persuasion*, Quill William Morrow, New York, 1984(『설득의 심리학』).

FESTINGER, L., H. W. RIECKEN and S. SCHACHTER, *When Prophecy Fails*, Harper & Row, New York, 1956.

FULVES, Karl, *Self-Working Mental Magic: 67 Foolproof Mind-Reading Tricks*, Dover Publications Inc., New York, 1979.

HAY, Henry (dir.), *Cyclopedia of Magic*, Dover Publications Inc., New

York, 1975.

KLASS, Philip J., *UFO Abductions a Dangerous Game*, Updated edition, Prometheus Books, Buffalo, New York, 1989.

LOFTUS, Elizabeth, "Make-Believe membres", *American Psychologist*, november 2003, pp. 867-873.

SHEPARD, Roger N., *L'œil qui pense: visions, illusions, perceptions*, Éditions du Seuil, Paris, 1992.

경험과학과 실험과학, 초과학과 사이비과학

ANDRESKI, S. *Les Sciences sociales, sorcellerie des temps modernes*, PUF, 1975.

BAILLARGEON, Normand, "Contre le charlatanisme universitaire", *Possibles*, vol. 26, 2, summer 2002, pp. 49-72.

BARRETT, JARVIS Stephen and William T. (dir.), *The Health Robbers: A Close Look at Quackery in America*, Prometheus Books, Buffalo, New York, 1993.

BLANCHÉ, Robert, *L'Épistémologie*, PUF, Paris, 1981.

BOURDON, R. and R. LAZARSFELD, *Le Vocabulaire des sciences sociales*, Mouton, Paris, 1965.

BROCH, Henri, *Le Paranormal: ses documents, ses hommes, ses méthodes*, coll. "Sciences", Points, Paris, 1989.

_____, *Au cœur de l'extra-ordinaire*, coll. "Zététique", L'horizon chimérique, Bordeaux, 1994.

_____ and Georges CHARPAK, *Devenez sorciers, devenez savants*, coll. "Sciences", Odile Jacob, Paris, 2002(『신비의 사기꾼들』).

BROWNE, Neil and Stuart M. KEELEY, *Asking the Right Questions*, Prentice Hall Inc., Englewood Cliffs, New Jersey, 1981(『바른 질문하기』).

BUNGE, Mario, *Finding Philosophy in Social Science*, Yale University

Press, New Haven and London, 1996.

CUNIOT, Alain, *Incroyable? mais faux!*, coll. "Zététique", L'horizon chimérique, Bordeaux, 1989.

GARDNER, Martin, "Is realism a dirty word?" in *The Night is Large. Collected Essays 1938-1995*, St. Martin's Griffin, New York, 1997.

HINES, Terence, *Pseudoscience and the Paranormal: A Critical Examination of the Evidence*, Prometheus Books, Buffalo, New York, 1988.

HOUDINI, Harry, *A Magician Among The Spirits*, Arno Press, New York, 1972.

KATZER, Jeffrey, Kenneth H. COOK and Wayne CROUCH, *Evaluation Information: A Guide for Users of Social Science Research*, Addison-Wesley Publishing Company, Reading Massachusetts, 1978.

KLEMKE, E. D., Robert HOLLINGER, and al. (dir.), *Introductory Readings in the Philosophy of Science*, Prometheus Books, Amherst, New York, 1998.

MARKS, David and Richard KAMMANN, *The Psychology of the Psychic*, Prometheus Books, Buffalo, New York, 1980.

PLAIT, Philip C., *Bad Astronomy: Misconceptions and Misuses Revealed, from Astrology to the Moon Landing "Hoax"*, John Wiley & Sons Inc., New York, 2002(『지구인들은 모르는 우주 이야기: 불량 천문학 뒤집어 보기』).

RANDI, James, *An Encyclopedia of Claims, Frauds, and Hoaxes of the Occult and Supernatural: James Randi's Decidedly Skeptical Definitions of Alternate Realities*, St. Martin's Press, New York, 1995.

_____, *Flim-Flam!: Psychics, ESP, Unicorns and other Delusions*, Prometheus Books, Buffalo, New York, 1982.

_____, *The Mask of Nostradamus: The Prophecies of the World's Most Famous Seer*, Prometheus Books, Amherst, New York, 1993.

_____, *The Faith Healers*, Prometheus Books, Buffalo, New York,

1987(『폭로』).

ROBERT-HOUDIN, Jean-Eugène, *L'Art de gagner à tous les jeux: Les tricheries des Grecs dévoilées*, Slatkine, Geneve-Paris, 1981.

SCHIFFMAN, Nathaniel, *Abracadabra! Secret Methods Magicians & Others Use to Deceive their Audience*, Prometheus Books, Amherst, New York, 1997.

SEARLE, John, *The Construction of Social Reality*, Free Press, New York, 1995.

_____, *Mind, Language and Society: Philosophy in the Real World*, HarperCollins Canada, Toronto, 1999(『정신, 언어, 사회』).

SEBEOK, Thomas A. and Robert ROSENTHAL (dir.), *The Clever Hans Phenomenon: Communication with Horses, Whales, Apes, and People*, Annals of the New York Academy of Sciences, vol. 364, New York, 1981.

SOKAL, A. and Jean BRICMONT, *Impostures intellectuelles*, Odile Jacob, Paris, 1997(『지적 사기』).

THUILLIER, Pierre, "La triste histoire des rayons N" in *Le Petit savant illustré*, coll. "Science Ouverte", Éditions du Seuil, Paris, 1980, pp. 58-67.

미디어

BADGIKIAN, Ben, *The Media Monopoly*, 6th edition, Beacon Press, Boston, 2000(저자의 *The New Media Monopoly*는 『미디어 모노폴리』로 번역 출간되었음).

BAILLARGEON, Normand and BARSAMIAN, David, *Entretiens avec Chomsky*, Éditions Écosociété, Montreal, 2002.

BARSAMIAN, David and Noam CHOMSKY, *Propaganda and the Public Mind: Conversations with Noam Chomsky*, South End Press,

Cambridge, Massachusetts, 2001(『프로파간다와 여론』).

BERTHIAUME, Pierre, *Le Journal piégé ou l'art de trafiquer l'information*, VLB éditeur, Montreal, 1981.

CAREY, Alex, *Taking the Risk out of Democracy: Corporate Propaganda versus Freedom and Liberty*, University of Illinois Press, Urbana and Chicago, 1997.

CHOMSKY, Noam, *Necessary Illusions: Thought Control in Democratic Societies*, Anansi, Concord, Ontario, 1989(『환상을 만드는 언론』).

_____ and HERMAN, E. S., *Manufacturing Consent: The Political Economy of the Mass Media*, Pantheon Books, New York, 2002(『여론조작: 매스미디어의 정치경제학』).

COLLECTIF, *Informer sur l'information: Petit manuel de l'observateur critique des médias*, PLPL and Acrimed, Paris, 2004.

COLLON, Michel, *Attention médias!: Les médiamensonges du Golfe — Manuel anti-manipulation*, Éditions EPO, Brussels, 1992.

EWEN, Stuart, *PR! A Social History of SPIN*, Basic Books, New York, 1996.

HACKETT, Robert A., Richard GRUNEAU, and al., *The Missing News: Filters and Blind Spots in Canada's Press*, Canadian Center for Policy Alternatives/Garamond Press, Ottawa, 2000.

LES ASSOCIÉS D'EIM, *Les dirigeants face au changement*, Éditions du huitième jour, Paris, 2004.

PAUL, Richard and Linda ELDER, *The Thinker's Guide for Conscientious Citizens on How to Detect Media Bias & Propaganda In National and World News*, The Foundation for Critical Thinking, Dillon Beach, California, 2003.

RAMPTON, Sheldon and John STAUBER, *Weapons of Mass Deception: The Uses of Propaganda in Bush's War on Iraq*, Jeremy P. Tarcher/Penguin, New York, 2003.

_____, *Toxic Sludge Is Good for You: Lies, Damn Lies and the Public Relations Industry*, Common Courage Press, Monroe, Maine, 1995.

STEVEN, Peter, *The No-Nonsense Guide to Global Media*, New Internationalist Publications Ltd, Toronto, 2004.

TYE, Larry, *The Father of Spin: Edward L. Bernays and the Birth of Public Relations*, Owl Books, New York, 2002(『여론을 만든 사람, 에드워즈 버네이즈』).

잡지

Skeptic, Skeptics Society, Altadena, California, http://www.skeptic.com/ss-skeptic.html.

Skeptical Inquirer, Committee for the Scientific Investigation of Claims of the Paranormal, Amherst, New York, http://www.csicop.org/si/.

Québec Sceptique, Les Sceptiques du Québec, Montreal, http://www.sceptiques.qc.ca/QS/qsmain.html.

Free Inquiry, Council for Secular Humanism, Amherst, New York, http://www.secularhumanism.org/fi/.

저자와 얘기하고 싶다면
baillargeon.normand@uqam.ca

찾아보기

언어

강조법 35
개념적 정의 46
거짓 딜레마 60
곁말(jargon) 40
공포에 호소하기 82
관련 자료 숨기기 84
구성의 오류 74
군중에 호소하기 72
권위에 호소하기 67
내포(connotation) 22
논증에서 지켜야 할 10가지 규칙 85
대우(contraposition) 231
대인논증 65
도미노 효과 79
동일률 51
동정에 호소하기 81
모순 55
모순율 51
모호한 어법(amphibology) 33
모호한 표현 26

무지에 호소하기 76
미끄러운 비탈길 78
배중률 51
분할의 오류 74
비성차별적 글쓰기 29
삼단논법 50
선택적 사고 85
성급한 일반화 63
소피스트 20
순환논증 71
어원 오류 48
언어와 정치(조지 오웰) 19
연막 치기 79
완곡어법 24
외연(denotation) 22
인과관계의 혼동 71
잘못된 유추 83
전건의 부정 59
조작적 정의 49
족제비 말 38
지수(index) 49

폭스 가정 44
허수아비 논증의 오류 80
후건의 긍정 56
훈제 청어 64

숫자

(삽화의) 거짓말 지수 158
근거 없는 자료 109
근본적인 독점 112
도박꾼의 오류 129
라플라스-가우스 곡선 133
백분율 바로 보기 113
복권 1등에 당첨될 확률 125
분산 141
상관관계 152
수비학(numerology) 102
수학 테러 97
이반 일리치 112
임의추출 147
자의적인 회계법 107
정규분포곡선 왜곡 165
정의 바꿔치기 111
조건부 확률 123
중복계산 101
중앙값 135
질문 편향성 150
최빈값 136
통계의 거짓말 95

파스칼의 삼각형 128
파스칼의 수수께끼 117
평균값 135
평균값으로의 회귀 154
표본 144
표본 편향성 147
표준편차 140
합의 규칙(addition rule) 122
Y축 조작 167
《리터러리 다이제스트》 145

경험

거짓 긍정의 역설 205
거짓 기억 증후군 198
도어매트 효과 190
독심술 187
레온 페스팅거 206
로버트 로젠탈 214
만세력 200
밀그램의 실험 216
사고실험(thought experiment) 199
생일이 같을 확률 204
스탠리 밀그램 217
애시의 실험 218
엘리자베스 로프터스 196
오정보 효과(misinformation effect) 197
웨이슨의 선택 과제 211

인지부조화　206
인지심리학　196
자기충족적 예언　214
지각의 왜곡　186
진화심리학　212
착시　181
콜드 리딩　192
테렌스 하인즈　179
텔레파시　190
투시력　189
파레이돌리아　183
포러 효과　209
피그말리온 효과　213
형태심리학　182
흄의 원리　222
N선　185

과학

과학의 3가지 기본 전제　251
과학적 검증의 5가지 기준　263
관념운동 효과　240
대조군이 있는 실험　240
동종요법　269
소칼 사건　44
수맥 찾기　238
연구 보조금　257
오컴의 면도날　237
이중맹검실험　244

제어된 변수가 있는 실험　238
진리대응론　252
카를 포퍼　259
플라시보　243
한스(덧셈을 하는 말)　246
헛소리 탐지 장치(칼 세이건)　10
헴펠의 역설　230
SEARCH 모델　267

미디어

공공정보위원회(크릴위원회)　279
규정 종목　302
나이라의 증언(걸프 전쟁)　274
도시 전설　305
럭키스트라이크　281
미디어 집중 현상　283
아메리칸타바코　281
에드워드 버네이즈　280
유나이티드푸르트　281
이데올로기 십계명　301
인식론적 상대주의　299
제트네트　295
프로파간다　280
프로파간다 모델(허먼, 촘스키)　289
플랙(flak)　293
헤르만 괴링　273
힐앤놀튼　276

촘스키처럼 생각하는 법
말과 글을 단련하고 숫자, 언어, 미디어의 거짓으로부터 나를 지키는 기술

1판 1쇄 발행 | 2010년 12월 3일
1판 11쇄 발행 | 2020년 5월 25일

지은이 | 노르망 바야르종
옮긴이 | 강주헌

편집 | 이기선, 정다혜
디자인 | 가필드, 최선미

펴낸이 | 임병삼
펴낸곳 | 갈라파고스
등록 | 2002년 10월 29일 제2003-000147호
주소 | 03938 서울시 마포구 월드컵로 196 대명비첸시티오피스텔 801호
전화 | 02-3142-3797
전송 | 02-3142-2408
전자우편 | galapagos@chol.com

ISBN 978-89-90809-35-3 03300

이 도서의 국립중앙도서관 출판시도서목록(CIP)은 e-CIP 홈페이지(http://www.nl.go.kr/ecip)
에서 이용하실 수 있습니다(CIP제어번호: CIP2010004217).

갈라파고스 자연과 인간, 인간과 인간의 공존을 희망하며, 함께 읽으면 좋은 책들을 만듭니다.